1408

A Causa de Pedir no
DIREITO PROCESSUAL CIVIL

J37c   Jardim, Augusto Tanger

A causa de pedir no direito processual civil / Augusto Tanger Jardim. – Porto Alegre: Livraria do Advogado Editora, 2008.

212, p.; 23 cm.

ISBN 978-85-7348-571-4

1. Causa petendi: Processo civil. I. Título.

CDU 347.9

Índices para o catálogo sistemático

Processo Civil   347.9
Causa petendi   347.9

(Bibliotecária Responsável: Marta Roberto, CRB 10/652)

AUGUSTO TANGER JARDIM

A Causa de Pedir no DIREITO PROCESSUAL CIVIL

Porto Alegre, 2008

© Augusto Tanger Jardim, 2008

Capa, projeto gráfico e diagramação
Livraria do Advogado Editora

Revisão
Rosane Marques Borba

Direitos desta edição reservados por
Livraria do Advogado Editora Ltda.
Rua Riachuelo, 1338
90010-273 Porto Alegre RS
Fone/fax: 0800-51-7522
editora@livrariadoadvogado.com.br
www.doadvogado.com.br

Impresso no Brasil / Printed in Brazil

À minha mãe, Neila, e à minha mulher, Juliana.

Agradeço aos professores Araken de Assis e
José Maria Rosa Tesheiner, fontes de inspiração e
apoio em minhas investidas acadêmicas.

Agradeço, também, a minha família e
amigos, sem os quais não teria conseguido
alcançar meus objetivos.

The most binding labor
Is
trying to make it
under a sanctified
banner.

(o que mais compromete o trabalho
é
tentar fazê-lo
sob uma bandeira
santificada)

Charles Bukowski

Lista de abreviaturas e de siglas

a.	ano
a. C.	antes de Cristo
ampl.	ampliado
art.	artigo
arts.	artigos
atual.	atualizado
c.c.	combinado com
cf.	conforme
CF	Constituição Federal
Coord.	Coordenador
CPC	Código de Processo Civil
CTN	Código Tributário Nacional
d. C.	depois de Cristo
Des.	Desembargador
ed.	edição
Inc.	inciso
Min.	Ministro
n.	Número
op. cit.	*opus citatum*
p.	página
Rel.	Relator
REsp	Recurso Especial
RSTJ	Revista do Superior Tribunal de Justiça
rev.	revisado
t.	tomo
v.	volume

Sumário

Introdução 15

1. Desenvolvimento histórico da causa de pedir 21

1.1. Do Direito Romano 22

1.2. Do Direito Medieval 30

1.3. Do Direito Luso-Brasileiro 37

2. Noções gerais da causa de pedir 53

2.1. Elementos da demanda 53

2.2. Dimensão subjetiva da demanda 58

2.3. Dimensão objetiva da demanda 64

   2.3.1. Do pedido 67

   2.3.2. Da causa de pedir 72

     2.3.2.1. Das teorias da causa de pedir 72

     2.3.2.1.1. Da teoria da substanciação 73

     2.3.2.1.2. Da teoria da individualização 76

     2.3.2.1.3. Dos direitos autodeterminados e heterodeterminados
como delimitadores da extensão da causa de pedir 79

     2.3.2.1.4. Da teoria da causa de pedir e o Direito Processual
brasileiro 84

2.4. A causa de pedir e os seus elementos 86

   2.4.1. Dos fundamentos jurídicos 91

     2.4.1.1. Dos fundamentos legais 92

   2.4.2. Dos fatos jurídicos 94

     2.4.2.1. Fatos essenciais e fatos secundários 97

     2.4.2.2. Fatos constitutivos, impeditivos, modificativos e
extintivos de direito 101

     2.4.2.3. Fatos supervenientes 102

2.5. Classificação da causa de pedir 104

   2.5.1. Da classificação da causa de pedir segundo os elementos que a
compõem (da causa de pedir próxima e da causa de pedir remota) . 104

   2.5.2. Da causa de pedir ativa e da causa de pedir passiva 106

2.6. Da imperiosidade da causa de pedir 109

2.7. Da modificabilidade dos elementos da causa de pedir 116

    2.7.1. Modificabilidade e os fatos 119

    2.7.2. Modificabilidade e os fundamentos jurídicos 121

3. Espécies de causa de pedir 123

3.1. A causa de pedir no processo de conhecimento 126

    3.1.1. Da causa de pedir nas ações declaratórias 127

    3.1.2. Da causa de pedir nas ações condenatórias 130

    3.1.3. Da causa de pedir nas ações constitutivas 132

    3.1.4. Da causa de pedir nas ações mandamentais 135

    3.1.5. Da causa de pedir nas ações executivas imediatas 138

3.2. Da causa de pedir no processo executivo 141

    3.2.1. Do cumprimento da sentença 147

3.3. Da causa de pedir no processo cautelar 153

    3.3.1. Da causa de pedir no arresto 157

    3.3.2. Da causa de pedir na cautelar de seqüestro 159

    3.3.3. Da causa de pedir na cautelar de busca e apreensão 160

    3.3.4. Da causa de pedir na cautelar de exibição 161

    3.3.5. Da causa de pedir na cautelar de produção antecipada de prova ... 162

    3.3.6. Da causa de pedir nos alimentos provisionais 164

    3.3.7. Da causa de pedir na cautelar de arrolamento de bens 165

    3.3.8. Da causa de pedir na cautelar de atentado 166

3.4. Da causa de pedir nas ações reais e nas ações pessoais 167

    3.4.1. Dos direitos pessoais 170

    3.4.2. Dos direito reais 171

3.5. Da causa de pedir nos processos tributários 173

    3.5.1. Da obrigação tributária e a estrutura da norma jurídica 174

    3.5.2. Do nexo entre o objeto do processo e a obrigação tributária 182

    3.5.3. Das possibilidades de demandas tributárias 184

        3.5.3.1. Questões preliminares: classificação e eficácias dos processos tributários 184

        3.5.3.2. Dos processos tributários em espécie 187

        3.5.3.2.1. Da execução fiscal 187

        3.5.3.2.2. Da ação declaratória de inexistência de relação jurídico-tributária 188

        3.5.3.2.3. Do mandado de segurança em matéria tributária 190

        3.5.3.2.4. Da ação anulatória em matéria tributária 191

        3.5.3.2.5. Da repetição de indébito 192

Conclusão 195

Referências 207

Introdução

O direito processual civil se encontra defronte da necessidade de encontrar o equilíbrio entre dois valores centrais do seu ordenamento: de um lado, a segurança jurídica, de outro, a efetividade da prestação jurisdicional. Essa perspectiva é fruto das mudanças ocorridas na sociedade que reclama do Direito – na qualidade, inclusive, de ciência social – uma resposta satisfatória aos seus novos anseios.

Com o passar dos anos, o Direito Processual Civil vigente, que tem sua mirada – preponderantemente – voltada para a sociedade da década de 70 do século passado, vem cada vez menos atendendo aos reclames sociais emergentes da sociedade atual. Quando concebido, o sistema estava instrumentalizado para atender a uma sociedade impregnada de uma visão liberal do processo (indiferente ao seu resultado). Todavia, as mudanças sociais ocorridas nestes 30 anos foram significativas e caminharam para uma massificação das relações sociais.[1] Neste compasso, o Processo Civil deixou de realizar as expectativas nele depositadas. Contudo, em que pese muitos acreditarem no contrário, esta dinamização social ocorrida exige uma "reforma" não apenas legislativa, mas também uma leitura re-

---

[1] "É difícil conceber que, modificando-se tudo, e com velocidade sempre ascendente, só a justiça deixe de modificar-se. [...] Nem se trata, apenas, de levar em conta a progressiva elevação do número de habitantes: na verdade, à medida que se vão disseminando o conhecimento dos direitos, a consciência da cidadania, a percepção de carências e a formulação de aspirações, correlatamente emerge, na População já existente, a demanda até então contida, sobe a percentagem dos que pleiteiam, reclamam, litigam; e, por maior relevância que possam assumir outros meios de solução de conflitos, seria perigoso apostar multo na perspectiva de um desvio de fluxo suficiente para aliviar de modo considerável a pressão sobre os congestionados canais judiciários." (MOREIRA, José Carlos Barbosa. *A justiça no limiar do novo século*. Rio de Janeiro: Revista Forense. v. 319, p. 69-75. Jul/Set. 1992, p. 69). "A superação da democracia liberal pela democracia social foi marcada por uma reavaliação da situação do homem em sociedade, deixando-se de lado a visão individualista do liberalismo, para se afirmar a tendência gregária d ser humano e a existência de inúmeros grupos sociais a se interporem entre o indivíduo e o Estado." (PORTANOVA, Rui. *Motivações ideológicas da sentença*. 5. ed., Porto Alegre: Livraria do Advogado, 2003, p. 50).

novada de seus institutos e mecanismos de obtenção de justiça a fim de tornar, mais uma vez, o Processo Civil efetivo.

Em face de tais considerações, é apresentado o tema da causa de pedir na condição de o mais complexo elemento da demanda. O correto manejo da causa de pedir, portanto, serve como um mecanismo de racionalização da atividade jurisdicional sem se olvidar da asseguração das garantias constitucionais.

O que se vê na seara jurisdicional é uma subjetivação desmedida na apreciação do direito posto em causa em nome de princípios abstratos sem que seja realizada a devida ponderação de valores para tanto. Decorrente disso, há uma insatisfação geral e crescente com a prestação da atividade jurisdicional dada a incerteza e instabilidade dos seus resultados.

Salienta-se que, ao que parece, a subjetivação na apreciação da causa anda em descompasso com a conjuntura social contemporânea. A sociedade, pós-revolução tecnológica, que experimenta processo irreversível de globalização, reclama de todos os seus indivíduos certa dose de racionalidade e previsibilidade.

Daí que a atividade jurisdicional deve à sociedade não apenas uma decisão justa a qualquer preço, mas uma decisão que, em sendo justa, conforte as partes dada a sua transparência e racionalidade.

Deste modo, com a presente pesquisa, pretende-se colaborar com o aprimoramento da atividade jurisdicional, sob a perspectiva do resultado dessa frente às expectativas dos cidadãos que a ela recorrem.

O interesse do estudo da causa de pedir como meio de melhor atendimento dos reclames sociais em face da prestação jurisdicional justifica-se em virtude de que a problemática concernente ao instituto em apreço se mostra a mais complexa e controvertida dentre aquelas que plasmam a questão da individuação da demanda, despertando a atenção de muitos juristas e culminando com dissenso entre os especialistas em face da insuficiência das suas doutrinações.[2]

Em grande parte, pode-se atribuir à dificuldade de estabelecer o conteúdo da causa de pedir a pecha de ser um dos pontos mais delicados do direito processual, pois, além de complexa a sua determinação, a conclusão tomada a seu respeito afeta decisivamente

---

[2] TUCCI, José Rogério Cruz e. *A causa petendi no processo civil*. 2. ed. rev., atual. e ampl., São Paulo: Revista dos Tribunais, 2001, p. 27-28.

vários institutos processuais, por se achar a causa de pedir no âmago do tema comumente designado por identificação das ações.[3]

O cerne do problema, no qual se instala a interminável controvérsia acerca da identificação da causa de pedir, reside precisamente no que constitui o seu conteúdo.[4]

Essa controvérsia perseguiu o instituto da causa de pedir ao longo da história do direito, que remonta ao distante direito romano. Em face dessa circunstância, realizar-se-á no primeiro capítulo desse estudo um escorço histórico dividindo o direito em três grandes grupos: o direito romano, o direito medieval e o direito luso-brasileiro.

O direito processual civil romano, por sua vez, foi dividido, para fins de estudo, em três grandes períodos: o das *legis actiones*, o *per formulas* e o da *extraordinária cognitio*. O primeiro período, que se estendeu desde a fundação de Roma até fins da República, tinha como principal característica o acentuado formalismo jurídico. O segundo período teria sido introduzido pela *lex Aebutia* (149-126 a.C.) e oficializado pela *lex Julia Privatorum* (17 a.C.) e estendeu-se até a época do imperador Diocleciano (285-305 d.C.), propiciando ao processo a adoção de regras procedimentais menos rígidas e mais adaptadas às necessidades de quem dele se socorresse. O terceiro período foi instituído com o advento do principado (27 a.C.) e vigeu até os últimos dias do império romano do Ocidente, sendo marcado pela centralização do procedimento diante de uma única autoridade estatal do início ao fim e pela *oficialização* da administração da justiça pelo Estado.

O direito medieval, além de contextualizado sob o ponto de vista político e econômico da sociedade da época, terá como objeto de estudo a retomada do processo legislativo a partir do século VIII, pela edição das *capitulares*, bem como pelo interesse acerca do direito romano com a da ascensão das escolas jurídicas a partir do século XII.

A partir do ano de 1500, em razão do descobrimento do Brasil, o foco do desenvolvimento histórico passa a ser o direito luso-brasileiro. Enquanto esteve sob o domínio de Portugal, o Brasil conheceu três diferentes ordenações: as ordenações Afonsinas, as ordenações Manuelinas e as ordenações Filipinas.

---

[3] MESQUITA, José Ignácio Botelho de. A "Causa petendi" nas ações reivindicatórias. *Revista da Ajuris*, a. VII, novembro de 1980, v.20, p. 166-180, p. 168.

[4] NORONHA, Carlos Silveira. A causa de pedir na execução. *Revista de Processo*, a. 19, julho-setembro de 1994, n. 75, p. 26-39, p. 30.

Mesmo após a sua independência, o Brasil demorou a estabelecer uma ordem processual legitimamente sua, pois, em boa parte, mantinha as tradições do direito português. Essa evolução da "personalidade" do direito processual brasileiro será esboçada passando pelas principais normas editadas no período, incluídas as Constituições Federais e o Código de Processo Civil de 1939.

Realizada digressão histórica, a causa de pedir será analisada no direito processual civil vigente.

O enfrentamento do tema se dará em duas partes, correspondentes aos capítulos 2 e 3 do presente estudo. No capítulo 2, serão abordadas as noções gerais que permeiam o instituto da causa de pedir. No capítulo 3, serão abordadas as espécies de causa de pedir.

Na primeira parte (capítulo 2), serão apreciadas as principais questões que envolvem o instituto da causa de pedir. Para tanto, realizar-se-á análise acerca dos elementos que compõem a demanda, de acordo com a legislação e a doutrina. Identificados os elementos integrantes da demanda, serão eles classificados em dois planos distintos: a dimensão subjetiva da demanda e a dimensão objetiva da demanda.

Na dimensão subjetiva, examinar-se-ão aspectos das relações existentes entre as partes envolvidas no processo. Além de definir o conceito de partes, discorrer-se-á acerca: da distinção entre parte em sentido formal e parte em sentido material; dos pressupostos processuais referentes às partes (capacidade para ser parte, a capacidade de estar em juízo e a capacidade postulatória) e do litisconsórcio.

Na dimensão objetiva, serão abordados o pedido e a causa de pedir.

No tocante ao pedido, proceder-se-á a sua definição, identificar-se-ão suas características (certeza, determinabilidade e, excepcionalmente, generalidade). Ademais, será abordada a classificação interna do pedido, dissociando-o em pedido imediato e em pedido mediato. Ainda no plano classificatório, o pedido será identificado quanto ao seu conteúdo (pedido simples, pedido qualificado e pedido implícito) e quanto ao seu número (pedido unitário e pedido cumulado).

À guisa de apresentação propriamente dita do tema causa de pedir, serão estudadas as teorias desenvolvidas a seu respeito, bem como será realizado um exame da direito brasileiro frente às mesmas.

Seguir-se-á com o estudo dos elementos que integram a causa de pedir: os fatos jurídicos e os fundamentos jurídicos do pedido.

Serão examinados os fundamentos jurídicos, distinguindo-os dos fundamentos legais para fins de constituição da causa de pedir. Também se realizará a análise de quais os fatos que integrarão a causa de pedir. Em face disso, lançar-se-á reflexão sobre as definições de fato jurídico, fato simples, fato complexo, fato composto, fato essencial, fato secundário, fato constitutivo de direito, fato impeditivo de direito, fato modificativo de direito, fato extintivo de direito e fato superveniente.

Estabelecidos os elementos que compõem a causa de pedir, o instituto será abordado a partir de duas de suas classificações. A primeira delas é a que classifica a causa de pedir em remota e próxima. A segunda, a que distingue a causa de pedir ativa da causa de pedir passiva. No tocante à segunda classificação, ainda se realizará a distinção entre a causa de pedir passiva e a *causa excipiendi*.

Adiante, discorrer-se-á a respeito da imperiosidade da presença da causa de pedir para a demanda. Neste tópico, serão apresentadas, partindo da dicção normativa, as possibilidades de inépcia da inicial que se correlacionam com a causa de pedir, bem como se exporá um juízo a respeito da possibilidade de ser sanado o vício constante da inicial, levando em conta o momento em que se procede a emenda à inicial.

Por fim, encerrar-se-á o capítulo com o exame da possibilidade de modificação da causa e pedir exposta pelo autor na inicial. A abordagem a ser empregada dissocia o exame da modificação com relação a cada um dos elementos da causa de pedir. Assim, pesquisar-se-á a mutabilidade da demanda pela alteração dos fatos jurídicos e pela alteração de seus elementos jurídicos.

Na segunda parte do trabalho (capítulo 3), serão apresentadas as particularidades da causa de pedir segundo a classificação da demanda em que é veiculada.

Levando em conta a classificação adotada pelo Código de Processo Civil de 1973, a causa de pedir será investigada nos processos de conhecimento (declaratório, condenatório, constitutivo, mandamental e executivo imediato), nos processos executivos (de título judicial e de título extrajudicial) e nos processo cautelares (arresto, seqüestro, caução, busca e apreensão, cautelar de exibição, produção antecipada de prova, alimentos provisionais, arrolamento de bens, atentado).

Ademais, considerando a controvérsia existente, a causa de pedir será abordada frente às ações reais e pessoais.

Por fim, dadas as particularidades que envolvem o processo tributário, será estudada a causa de pedir em cotejo com os institutos inerentes a este processo. De tal modo, antes de adentrar na causa de pedir nos processos tributários em espécie (execução fiscal, ação declaratória de inexistência de relação jurídico-tributária, mandado de segurança em matéria tributária, ação anulatória em matéria tributária, repetição de indébito), discorrer-se-á a respeito da obrigação tributária e a estrutura da norma jurídica, do nexo entre o objeto do processo e a obrigação tributária e das possibilidades de demandas tributárias.

Feitas essas considerações, será possível estabelecer algumas conclusões a respeito dos temas desenvolvidos com o intuito de contribuir para o exame do complexo e intrincado instituto da causa de pedir.

1. Desenvolvimento histórico da causa de pedir

Antes de se adentrar no cerne do tema do presente livro, mostra-se valiosa a realização de incursão pela história do Direito a fim de conhecer as raízes do instituto jurídico perseguido. Como bem pondera Carlos Maximiliano,[5] não é possível aprender a fundo uma ciência que se relacione com a vida do homem em sociedade (como acontece com a ciência jurídica e social) sem que se conheça a história especial do povo a que se pretende aplicar o conhecimento desenvolvido, e também a história geral da humanidade, modo especial, a européia em geral e a lusitana em particular.

Especificamente quanto ao estudo aprofundado do direito processual, José Rogério Cruz e Tucci[6] afirma que é seu pressuposto o estudo de sua história, o conhecimento de suas fontes, para a investigação da origem e finalidade dos seus respectivos institutos.

Reconhecendo a importância do estudo histórico comparativo, as origens e a evolução do instituto hoje conhecido como causa de pedir serão analisadas no direito romano, no direito medieval, no direito luso-brasileiro.

Adverte-se, no entanto, que o escorço histórico não procurará exaurir completamente todas as peculiaridades de cada período em exame, mas se limitará a discorrer sobre os aspectos políticos determinantes de cada período, bem como acerca dos aspectos jurídicos que possuam alguma conexão com o tema do presente trabalho.

---

[5] MAXIMILIANO, Carlos. *Hermenêutica e aplicação do direito*. 13. ed., Rio de Janeiro: Editora Forense, 1993, p. 137.

[6] TUCCI, José Rogério Cruz e AZEVEDO, Luiz Carlos de. *Lições de história de processo civil romano*. São Paulo: Editora Revista dos Tribunais, 2001, p. 24.

1.1. DO DIREITO ROMANO

Sendo o direito uma ciência social, para bem compreender a extensa e complexa historiografia do direito romano, é valiosa a análise de alguns pontos nevrálgicos da história política da civilização romana à guisa de introdução do tópico.

Sob uma perspectiva política, a história de Roma costuma ser dividida em cinco momentos: a Realeza, a República, o Alto Império, o Baixo Império e o Período Bizantino.

O período da realeza, ou arcaico, inicia-se com a fundação de Roma (aproximadamente em 753 a. C.) e finda com a instauração do regime republicano (510 a. C.). Pouco se sabe, de concreto, a respeito da Realeza, pois os relatos desse período são formados por textos escritos séculos depois. O que se sabe é que, na Realeza, a cidade era governada por um rei, amparado pela aristocracia das famílias nobres, chefiadas, cada uma, por um *pater familias*.[7]

A República, período conhecido como pré-clássico, vai da metade do século IV a. C. (a partir da edição das leis *Liciniae Sextiae*) até a o surgimento de Augusto como imperador em 27 a. C.[8]

As instituições políticas republicanas estavam estruturadas a partir da existência das assembléias populares, dos magistrados e do senado.[9] Existiam dois tipos de assembléias: a *comitia* (que era composta de todos os cidadãos) e a *concilia* (que era composta somente pela classe plebéia). As assembléias possuíam como principal atribuição a escolha dos magistrados, embora algumas possuíssem competência para regulamentar determinadas matérias.[10] Os magistrados foram quem receberam o poder (de forma fracionária segundo suas atribuições) que era exercido pelo monarca no período antecedente. De tal sorte, o governo era exercido por uma magistratura eleita que desempenhava, cada magistrado, funções determinadas (cônsules, ditadores, censores, *edis curuis*, pretores, *questores*, tribunos da plebe).[11] O senado, por outro lado, era a assembléia constituída de pessoas ilustres com a finalidade de aconselhar os magistrados.

Foi neste período histórico que houve a promulgação da Lei das XII Tábuas (possivelmente em 450 a.C.), o que representou a

---

[7] FIUZA, César. Algumas linhas de processo civil romano. In: FIUZA, César [coord.]. *Direito Processual na História*. Belo Horizonte: Mandamentos, 2002, p. 16.

[8] DELL'AGNELLO, Silvia; GIANTURCO, Gabriela. *Storia Del diritto romano*. 3. ed., Napoli: Edizioni Giuridiche Simone, 2001, p . 07.

[9] DELL'AGNELLO, op. cit., p. 10.

[10] Idem , p. 101-105.

[11] FIUZA, op. cit., p. 16.

evolução do direito romano que deixou de ser *a posteriori*, casuístico, empírico, pluralista e concreto, para ser apriorístico, genérico, mais científico, monista e abstrato.[12]

A partir do século III a.C., a civilização romana experimentou período de crescente expansão territorial que exigiu um redimensionamento do seu *ius civile*. Em decorrência direta desta nova realidade, foram desenvolvidos o *ius gentium* (direito que disciplinava as relações com os estrangeiros) e o *ius honorarium* (complexo de normas criadas pelo pretor para adequar o direito às realidades dos paises conquistados).[13]

O Alto Império, ou período clássico, foi o período inaugurado com o surgimento do regime imperial a partir de 27 a.C. até a ascensão de Diocleciano no século III d.C. É o período de maior desenvolvimento da civilização romana onde, além do direito, prosperou a cultura e as artes.

O poder político, antes disperso entre os magistrados, concentrou-se na figura do imperador, salvo no que diz aos pretores que continuaram a existir com suas antigas funções.[14] O Alto Império se caracterizou por um regime composto pela estrutura das velhas instituições da república em conjunto com as novas instituições autoritárias de um regime imperial.[15]

O período que se seguiu ao Alto Império ficou conhecido como Baixo Império, ou período pós-clássico. Iniciou com a decadência da civilização Romana, cujo marco foi a ascensão de Diocleciano e terminou com a morte do Imperador do Oriente Justiniano em 565 d.C.

Com estrutura política similar, o baixo império tem como peculiaridade o reconhecimento do cristianismo como religião oficial do Estado.[16]

Foi neste período (em 395) que o império romano se dividiu entre Império do Ocidente e Império do Oriente. Em 476, o Império do Ocidente sucumbiu em face das invasões bárbaras, o que representou o seu fracionamento. Em 527, com Justiniano I assumindo o trono do Império Oriental, há um novo período de expansão romana, tanto territorial, como no âmbito do direito. Justiniano promoveu a compilação do direito romano em quatro grandes livros

---

[12] FIUZA, op. cit., p. 16.

[13] DELL'AGNELLO, op. cit.,p . 07.

[14] FIUZA, op. cit., p. 17.

[15] DELL'AGNELLO, op. cit., p . 11.

[16] Idem, p. 12

(Instituições de Justiniano, Digesto ou Pandectas, Código Novo e Novelas ou Autênticas). O fim deste período é marcado pela morte de Justiniano e o esfacelamento do império.[17]

O último período, o Bizantino, vai da morte de Justiniano (565) até a tomada de Constantinopla pelos turcos em 1453, evento que historicamente encerra a idade antiga e inicia a idade moderna.[18]

No direito processual civil, identifica-se três grandes períodos: o das *legis actiones*, o *per formulas* e o da *extraordinária cognitio*. Adverte-se, no entanto, que a tripartição do direito processual civil romano é apenas convencional tendo em vista que algumas das características de um período também se encontram presentes em outro.

O primeiro período, da *legis actiones*, também conhecido por ações da lei, vai desde a fundação de Roma até fins da República.

Segundo Gaio (*Institutas*, comentário quarto, item 11), tal sistema era assim chamado porque as ações ou eram criadas pelas leis ou estavam adequadas aos mesmos termos nelas descritas, e, por isso eram imutáveis.[19] A mudança de uma palavra, da lei aplicável ao caso importava no insucesso da demanda, ainda que sem alteração do conteúdo do ato.[20]

Adverte Vittorio Scialoja que, quando se fala de *legis actio*, se fala de um modo de proceder adaptável a diversos direitos, e não de ação em sentido de aquela determinada ação que corresponde àquele determinado direito.[21]

A característica marcante desse período era o formalismo, decorrente de sua estrutura jurídica, e o monopólio do direito pela casta de sacerdotes.[22] Salienta-se que, no entanto, a influência dos sacerdotes foi sendo mitigada ao longo da evolução histórica romana, cedendo sua força (modo especial, nas derradeiras décadas da realeza e na sucessiva constituição política republicana) aos magistrados.[23]

Do ponto de vista procedimental, a *legis actiones* se desenvolvia da forma a seguir descrita. Destaca-se que não será exposto

---

[17] FIUZA, op. cit., p. 17.

[18] Idem, p. 17-18.

[19] GAIUS, *Institutas do jurisconsulto Gaio*. Tradução de J. Cretella Jr. e Agnes Cretella, São Paulo: Revista dos Tribunais, 2004, p. 182-183.

[20] OLIVEIRA, Carlos Alberto Alvaro de. *Do formalismo no processo civil*. 2. ed. rev., São Paulo: Saraiva, 2003, p. 17.

[21] SCIALOJA, Vittorio. *Procedimiento civil romano*: ejercicio y defesa de los derechos. Tradução de Santiago Sentis Melendo e Marino Ayerra Redin, Buenos Aires: EJEA, 1954, p. 132.

[22] TUCCI; AZEVEDO, op. cit., p. 41.

[23] Idem, op. cit., p. 43.

pormenorizadamente o procedimento, mas serão apresentados os principais atos, notadamente os que dizem respeito com o objeto central do presente estudo. Deste modo, não serão estudadas individualizadamente as diversas estruturas das ações da lei (*legis actio per sacramentum, legis actio per iudicis arbitrive postulationem, legis actio percondictionem, legis actio per manus iniectionem, legis actio per pignoris capionem*), mas apenas questões processuais gerais presentes no período.

O processo era composto de duas fases. A primeira (*in iure*) se desenvolvia perante um pretor que era incumbido de organizar e delimitar os termos da controvérsia. A segunda (*apud iudicem*) ocorria perante o *iudex unus*, que tomava conhecimento do litígio e julgava soberanamente.[24]

Segundo afirma José Rogério Cruz e Tucci, realizada a citação, as partes compareciam perante o magistrado e debatiam formalmente a causa. Negando o réu as afirmações deduzidas pelo autor, determinava-se a manutenção do estado atual da coisa litigiosa.[25] Tal ato era sucedido pela escolha do *iudex*. Celebrava-se a *litis contestatio*, de forma oral e na presença das testemunhas. Após isso, em outra oportunidade já perante o *iudex*, autor e réu faziam um apanhado sumário do litígio, designado com o nome de *causae coniectio*, seguindo-se a *peroratio* ou *causam dicere* das partes (exposição das razões) e a produção de provas.[26] Salienta-se que a presença no procedimento das *legis actiones* do termo *causa* servia para indicar a matéria litigiosa – *causa ex quibus agebatur* –, isto é, o fato, a razão, o fundamento que legitimava o *agere* da parte.[27] Presentes os litigantes, após a *peroratio* passava-se à fase probatória.[28] O procedimento culminava com a prolação de *sententia*, despida de fundamentação, que impedia o aforamento de uma nova *legis actio* sobre a mesma *res in iudicium deducta*. Caso fosse ajuizada, o magistrado deveria denegá-la.[29]

O segundo período, o *per formulas*, também conhecido como período formulário, teria sido introduzido pela *lex Aebutia* (149-126 a.C.) e oficializado pela *lex Julia Privatorum* (17 a.C.), estendendo-se até a época do imperador Diocleciano (285-305 d.C.).[30]

---

[24] CRETELLA JÚNIOR, José. *Curso de direito romano*. 6. ed. rev. e aum., Rio de Janeiro: Forense, 1978, p. 429-431.

[25] TUCCI; AZEVEDO, op. cit., p. 57.

[26] Idem, p. 58.

[27] Idem, p. 47.

[28] Idem, p. 58.

[29] Idem, p. 59.

[30] Idem, p. 39.

Este novo regramento apresentava uma conceituação das regras do procedimento menos rígidas e mais adaptadas às necessidades de quem dele se socorresse.

Neste período, o procedimento estava centrado na figura da "fórmula". Vittorio Scialoja afirma que a fórmula é uma instrução escrita com a que o magistrado nomeia o juiz e fixa os elementos sobre os quais este deverá fundar seu juízo, mais ou menos determinado, para a condenação eventual ou para a absolvição na sentença.[31] Em outras palavras, José Rogério Cruz e Tucci aponta que a fórmula correspondia ao esquema abstrato contido no edito do pretor, e que servia de paradigma para que, num caso concreto, feitas as adequações necessárias, fosse redigido um documento (*iudicium*) – pelo magistrado com o auxílio das partes –, no qual se fixava o objeto da demanda que devia ser julgada pelo *iudex* popular.[32]

Ao contrário do período das *legis actiones*, em que todas as pretensões deveriam encontrar anteparo em poucas modalidades de tutela previstas expressamente em lei, no período formulário, havia uma pluralidade de fórmulas, não rigidamente sujeitas à lei, admitindo-se ainda a possibilidade de o pretor discricionariamente conhecer a ação com base nos fatos alegados. Tal procedimento, portanto, era muito mais flexível que o da *legis actiones*.[33]

Ademais, o processo *per formula* veio a atender a uma realidade da civilização romana experimentada pela sua expansão mediterrânea. O procedimento anterior não possibilitava a instauração do processo quando uma das partes fosse peregrino, tampouco autorizava a nomeação de um *iudex* estrangeiro. Estas circunstâncias impediam o fomento do comércio internacional em uma civilização em expansão. A flexibilidade que o processo formulário possibilitava veio, exatamente, atender a essa necessidade.[34]

O direito formulário manteve a bipartição do procedimento, cabendo ao pretor designar o *iudex* e conceder-lhe a fórmula aplicável ao caso.[35] Em face desta característica, diz-se que os dois primeiros períodos (*legis actiones* e *per formulas*) constituíram o que se chama *ordo iudiciorum privatorum*.[36]

Do ponto de vista puramente procedimental, o processo formulário se dividia em quatro momentos perante o pretor (a introdu-

---

[31] SCIALOJA, op. cit., p. 159.

[32] TUCCI; AZEVEDO, op. cit., p. 47.

[33] OLIVEIRA, Carlos Alberto Alvaro de, op. cit., p. 18-19.

[34] TUCCI; AZEVEDO, op. cit., p. 76.

[35] OLIVEIRA, Carlos Alberto Alvaro de, op. cit., p. 18-19.

[36] TUCCI; AZEVEDO, op. cit., p. 39.

ção da causa, a atuação processual do demandante e do demandado, a nomeação do juiz e redação da fórmula e a *litis contestatio*)[37] e três momentos perante o *iudex* (fase inicial, fase probatória e prolação da sentença).[38]

A introdução da causa perante o pretor compreendia a *editio formula* e a *in ius vocatio*. A *editio formula* era um ato extrajudicial, antes da citação, em que o autor comunicava ao réu a sua pretensão. A realização da *editio formula* era condição para que a autoridade examinasse a pretensão do demandante. A *in ius vocatio* consistia no chamado do réu a juízo realizado, extrajudicialmente, pelo autor.

A atuação processual do demandante e do demandado, ou *postulationes*, decorria da apresentação formal pelo autor da sua pretensão (*editio actionis*) ao pretor, apontando a fórmula constante do edito que entendia adequada (*postulatio actionis*), a fim de que o magistrado concedesse a respectiva ação. Dada a palavra ao réu, competia-lhe apresentar defesa e opor, quando cabíveis, as *exceptiones*.[39]

Ato contínuo à *postulatio*, caso não houvesse nenhuma causa de encerramento do processo, o pretor e as partes, conjuntamente, escolhiam e designavam o *iudex unus* para a demanda. Designado o *iudex*, passava-se à redação da fórmula. A fórmula era uma instrução escrita que constava a nomeação do juiz da causa e fixava os limites da controvérsia e de eventual condenação. A fórmula era composta, principalmente, da *demonstratio* (a enunciação do fato que constitui o fundamento do litígio),[40] da *intentio* (a exposição ou conclusão sucinta da pretensão do autor),[41] da *adiudicatio* (permissão ao juiz para adjudicar a coisa a uma das partes, quando necessário) da *condemnatio* (permissão para o juiz condenar ou absolver).[42]

A *litis contestatio* era o momento processual em que as partes aceitavam a fórmula, concordando acerca dos pontos controvertidos nela apontados e fixando, modo definitivo, os limites da controvérsia.[43] A partir da *litis contestatio*, a fórmula não poderia mais ser modificada (efeito conservativo), era impedida a propositura de nova demanda fundada na mesma relação jurídica (efeito extintivo) e havia a extinção da relação de direito material (obrigação originária) com o surgimento de uma nova relação jurídica (obrigação pro-

---

[37] TUCCI; AZEVEDO, op. cit., p. 79.

[38] Idem, p. 123.

[39] TUCCI; AZEVEDO, op. cit., p. 83-85.

[40] SCIALOJA, op. cit., p. 159.

[41] Idem, p. 160.

[42] FIUZA, op. cit., p. 32-33.

[43] CRETELLA JÚNIOR, op. cit., p. 448.

cessual derivada) entre as partes (efeito novatório).[44] A esse respeito, Vittorio Scialoja assenta que, antes da *litis contestatio*, o devedor deve ao credor uma prestação em virtude de uma obrigação; depois, o devedor não está mais obrigado em virtude da obrigação primitiva, mas pelos próprios modos e termos fixados na *litis contestatio*.[45]

José Rogério Cruz e Tucci afirma que, para delimitar os parâmetros da regra *bis de eadem re ne sit actio*[46] decorrente do efeito novatório da *litis contestatio*, a jurisprudência clássica passou a elaborar uma série de critérios que permitissem estabelecer se existia ou não uma nova demanda. Nenhuma divergência houve quanto à identidade de *petitum* e da *causa próxima actiones* ou *causa petendi*. No entanto, não houve consenso no que diz respeito à *causa petendi* nas ações pessoais e reais.[47]

Encerrada a fase perante o pretor (*in iure*), iniciava-se a fase perante o *iudex* designado (*in iudicio* ou *apud iudicio*).

A fase inicial consistia no conhecîmento da controvérsia pelo *iudex* por meio da análise da *causae coniectio*, que consistia na exposição sumária da causa, bem como a explicação dos termos propostos na fórmula.[48] A fase probatória ocorria após a introdução dos elementos da causa, ao *iudex* e era constituída, notadamente, da produção de prova testemunhal e debates orais.[49] A prova documental somente era aceita em determinados casos e seguia rigoroso exame formal. Se aceita, era valorada segundo critérios pré-estabelecidos.[50]

A promulgação da sentença ocorria quando, e se, o *iudex* tivesse chegado a uma conclusão a respeito da causa. A sentença, adstrita à fórmula, limitava-se a declarar a procedência (*condemnatio*) ou improcedência (*absolutio*) da *intentio*.[51] A condenação, quando fosse o caso, era sempre pecuniária. Assim, o julgamento compreendia uma decisão do juiz acerca do direito invocado pelo autor (*pronuntiatio*) e um cálculo estimativo em dinheiro do que representava o direito reconhecido (*litis aestimatio*), salvo nos casos de confissão em que a *pronuntiatio* era suprimida.[52] A sentença era proferida verbalmente,

---

[44] TUCCI; AZEVEDO, op. cit., p. 101-103.

[45] SCIALOJA, op. cit., p. 234.

[46] Regra que impedia a propositura de nova ação lastreada na mesma relação jurídica substancial.

[47] TUCCI; AZEVEDO, op. cit., p. 104-107.

[48] SCIALOJA, op. cit., p. 242.

[49] Idem, p. 243.

[50] FIUZA, op. cit., p. 40.

[51] TUCCI; AZEVEDO, op. cit., p. 127.

[52] CRETELLA JÚNIOR, op. cit., p. 450.

não tinha obrigatoriedade de conter motivação e não seguia nenhuma forma solene.[53]

O terceiro período, o da *extraordinaria cognitio*, também conhecido como período da cognição extraordinária, foi instituído com o advento do principado (27 a.C.) e vigeu até os últimos dias do império romano do Ocidente.[54]

A mudança mais significativa no período da *extraordinaria cognitio*, do ponto de vista jurídico, diz com o procedimento que deixa de ser bipartido e passa a se desenrolar diante de uma única autoridade estatal, do início ao fim. Assim, houve uma *oficialização* da administração da justiça, pois, pela primeira vez na história do processo privado romano, a sentença não significava mais um ato exclusivo do cidadão nem apresentava mais caráter arbitral, mas, em verdade, consubstanciava-se na atuação da autoridade do Estado, denotando inequívoco cunho publicístico.[55]

Esta nova perspectiva de aplicação do direito, centralizadora da autoridade na figura do juiz, representou o abandono de um procedimento eminentemente formalista.

De um modo geral, o procedimento adotado neste período podia ser dividido em seis momentos: a introdução da demanda (*in ius vocatio* e contumácia), a *narratio et contradictio*, a instrução probatória, a sentença, a execução e os meios de impugnação da sentença.

O procedimento iniciava através da *evocatio*, que era o convite verbal autorizado pelo magistrado e dirigido ao demandado. Ao demandante, portanto, não incumbia a responsabilidade de trazer o demandado a juízo por seus próprios meios, mas solicitar a atuação do magistrado para que esse autorizasse o convite para comparecer em juízo.[56] Aceitando o convite e não comparecendo em juízo, ao réu era aplicada a pena da contumácia. Os efeitos gerados pela contumácia no direito romano diziam com a imissão na posse dos bens do réu pelo autor. Salienta-se, no entanto, que, mesmo não comparecendo o réu, o juiz não era obrigado a julgar o pedido procedente.[57]

Realizada a citação do réu, o processo se desenvolvia a partir da exposição da pretensão do autor (*petitio* ou *persecutio*). Compunha a aludida exposição a dedução da *causa petendi* segundo os fatos ocorridos (*quoad factum*). Somente ao autor era dada a possibilidade

---

[53] SCIALOJA, op. cit., p. 254.

[54] TUCCI; AZEVEDO, op. cit., p. 39.

[55] CRETELLA JÚNIOR, op. cit., p. 458-459.

[56] TUCCI; AZEVEDO, op.cit., p. 143.

[57] Idem, p. 144.

de estabelecer os limites objetivos da demanda.[58] Adverte-se, entretanto, que a demanda exposta poderia ser modificada, quando assim fosse autorizado pelo juiz, por entender-se que, no momento de sua introdução, somente se constituía como uma demonstração futura do litígio.[59]

O réu apresentava sua *contradictio* por meio de exceções dilatórias e peremptórias, sendo que a ele não era exigido provar os fatos alegados pelo autor enquanto o demandante não tivesse demonstrado a veracidade de sua pretensão.[60]

Apresentada a *narratio* e oposta a *contradictio*, fixava-se o *thema decidendum*, ou seja, ocorria a *litis contestatio*.

Após a *litis contestatio*, desenvolvia-se a instrução probatória. Eram admitidos diversos meios de prova no curso da instrução, dentre os quais destacavam-se a prova testemunhal, a prova documental, a prova pericial (meio incomum na prática), o juramento e as presunções sobre determinados fatos. Notas peculiares aos meios probatórios diziam com a prova documental, que passa a ter preferência sobre a prova testemunhal, e com os escritos públicos (*acta* ou *gesta*) que eram presumidamente verdadeiros.[61]

Finda a instrução probatória, era proferida sentença escrita que era lida pelo magistrado em audiência.

Adverte-se que, ao longo da exposição do processo civil romano, não se adentrou em questões atinentes à execução e à impugnação da sentença no período a fim de evitar desvio de foco do objeto de estudo, tendo em vista que nada acrescentaria em sede de exame da causa de pedir tal.

1.2. DO DIREITO MEDIEVAL

Com a queda do império romano do Ocidente, período coincidente com o fim da *extraodinaria cognitio*, o mundo se dividiu em três grandes civilizações: o império bizantino greco-cristão (Império Romano do Oriente), o mundo árabe-islâmico[62] e o ocidente la-

---

[58] TUCCI; AZEVEDO, op. cit., p. 145.

[59] Idem, Ibidem.

[60] Idem, p. 146.

[61] FIUZA, op. cit., p. 56.

[62] Não será realizada a perspectiva histórica do ponto vista do mundo árabe-islâmico, em razão de inexistir influência direta deste no ordenamento jurídico brasileiro, especialmente, no que tange à causa de pedir.

tino-cristão (composto pela antiga população romana e pelos povos germânicos que se estabeleceram em praticamente toda a Europa ocidental).[63]

No Império Romano do Oriente, sobrevivente do colapso do Império Romano, o direito foi fortemente influenciado pelo Cristianismo. Ovídio Baptista da Silva afirma que a penetração do cristianismo no direito romano bizantino foi de tal ordem que se criou um autêntico divórcio entre o mundo romano oriental e a tradição jurídica clássica.[64] No que diz respeito ao processo civil, tanto na sua forma, quanto na sua substância, o procedimento foi permeado do sentimento cristão inspirado em valores como benevolência e compaixão, embora seus instrumentos de efetividade muitas vezes estivessem amparados no direito primitivo.[65]

No mundo ocidental latino-cristão, como a própria terminologia sugere, houve, da mesma sorte, a massiva influência do cristianismo na sociedade e no direito. Neste "mundo", a doutrina cristã, além de adaptar-se, e em muito modificar, ao direito romano clássico, entrou em colisão com a perspectiva de direito dos povos bárbaros. Em face do pouco desenvolvimento do direito germânico,[66] natural e gradualmente ao longo do período, o direito romano-canônico (fruto da ampla releitura do direito romano clássico e da doutrina cristã) suplantou em quase todos os setores do direito processual aquele direito.[67]

De tal sorte, pode-se afirmar que o pensamento cristão foi o liame de conexão, ao menos na perspectiva do direito, entre o decaído Império Romano ocidental e o Império Romano do Oriente, enquanto o último perdurou. É, portanto, sob esta perspectiva que o direito desenvolvido no período medieval será estudado (século V ao século XV).

Antes, contudo, realizar-se-á um breve apanhado da conjuntura social e política do período sob exame.

A idade média, ou período medieval pode ser dividido, para fins de estudo, em alta idade média e baixa idade média. O primeiro período se estendeu da formação dos reinos germânicos, a partir do

---

[63] CAENEGEM, R. C. Van. *Uma introdução histórica ao direito privado.* Tradução de Carlos Eduardo Lima Machado, 2. ed., São Paulo: Martins Fontes, 1999, p. 23.

[64] SILVA, Ovídio A. Baptista da. *Jurisdição e execução:* na tradição romano-canônica. 2. ed. rev., São Paulo: Revista dos Tribunais, 1997, p. 94.

[65] Idem, p. 100.

[66] Caenegem afirma que o direito primitivo dos povos germânicos baseava-se em costumes imemoriais transmitidos por uma tradição puramente imemorial. (CAENEGEM, op. cit., p. 26).

[67] SILVA, Ovídio A. Baptista da. *Jurisdição...*, p. 100.

século V, até a consolidação do feudalismo, entre os séculos IX e XII; o segundo vai até o século XV, quando o crescimento das cidades, a expansão territorial e o florescimento do comércio estabeleceram um novo período da história da humanidade.

O feudalismo foi gestado em período histórico muito peculiar da história da civilização em que diversas circunstâncias colaboraram para a sua formação. Apontam os estudiosos do período que o feudalismo é marcado especialmente pela ruralização da sociedade, pelo enrijecimento da hierarquia social, pela fragmentação do poder central, pelo desenvolvimento das relações de dependência social e pela privatização da defesa.

A idade média, período em que floresceu o feudalismo, é o período imediatamente posterior à queda do império romano. Dada esta proximidade histórica e a importância do evento em si, não é de se surpreender que grande parte das características que marcaram o feudalismo encontra explicação no fim do império romano.

Assim, a ruralização da sociedade feudal decorreu da centralização da propriedade em poucas pessoas, que exploravam a terra por meio do sistema escravagista vigente, e da própria desintegração do império, que deitava berço por quase toda a Europa. Estas duas circunstâncias conjugadas levaram, de um lado, à necessidade de modificação da captação da mão-de-obra no campo e à extinção do comércio e da indústria antes desenvolvidas nas cidades do império. Frisa-se que os tempos que sucederam à queda do império romano eram de incerteza e insegurança, fatos que minguam o desenvolvimento de atividades mercantis. A mão-de-obra necessária no campo foi adquirida pela instituição do sistema de colonato, onde o proprietário da terra entregava lotes de seu domínio para camponeses que ficavam encarregados de neles cultivar (devendo parcela da produção ao dono), bem como, de produzir em parte do terreno do proprietário (cujo proveito revertia exclusivamente para o dono).[68] Em troca, além do direito de uso do lote, o proprietário das terras garantia proteção aos colonos. Esta proteção era assegurada por exército particular mantido pelo proprietário dada à ausência de uma figura política central capaz de atender a esses interesses.

Como decorrência desse novo sistema de produção, a sociedade ficava rigidamente estabelecida. O proprietário de terras assim permanecia por toda vida; o camponês estava hereditariamente vinculado ao seu lote, e o artesão, ao seu ofício.

---

[68] FRANCO JR., Hilário. *O feudalismo*. 6. ed., São Paulo: Brasiliense, 1987, p. 9.

A consolidação do feudalismo ocorreu no fim do século IX e foi fruto da densificação e organização das estruturas desenvolvidas no período anterior. Segundo o historiador norte-americano Edward McNall Burns,[69] o feudalismo pode ser definido como uma estrutura descentralizada da sociedade, na qual o poder era exercido por barões sobre pessoas que deles dependiam economicamente (colonos e artesãos). Esse poder decorria de uma relação obrigacional (vassalagem) em que um suserano outorgava ao vassalo um direito de propriedade (feudo) em troca de obediência, lealdade e tributos. Um feudo poderia ser dividido sucessivamente, em relações de suserania e vassalagem, até um determinado ponto em que não podiam ser mais divididos. Os detentores destes feudos indivisos eram os cavaleiros.[70] A figura do rei estava no topo desta cadeia de suserania e vassalagem, configurando-se como um senhor de terra que não era vassalo de outro.

A economia era baseada na agricultura que absorvia grande parte da mão-de-obra da população existente. Em razão de uma relativa estabilização nas relações de segurança, possibilitou-se a existência de artesãos ambulantes realizando o comércio entre os feudos, bem como um comércio de longa distância que ligava o Ocidente ao Oriente, de onde eram importadas mercadorias de luxo consumidas pela aristocracia laica e clerical.[71]

A estrutura social era representada pelos clérigos, incumbidos das tarefas espirituais; pelos guerreiros (nobres), incumbidos da defesa do feudo e do cristianismo frente à ameaça islâmica e pelos camponeses, encarregados da produção.[72]

Na seara do direito, foi somente a partir do século VIII que se desenvolveu o que se poderia chamar de direito feudal. Foi um direito autônomo, com relação tanto ao direito romano, quanto ao direito germânico, embora guardasse maior similitude com o bárbaro, dada a ausência de qualquer concepção abstrata de Estado e a inexistência de uma legislação escrita e formal.[73] Os principais objetos do direito feudal eram as relações pessoais e as questões envolvendo a propriedade fundiária.[74]

---

[69] BURNS, Edward McNall. *História da civilização ocidental.* v. 1, Tradução de Lourival Gomes Machado, 2. ed., Porto Alegre: Globo, 1967, p. 318.

[70] BURNS, op. cit., p. 318.

[71] FRANCO JR., op. cit., p. 30-31.

[72] Idem, p.34.

[73] CAENEGEM, op. cit, p. 28.

[74] Idem, Ibidem.

Cumpre advertir que o direito medieval deve ser compreendido como uma grande experiência jurídica que nutre em seu seio uma infinidade de ordenamentos.[75]

No período que vai do século VIII ao século IX, houve um esforço legislativo, especialmente dos reis francos, em promover alguma forma de regulamentação das relações jurídicas na tentativa de ordenar a administração da sociedade e, sob influência cristã, proteger seus súditos mais pobres contra os mais poderosos.[76] Neste contexto, foram editados os diversos dispositivos legais (estatutos, ordens, diretivas e regulamentos) conhecidos como "capitulares".

As capitulares eram pouco extensas (em média de 10 a 20 artigos) e possuíam diversidade quanto a sua forma. Do ponto de vista do seu alcance, as capitulares eram proclamadas e aplicadas em todo o reino a que era dirigida, possuindo supremacia frente às várias leis tribais existentes no reino, servindo de fator de unificação jurídica entre os súditos.[77]

No que diz respeito ao seu conteúdo, as capitulares possuíam pouco direito civil, mas numerosos dispositivos sobre direito penal, direito processual e direito feudal, assim como instruções administrativas, ordens e regulamentos relativos à organização militar.[78]

O processo adotado no início da Idade Média era muito diferente do processo do fim do Império Romano. Assenta Caenegem[79] que os casos eram expostos publicamente, ao ar livre, perto de um local sagrado. O povo participava ativamente da justiça concordando ou discordando do veredito proposto. O processo era oral e consistia numa disputa entre as partes, desempenhando as autoridades judiciais somente controle formal e tendo a competência para ratificar o direito da parte vitoriosa. As provas eram irracionais e recorriam a poderes divinos e sobrenaturais (ordálios).

O século IX marca o fim das capitulares e das legislações com aplicação em todo um reino na Europa continental. Na Inglaterra, o monarca promulgou *dooms*, ainda, durante os séculos X e XI.[80]

Em face da ausência de cientificidade e forma do procedimento da alta idade média, nada se desenvolveu em termos de elementos

---

[75] GROSSI, Paolo. *L'ordine giuridico medievale*. 9. ed., Roma: Laterza, 2002, p. 31.

[76] CAENEGEM, op. cit., p. 30.

[77] Idem, p. 32-33.

[78] Idem, p. 30.

[79] Idem, p. 36-37.

[80] Idem, p. 33.

da demanda sendo, portanto, de menor importância o seu estudo quanto a causa de pedir.

Por motivos de ordem política, religiosa, cultural e econômica, a partir do século XII houve uma retomada do direito romano por meio da ascensão das escolas jurídicas. Salienta-se que o estudo do direito romano era realizado a partir de uma perspectiva cristã dominante na sociedade medieval do período.[81] Esse período histórico ficou conhecido, no plano jurídico, como o da formação do direito comum.

A primeira escola jurídica a se notabilizar foi a escola de Bolonha, conhecida como Escola dos Glosadores. Estes estudiosos realizavam um processo de exegese textual tomando por base o *Corpus Iuris Civilis*, lançando a sua margem esclarecimentos acerca de seu texto (glosas).[82] Seguindo a tradição das escolas jurídicas, no século XIV, surgiu a Escola dos Comentadores. Esta escola utilizava-se do método dialético aristotélico (ou escolástico) na interpretação do direito, cujo fruto era a elaboração de comentários atinente ao texto em exame.[83]

As principais características do processo romano-canônico eram o caráter privado da jurisdição e da finalidade do processo, a prevalência do elemento lógico no exercício da função jurisdicional, o apriorismo formalístico do direito probatório e a formação do convencimento do juiz através do sistema da prova legal.[84]

Do ponto de vista procedimental, o direito comum era rígido e formalista.[85] Dominado pelo sistema escrito, as partes e seus representantes eram proibidos de se dirigirem oralmente ao tribunal.[86]

Seu início era marcado por meio do *libellus*. O *libellus* era o ato que introduzia a demanda submetendo-a à apreciação do órgão dotado de jurisdição.[87] Deste *libellus* decorria a *petitio* (ou *reclamatio*), que deveria conter, dentre outros requisitos, a exposição do fato, do direito e do pedido.[88]

---

[81] COSTA, Mário Júlio de Almeida. *História do direito português*. 3. ed., Coimbra: Almedina, 1999, p. 209.

[82] SILVA, Nuno J. Espinosa Gomes da. *História do direito português*: fontes do direito. 3. ed. rev. e actual.., Lisboa: Calouste Gulbenkian, 2000, p. 199-200.

[83] COSTA, Mário Júlio de Almeida. op. cit., p. 236-241.

[84] OLIVEIRA, Carlos Alberto Alvaro de, op. cit., p. 26.

[85] Idem, Ibidem.

[86] Idem, p. 27

[87] TUCCI, *A causa petendi...*, p. 52.

[88] Idem, p. 53.

Aponta José Rogério Cruz e Tucci que o *libellus* deveria conter a expressão precisa da vontade do autor visando à tutela de seu próprio direito. Destaca, ainda, que o réu não estava obrigado a contestar o pedido se não tivesse sido deduzida no *libellus* a *causa petendi*, seja nas ações pessoais (Decretal de 1235 do Papa Gregório), seja nas ações de natureza real, em que era considerado inepto o pedido (Decretal de 1210 do Para Inocêncio II).

Aliás, a respeito da previsão de tratamento distinto entre os direitos pessoais e os direitos reais, no direito romano-canônico, decorre da peculiaridade do conteúdo da causa de pedir em uma e em outra. Enquanto nas ações pessoais deve o autor afirmar a existência da relação jurídica da qual se origina o direito pretendido, nas ações reais o demandante deve indicar o título que fundamenta o seu direito de propriedade (*causa petendi* remota). Contudo, parte dos doutrinadores afeitos à época entendia ser necessário o apontamento não apenas da causa de pedir remota, mas também da próxima, tanto nas ações de natureza pessoal como nas ações de natureza real.[89] Esta celeuma, antes de representar a elucidação do tema em debate, significou a introdução, modo concreto, de uma das questões mais tormentosas do estudo da causa de pedir debatida até hoje.

Outro ponto relevante à causa de pedir explorado no direito comum diz com a possibilidade de o autor modificar a causa proposta (*mutatio libelli*) antes da citação do réu, sendo-lhe vedada tal alteração após a citação, exceto quando o réu concordasse ou quando se tratasse apenas da correção de erros e imprecisões acerca da manifestação de vontade do demandante.[90] Salienta-se que, do ponto de vista da identificação e individuação da demanda, adotava-se no direito romano-canônico o critério da tríplice identidade consagrado no direito romano.[91]

Seguiu-se à idade média, para a historiografia universal, um período marcado pelo renascimento das ciências e das artes, do incremento do comércio, do sistema monárquico nacional de governo, culminado com uma grande expansão ultramarina, revolucionando o mundo conhecido à época.

O movimento renascentista trouxe, sem dúvida, uma nova perspectiva aos problemas jurídicos. Contudo, neste ponto de vista era latente a sua orientação histórica, continuando suas atenções voltadas para os direitos romano e canônico.[92]

---

[89] TUCCI, *A causa petendi...*, p. 57-59.

[90] Idem, p. 59-60.

[91] Idem, p. 61-62.

[92] COSTA, Mário Júlio de Almeida, op. cit., p. 43.

Neste contexto é que, em 1500, foi descoberto o Brasil, ao menos segundo a visão histórica clássica,[93] pelas naus portuguesas.

1.3. DO DIREITO LUSO-BRASILEIRO

A partir do descobrimento do Brasil, o presente escorço histórico desloca o foco da Europa para a "Terra de Santa Cruz". No entanto, tendo em vista a influência dos acontecimentos europeus na vida dos habitantes da terra do "além-mar", é indispensável, ainda, a investigação, em pano de fundo, da história européia, notadamente de Portugal (na condição de colonizador).

Embora tenha sido descoberto em 1500, o Brasil somente veio a receber atenção de Portugal em 1548, a partir da instauração de medidas tomadas no sentido de ocupar o solo à leste da América do Sul, lançando bases de povoamento e difundindo a religião católica.[94]

Foi implantado no Brasil modelo político baseado na presença de um poder soberano central, de um lado, nos moldes de Estado burocrático, centralizado, territorial, nacional moderno, e de outro lado, nos moldes da divisão de capitanias, sistema frouxo e pouco efetivo.[95] Pedro Calmon afirma que a divisão em capitanias era uma lembrança feudal ajustada ao sentimento do tempo cuja concessão era dada aos fidalgos pobres do reino, de modo a lhes restabelecer o patrimônio desfeito, em troca da necessidade de Portugal em povoar as suas colônias.[96]

Sob o ponto de vista jurídico, quando do descobrimento do Brasil, vigiam em Portugal as ordenações Afonsinas (Ordenações do Senhor Rey D. Affonso V). Estas ordenações foram a primeira codificação oficial de preceitos extensivos a todo o país[97] concluídas entre o segundo semestre de 1446 e o primeiro de 1447.[98]

---

[93] Parte dos historiadores lança dúvidas acerca do descobrimento do Brasil somente ter ocorrido quando da expedição de Pedro Álvares Cabral. Para Pedro Calmon, por exemplo, a terra do Brasil já era conhecida dos europeus antes da armada do hoje ilustre nauta português a ter descoberto para Portugal (CALMON, Pedro. *História da Civilização Brasileira*. Brasília: Senado Federal, 2002, p. 25).

[94] SOUZA JUNIOR, Cezar Saldanha. *Constituições do Brasil*. Porto Alegre: Sagra Luzzatto, 2002, p. 15.

[95] Idem, p. 16.

[96] CALMON, op. cit., p. 35.

[97] COSTA, Mário Júlio de Almeida, op. cit., p. 175.

[98] SILVA, Nuno J. Espinosa Gomes da, op. cit., p. 272.

As ordenações Afonsinas, antes de representar uma fonte inovadora do direito, apresentavam-se, muito mais, como uma consolidação do direito precedente.[99] As fontes utilizadas nessa compilação foram, substancialmente, as leis anteriores, respostas a capítulos apresentados em Cortes, concórdias e concordatas, costumes, normas das *Siete Partidas* e disposições de direito romano e canônico.[100]

Do ponto de vista sistemático, as ordenações Afonsinas obedeceram à estrutura das Decretais de Gregório IX, editadas dois séculos antes, dividindo-se em cinco livros.[101] O livro I era dedicado à organização jurídico-administrativa de Portugal; o livro II consagrava direitos de natureza política e constitucional com relação aos reis e à igreja; o livro III disciplinava as matérias de ordem processual civil; o livro IV se ocupava do direito material civil e o livro V tratava do direito criminal e seu processo.[102]

O procedimento civil nas ordenações Afonsinas, sinteticamente, iniciava-se com a indicação da causa e seus fundamentos; seguia-se o juramento do autor de que não tinha intenção maliciosa com a demanda; realizada a citação do réu, este também realizava juramento, afirmando que entendia seu pleito justo; se o réu apresentasse defesa (exceções dilatórias, peremptórias e anômalas ou reconvenção), deveria indicar os artigos de lei que embasavam seu pedido; antes de iniciar a produção da prova testemunhal, era verificada a regularidade dos procuradores designados na causa, era possibilitada a modificação da demanda com a possibilidade de o réu se manifestar a respeito da alteração, era indicado pelo autor os artigos de lei que fundamentavam seu pedido, sendo os mesmos avaliados pelo juiz quanto a sua pertinência; ouvidas as testemunhas, as partes apresentavam razões finais onde poderiam postular, eventualmente, diligências probatórias; após as razões finais, era proferida a sentença que poderia condenar ou absolver no todo ou em parte do pedido sem poder ir além do que foi postulado pelo autor.[103]

Analisando a indicação da causa, Milton Paulo de Carvalho afirma que a petição inicial possuía como requisitos (livro III, título XX, número 2) a indicação da coisa ou quantidade sobre o que era movido o processo, bem como a afirmação da razão porque move

---

[99] COSTA, Mário Júlio de Almeida, op. cit., p. 175.

[100] SILVA, Nuno J. Espinosa Gomes da, op. cit., p. 273.

[101] NORONHA, Carlos Silveira. Evolução histórica da sentença no processo lusitano. *Revista de Processo*, a. 23, outubro-dezembro de 1988, nº 92, p. 231.

[102] COSTA, Mário Júlio de Almeida, op. cit., p. 175.

[103] PAULA, Jônatas Luiz Moreira de. *História do direito processual brasileiro*: das origens lusas à escola crítica do processo. São Paulo: Manole, 2002, p. 150-152.

a demanda, de modo que o réu pudesse, segundo estas afirmações, responder.[104]

Destaca-se que, para fins do presente estudo, identifica-se a necessidade da indicação da razão do autor em mover à causa, nas ordenações Afonsinas, com o instituto da causa de pedir.

Passados aproximadamente 65 anos, as ordenações Afonsinas foram sucedidas pelas ordenações Manuelinas (a partir de 1512). A substituição da ordenação pretérita pela Manuelina decorreu, não em razão do seu conteúdo, mas da necessidade de assegurar o efetivo conhecimento das leis régias. A possibilidade de publicizar as ordenações Manuelinas se deve ao fato de que, somente em 1487, a descoberta da imprensa chegou até Portugal.[105] Em vez de simplesmente publicar com as novas tecnologias as ordenações Afonsinas, optou-se por realizar uma revisão e atualização de seu texto observando a legislação extravagante editada no período.[106] Essa atualização ficou conhecida como ordenações Manuelinas (Ordenações do Senhor Rey D. Manuel).

A sistematicidade das ordenações Manuelinas seguiu o mesmo modelo das ordenações Afonsinas. No entanto, a redação da norma foi modificada substancialmente. Enquanto as ordenações Afonsinas eram constituídas de simples compilação das leis anteriores, mencionando, inclusive, qual o monarca que as promulgara, as ordenações Manuelinas possuíam a forma de decretos, com o mesmo conteúdo, mas como se leis novas fossem.[107]

Ao tempo das ordenações Manuelinas, dada a crescente publicação de leis extravagantes, elaborou-se uma coletânea de leis (Colecção de Leis Extravagantes de Duarte Nunes do Leão – 1569) a fim de possibilitar maior sistematicidade a este fenômeno legislativo.[108]

Do ponto de vista procedimental, as ordenações Manuelinas não acrescentaram nada às ordenações Afonsinas, o processo continuava a se desenvolver da mesma forma. Em face disso, a fim de evitar tautologia, não se reproduzirá o procedimento descrito quando se estudou as ordenações Afonsinas.

Mesmo com o esforço de publicar uma coletânea de leis extravagantes, não se suprimiu a necessidade de realizar reformas nas ordenações Manuelinas em razão do seu descompasso com os recla-

---

[104] CARVALHO, Milton Paulo de. *Do pedido no processo civil*. Porto Alegre: Sergio Antonio Fabris, 1992, p. 25.

[105] COSTA, Mário Júlio de Almeida, op. cit., p. 282.

[106] SILVA, Nuno J. Espinosa Gomes da, op. cit., p. 291.

[107] Idem, p. 296.

[108] COSTA, Mário Júlio de Almeida, op. cit., p. 285-288.

mes da sociedade. Salienta-se que, por não ter inovado substancialmente quanto ao conteúdo das ordenações Afonsinas e estas, por sua vez, cingirem-se à compilação do direito anterior, as ordenações Manuelinas, praticamente representavam uma situação social anterior à primeira metade do século XV. Neste interregno, por exemplo, além da criação da imprensa, houve o incremento do colonialismo com, inclusive, a descoberta do Brasil. Daí que, em 1603, passaram a viger as ordenações Filipinas.

Além de realizar uma revisão das ordenações Manuelinas e de incorporar os ditames das leis extravagantes, as ordenações Filipinas introduziram modificações atinentes à aplicação do direito subsidiário, ao direito de nacionalidade. Quanto a sua sistemática, as ordenações Filipinas mantiveram a forma de cinco livros divididos entre as mesmas matérias. A única alteração diz com o deslocamento do direito subsidiário[109] do livro II para o livro III.[110]

Quanto ao procedimento, não houve alteração substancial na passagem das ordenações Manuelinas para as ordenações Filipinas. Especificamente no que diz respeito ao presente estudo, o autor permanecia incumbido da indicação da causa e da quantidade do pedido enquanto o juiz continuava adstrito aos termos do postulado.

De um modo geral, é possível afirmar que todas as ordenações tinham como característica o total distanciamento do juiz da produção da prova, o procedimento essencialmente escrito e a outorga às partes não apenas da iniciativa da demanda como do seu movimento e da formação do material destinado à convicção do juiz.[111]

No final do século XVIII, a humanidade experimentou uma nova fase marcada pelas noções de liberdade e igualdade. Credita-se, em especial, à Revolução Francesa de 1789 o desenvolvimento dessa nova visão.

Essa perspectiva não tardou em fomentar complexos sistemas filosófico-político, econômico e jurídico, em países europeus, servindo esta circunstância de marco para a passagem dos Estados absolutistas para a concepção dos Estados modernos. À época, havia um desejo geral por uma Constituição que dividisse os poderes públicos, que assegurasse liberdade individual e de consciência, que ins-

---

[109] Ensina Mario Júlio de Almeida Costa que entende-se por direito subsidiário o sistema de normas jurídicas chamado a suprimir as lacunas de um outro sistema jurídico. Como fontes do direito subsidiário, cita o direito romano e o direito canônico, a glosa de Acúrsio e opinião de Bártolo e resolução do Monarca. (COSTA, Mário Júlio de Almeida, op. cit., p. 308-313).

[110] SILVA, Nuno J. Espinosa Gomes da, op. cit., p. 314.

[111] OLIVEIRA, Carlos Alberto Alvaro de, op. cit., p. 32.

taurasse um congresso e que transformasse a figura do rei absoluto em funcionário do Estado, subordinado às Câmaras soberanas.[112]

As idéias liberais produziram em 1820 a primeira crise na estrutura absolutista portuguesa, desencadeando o processo de "modernização" do Estado Português que experimentou, ainda, nova e profunda crise no ano de 1834.[113]

Seguindo a influência deste movimento global,[114] o Brasil declarou sua independência em 07 de setembro de 1822, proclamando-se Dom Pedro I imperador deste País. Afirma Pedro Calmon que a organização política do Império tinha por base as instituições portuguesas adaptadas aos fatores social-geográficos do Brasil.[115]

Em 25 de março de 1824, o imperador outorgou a primeira constituição brasileira.[116] Segundo Cezar Saldanha Souza Junior, a Constituição possuía espírito liberal reformador, ao modo inglês; estabelecia a forma de Estado Unitário ao Brasil; consolidava a monarquia (forma de governo em que o cargo de chefe de Estado é hereditário e vitalício) como forma de governo; estabelecia o sistema de governo como executivista absolutista centrado na figura do rei, por fim, ditava um regime de governo representativo-liberal, embora, na prática, não fosse democrática.[117]

Todavia, quanto ao ordenamento jurídico processual, as ordenações Filipinas estenderam sua vigência durante este período, sendo extintas paulatinamente com a edição de novas leis.

Em Portugal, o livro III da aludida ordenação sofreu grande baixa com o advento da Consolidação Joaquim Ribas em 1876. Contudo, embora tenha revogado as Ordenações do Reino de Portugal, a Consolidação Joaquim Ribas repetiu muitas normas processuais nelas constantes.[118]

---

[112] CALMON, op. cit., p. 183.

[113] MONCADA, L. Cabral de. *Estudos de história do direito.* v. II, Coimbra: Acta Universitatis Conimbrigensis, 1949, p. 59.

[114] LEAL, Aurelino. *História constitucional do Brasil.* Brasília: Senado Federal, 2002, p. 4.

[115] CALMON, op. cit., p. 203.

[116] Cezar Saldanha Souza Junior, analisando os textos políticos vigentes na história do Brasil, afirma que, do ponto de vista material,a primeira Constituição brasileira foi um Regimento, em 17 de dezembro de 1548, onde regulou-se a organização, a composição e a instalação de um Governo-Geral no Brasil (SOUZA JUNIOR, op. cit., p. 15). No entanto, tradicionalmente se reconhece a constituição imperial como a primeira carta política do Brasil porque foi a primeira outorgada após a sua independência.

[117] SOUZA JUNIOR, op. cit., p.22-33.

[118] OLIVEIRA, Vallisney de Souza. *Nulidades da sentença e o princípio da congruência.* São Paulo: Saraiva, 2004, p. 34.

No Brasil, a vigência das Ordenações Filipinas perdurou por força da lei que determinava que o processo civil no país permanecia sendo regido pelo livro III das Ordenações e leis extravagantes.

Em 29 de novembro de 1832, foi promulgado o Código de Processo Criminal de primeira instância, bem como a Disposição Provisória atinente à administração da justiça civil (revogava as leis que permitiam às partes réplicas, tréplicas e embargos antes da sentença, aplicando o princípio da eventualidade), que veio a ser revogada pela Lei nº 261, de 3 de dezembro de 1841, que reformulou o Código de Processo Criminal.[119]

Em 25 de junho de 1850, foi promulgada a Lei nº 556, que criou o Código Comercial brasileiro. Neste diploma, além das questões de ordem material, havia a criação de uma jurisdição comercial e a disciplina do processo das *causas comerciais*. Esta regulamentação era composta de um Título Único da lei, constituída de trinta artigos. Ademais, existia em seu texto (art. 27)[120] previsão expressa de competência do Governo para regulamentar a ordem do juízo no processo comercial. Pautado pela necessidade de regulamentação do Código Comercial, em 25 de novembro de 1850, foi aprovado o Regulamento nº 737.

O regulamento nº 737 representou uma profunda reformulação no direito processual brasileiro. O aludido regulamento previa a possibilidade de dois procedimentos, um sumário (para as causas de menor valor, cujo procedimento era simplificado, semi-escrito e semi-oral) e um ordinário. O procedimento ordinário[121] se desenvolvia a partir da propositura de petição inicial por escrito que deveria conter o nome do réu e do autor; o contrato, transação ou fato dos quais devessem resultar o direito do autor e a obrigação do réu; o pedido com todas as suas especificações e a estimativa do valor. A citação poderia ser realizada por mandado, por precatória, por editais ou por hora certa, sendo estes atos cumpridos pelo escrivão do feito ou por oficial de justiça.[122] A defesa poderia ser exercida por

---

[119] CARVALHO, Milton Paulo de, op. cit., p. 27-28.

[120] Título Único. Art. 27 (Texto original): O Governo, além dos Regulamentos e Instruções da sua competência para a boa execução do Código Comercial, é autorizado para, em um Regulamento adequado, determinar a ordem do Juízo no processo comercial; e particularmente para a execução do segundo período do artigo 1º e artigo 8º, tendo em vista as disposições deste Título e as do Código Comercial: e outrossim para estabelecer as regras e formalidades que devem seguir-se nos embargos de bens, e na detenção pessoal do devedor que deixa de pagar dívida comercial.

[121] PAULA, op. cit., p. 236-237.

[122] Ensina Milton Paulo de Carvalho que era admitido o aditamento do libelo até a contestação, mas a mudança do pedido e da causa de pedir exigia uma nova citação que importava na desistência da ação por parte do autor (CARVALHO, Milton Paulo de, op. cit., p. 30).

contestação, reconvenção (ambas no prazo de dez dias) e por exceções, incidentais, de incompetência e suspeição do juízo, ilegitimidade das partes, litispendência e coisa julgada. Contestada a ação, era dado prazo ao autor para réplica seguido de outro para réu para oferecimento de tréplica. Após, era dado prazo comum de vinte dias para apresentação de provas. Antes da produção da prova, o juiz decidia a respeito de eventuais nulidades suscitadas. Os meios de provas admitidos eram as escrituras e documentos públicos e particulares, confissão judicial e extrajudicial, juramentos, testemunhais, presunções, depoimentos pessoais, vistorias. Finda a instrução, eram apresentadas alegações finais por escrito. O procedimento ordinário terminava com a prolação da sentença, que tinha como requisitos um resumo da demanda, fundamentação e parte dispositiva (onde a decisão era motivada e fulcrada em dispositivo de lei).

Se de um lado as causas comerciais possuíam previsão legal e regulamento próprio, de outro lado, as demais causas cíveis permaneciam sob a vigência das ordenações Filipinas e leis extravagantes a esta.

A dificuldade do manejo dos diplomas processuais, dada a sua multiplicidade, levou à necessidade de que fosse elaborasse uma compilação sistemática das leis processuais civis.[123] Foi com este intento que o Governo Imperial tornou obrigatória a consolidação de leis realizada pelo Conselheiro Antonio Joaquim Ribas por meio de Resolução, em 28 de dezembro de 1876. Este diploma ficou conhecido como Consolidação Ribas. A Consolidação Ribas era divida em duas partes: uma atinente à organização judiciária, outra correspondente à forma do processo.

Merecem destaque, para fins do presente estudo, o § 3º do artigo 202 e os §§ 2º e 3º do artigo 539, ambos da Consolidação Ribas. O § 3º do artigo 202 estabelecia que estavam dentre os requisitos da inicial a causa por que se faz a citação; bastando a causa geral e remota, que nas ações pessoais é o contrato, e nas reais é o domínio. Os §§ 2º e 3º do artigo 539 estabeleciam que o libelo deveria necessariamente conter a narração dos fatos, de onde o autor deduz o seu direito, bem como a exposição do direito ou causa de pedir.

Assim como no plano processual a segunda metade do século XIX foi marcada por diversas mudanças, no plano político não foi diferente. Neste período, a sociedade brasileira conheceu a ascensão da classe média composta por elementos ligados à atividade comer-

---

[123] CARVALHO, Milton Paulo de, op. cit., p. 28-29

cial e pelo funcionalismo público, modo especial o exército, que ganhou expressão proporcional ao aumento do aparelho estatal.[124]

Da consolidação da força dessa classe social emergente decorreu a ruptura com a forma de governo vigente de modo a proporcionar uma nova distribuição do poder político. Soma-se, ainda, o fato de que a antiga forma de governo tinha seus meios de produção, sobremaneira, calcados no trabalho escravo. O movimento abolicionista na Inglaterra e nos Estados Unidos da América repercutiu gradualmente na ordem brasileira em um primeiro momento, em 1871, com a promulgação da "lei do ventre livre" (assegurando a liberdade aos filhos dos escravos nascidos a partir de então) e, finalmente, com a abolição da escravatura em 1888. A abolição da escravatura foi um duro golpe na classe dominante, que se sentia traída pelo governo que havia servido por décadas.[125]

Este contexto social, fruto da ascensão de uma classe social sedenta de poder político e do descontentamento da classe dominante com o regime vigente, levou à proclamação da república no Brasil em 15 de novembro de 1889, servindo de estopim para a revolução o conflito criado entre os militares, influenciados pela filosofia positivista, e o governo.[126] Assenta Cruz Costa que o novo regime foi mais uma transformação de cúpula, resultado de uma composição havida entre a burguesia com uma parte da plutocracia rural, que gerou a ascensão de um governo burguês oligárquico.[127]

Em 24 de fevereiro de 1891, veio a ser promulgada a Constituição republicana no Brasil. Segundo Cezar Saldanha Souza Junior, a Constituição estabelecia a Federação como forma de Estado; adotava a República (forma de governo em que o cargo de chefe de Estado é eletivo e temporário) como forma de governo; estabelecia o sistema presidencialista de governo; ditava um regime de governo democrático, consagrando o voto universal, embora negasse o sufrágio às mulheres e aos analfabetos.[128]

No plano jurídico, antes mesmo de outorgar uma nova constituição, o Governo Provisório da República, em 19 de setembro de 1890, editou o Decreto nº 763, que mandava observar, também ao processo civil em geral, as determinações do Regulamento nº 737, de 1850. Deste modo, deixou de viger no Brasil o livro III das Ordenações Filipinas.

---

[124] COSTA, Cruz. *Pequena história da república*. 3. ed., São Paulo: Brasiliense, 1989, p. 15.

[125] Idem, p. 19.

[126] CALMON, op. cit., p. 376/377.

[127] Idem, p. 48.

[128] SOUZA JUNIOR, op. cit., p. 39-43.

Com a elaboração da Constituição Republicana de 1891, foi permitido aos estados membros legislarem independentemente sobre matéria processual. A partir de 1905, iniciou-se o movimento de codificações estaduais.[129] Neste período, foram editados os Códigos de Processo Civil dos estados: do Rio Grande do Sul (15/01/1908), da Bahia (21/08/1915), de Sergipe (05/10/1920), do Ceará (30/12/1921), do Distrito Federal (31/12/1924), de Santa Catarina (03/11/1928), de São Paulo (14/01/1930). Entretanto, o Decreto 763 de 1890, continuou a vigorar nos estados que não elaboraram Códigos próprios, e serviu de modelo e fonte a muitos dos Códigos que foram promulgados.[130]

A vida da república coronelista, instaurada em 1891, com o passar dos anos, dava sinais de sua derrocada. Em um contexto global, a república se deparou com a turbulência ocasionada pela primeira grande guerra (1914) e, posteriormente, com a crise econômica de 1929. No âmbito nacional, a república perdia suas forças junto à classe média urbana em face da adoção de política conservadora e protecionista dos produtores de São Paulo (café) e de Minas Gerais (leite), cujos representantes se revezavam no poder. Estas situações aliadas à evidência de fraude eleitoral no pleito à presidência de 1930,[131] onde saíram derrotados Getúlio Vargas (candidato a presidente) e João Pessoa (candidato a vice-presidente), e o subseqüente assassinato do candidato a vice de Vargas, serviram de estopim para revolução.

A revolução de 30, como ficou conhecida, deveu seu triunfo à atitude das Forças Armadas, seja pelo apoio de pequena parcela desta, seja pela inação da maioria frente ao levante.[132] Com o êxito da revolução, Vargas assumiu a chefia do Governo Provisório, em 03 de novembro de 1930.

Um de seus primeiros atos foi a promulgação do Decreto nº 19.398, de 11 de novembro de 1930, que instituía o Governo Provisório da República dos Estados Unidos do Brasil. Este decreto regeria o país até que uma nova carta política fosse promulgada. Os principais pontos da aludida norma eram que: o Governo Provisório exerceria discricionariamente, em toda sua plenitude, as funções e atribuições não só do Poder Executivo, como também do Poder Le-

---

[129] ALVIM, Arruda. *Manual de direito processual civil*. v. 1. 10. ed. rev. atual. e ampl., São Paulo: Revista dos Tribunais, 2006, p. 54.

[130] MOREIRA, José Carlos Barbosa. A influência do Direito Processual Civil Alemão em Portugal e no Brasil In: ——. *Temas de direito processual*: quinta série. São Paulo: Saraiva, 1994, p. 180.

[131] COSTA, Cruz, op. cit., p. 91.

[132] Idem, p. 97.

gislativo até que Assembléia Constituinte a ser eleita estabelecesse a reorganização constitucional do país (art. 1°); o Congresso Nacional e todas as assembléias legislativas e quaisquer órgãos deliberativos em todos os níveis da federação foram dissolvidos (art. 2°); a Constituição Federal e as Constituições estaduais permaneciam em vigor, mas se sujeitavam ao decreto e demais atos promulgados pelo Governo Provisório (art. 4°); o Governo Provisório nomearia interventor para cada Estado, que poderia ser exonerado a seu critério, e que teria como uma de suas atribuições a nomeação dos prefeitos para cada município (art. 11); a nova Constituição Federal a ser outorgada manteria a forma republicana federativa e não poderia restringir os direitos dos municípios e dos cidadãos brasileiros e as garantias individuais constantes da Constituição de 24 de fevereiro de 1891 (art. 12).

Com amparo no Decreto n° 19.398, Vargas suspendeu as eleições, colocou em cada Estado um interventor de sua confiança e criou leis sem consultar o Congresso. Devido ao descontentamento provocado pela nova forma de governar, notadamente externado pela oligarquia paulista que exigia a volta da normalização democrática, Vargas convocou a eleição de Assembléia Constituinte em 1932 que promulgou a nova carta magna em 16 de julho de 1934.

A nova Constituição mantinha a forma federalista de Estado, a república como forma de governo, o presidencialismo como sistema de governo e a democracia como regime. No entanto, embora não houvesse modificação na estrutura social, a Constituição de 1934 inseriu no ordenamento pátrio significativas mudanças. A nova Constituição, por exemplo, assegurou o voto feminino para a eleição do Poder Legislativo; previu, pioneiramente, em seu texto Títulos sobre "Ordem Econômica e Social" e "Família, Educação e Cultura", bem como abriu possibilidade, no âmbito do federalismo, para ações conjuntas entre União, Estados e Municípios.[133]

O artigo 1° das Disposições Transitórias da Constituição de 1934 estabelecia que, promulgada a Carta, a Assembléia Nacional Constituinte elegeria, no dia imediato, o Presidente da República para o primeiro quadriênio constitucional, por escrutínio secreto, por maioria absoluta de votos, cujo mandato se encerraria em 3 de maio de 1938. Tal eleição foi realizada se sagrando vitorioso Getúlio Vargas.

Do ponto de vista do direito processual civil, a Constituição de 1934 foi marcante em dois aspectos. O primeiro aspecto diz com o estabelecimento de competência privativa da União para legislar so-

---

[133] SOUZA JUNIOR, op. cit., p. 47-50.

bre matéria processual (art. 5°, XIX, *a*), pondo fim ao ciclo dos códigos de processo civil estaduais. O segundo aspecto está relacionado com a previsão no artigo 11 das Disposições Transitórias da Constituição que o Governo nomearia uma comissão de três juristas, sendo dois ministros da Corte Suprema e um advogado, para, ouvidas as Congregações das Faculdades de Direito, as Cortes de Apelações dos Estados e os Institutos de Advogados, organizar dentro em três meses um projeto de Código de Processo Civil e Comercial; e outra para elaborar um projeto de Código de Processo Penal.

Antes que pudesse ser concretizado o ditame constitucional da criação do Código de Processo Civil vigente em todo o território nacional, Getúlio Vargas fechou o Congresso Nacional em 10 de novembro de 1937, suspendendo as eleições presidenciais previstas para o ano seguinte, anulando a Constituição de 1934, dando, portanto, um golpe de estado. O golpe de estado de 1937 foi concebido a partir do temor geral existente à época em face da ascensão dos regimes totalitários ideologicamente identificados com o pensamento comunista. Getúlio Vargas, que já havia declarado estado de sítio em 26 de novembro de 1935 (Decreto n° 457) para combater a "insurreição extremista", fez da ideologia anticomunista o motivo para a mudança na ordem Constitucional.

Neste período, conhecido como Estado Novo, foi outorgada a Constituição de 10 de novembro de 1937. Formalmente, a Constituição de 1937 manteve os mesmos preceitos da sua antecessora; todavia, seu conteúdo se apresentava diverso. Exemplificativamente, a incongruência entre o texto da Carta e o seu conteúdo prático se evidenciava nos fatos de que, embora a Constituição consagrasse o federalismo, a centralização do governo no Poder Executivo federal não dava margens para uma forma autêntica de estado federado; embora se dissesse republicana, no período em que vigeu a Constituição de 1937, jamais houve eleições presidenciais.

Foi somente no regime do Estado Novo que, em 18 de setembro de 1939, foi promulgado o Decreto-Lei n° 1.608, que instituiu o Código de Processo Civil para viger em todo o território nacional, o que ocorreu a partir de 1° de março de 1940. As principais fontes de inspiração do Código de Processo Civil de 1939, cujo projeto foi realizado por Pedro Baptista de Martins, foram o Código de Processo do Estado do Rio de Janeiro, o Código de Processo do Estado de Minas Gerais e o Código de Processo Civil português.

O Código de 1939, antes de representar uma ruptura irreconciliável com o direito pretérito, importou na unificação da tutela processual civil em um único e modernizado diploma jurídico.

Segundo José Carlos Barbosa Moreira, o Código de 1939 foi uma lei profundamente inovadora que objetivava implantar uma ordem processual orientada pelos princípios da oralidade, da concentração, da imediação, da participação ativa do juiz.[134]

Destaca-se, como relevante ao tema em estudo que o Código de 1939, segundo o que afirma Arruda Alvim, reconhecia, embora sem texto expresso neste sentido, a teoria da tríplice identidade na identificação da demanda.[135] Tal assertiva pode ser depreendida da leitura do artigo 158, incisos II, III e IV, do diploma processual.

O artigo 158 estabelecia os requisitos da petição inicial dentre os quais estavam o nome e o prenome, a residência ou domicílio, a profissão, a naturalidade e o estado civil do autor e do réu (Il); o fato e os fundamentos jurídicos do pedido, expostos com clareza e precisão, de maneira que o réu possa preparar a defesa (III) e o pedido, com as suas especificações (IV). Ou em outras palavras, as partes, a causa de pedir e o pedido.

Doutrinando sob a vigência do Código de 1939, Adroaldo Mesquita da Costa[136] afirmava que são idênticas as causas quando se reproduz em uma a mesma providência que a outra pretende, pela identificação dos capazes de individuá-las. Acrescenta ainda que, deduzindo em juízo a sua pretensão, o autor deve: identificar a si próprio e ao réu; esclarecer o objeto mediato de seu pedido e declinar a razão ou título pela qual pede e por via de conseqüência o próprio pedido.

Outro ponto que chamava a atenção no Código de 1939 era o de que não havia qualquer possibilidade, mesmo com a concordância do réu, de se aditar a inicial, nem mesmo antes da citação do demandado.[137]

Na ordem política, o Brasil passou por uma nova fase de mudanças. O fim da segunda guerra mundial (1945), onde a derrota dos fascistas representou uma nova perspectiva de democracia revigorada no mundo, aliada à forte pressão interna da sociedade brasileira na retomada do processo democrático suspenso já há mais de sete anos, levou os chefes militares a afastarem Getúlio Vargas da presidência da República em 29 de outubro de 1945.

---

[134] MOREIRA, José Carlos Barbosa. A influência..., p. 181.

[135] ALVIM, Arruda. *Manual...*, p. 425.

[136] COSTA, Adroaldo Mesquita da. Leis uniformes sôbre letra de câmbio, nota promissória e cheque. *Revista dos Tribunais*, a. 57, v. 395, setembro-1968, p. 29.

[137] PINTO, Junior Alexandre Moreira. Sistemas Rígidos e flexíveis: a questão da estabilização da demanda. In: TUCCI, José Rogério Cruz e; BEDAQUE, José Roberto dos Santos. *Causa de pedir e pedido no processo civil:* questões polêmicas. São Paulo: Revista dos Tribunais, 2002, p. 77.

Foi convocada Assembléia Constituinte, eleita em 02 de dezembro de 1946, cujo trabalho culminou com a promulgação da Constituição de 18 de setembro de 1946. Serviu como ponto de partida para a nova constituição a Carta Magna de 1934. O Estado teve restaurada a forma federativa em sua plenitude; foi garantida a eleição direta para presidente e criada a eleição direta, também, para vice-presidente; quanto ao regime de governo, foi adotado o modelo democrático e social de direito, inspirado na Constituição de Weimar.[138]

O período republicano-democrático-social estabelecido pela Constituição de 1946, veio a ser substituído em face de diversos acontecimentos que remontam à eleição de Jânio Quadros como presidente da República e de João Goulart como seu vice-presidente no pleito que os conduziu aos cargos em 31 de janeiro de 1961. Ocorreu que, com menos de sete meses de exercício no cargo, Jânio Quadros apresentou sua renúncia, acreditando em uma recondução ao cargo por pedido do Congresso e com apoio popular. Tal recondução aumentaria sobremaneira os poderes de Jânio na condução do país. Temendo a política a ser adotada pelo vice-presidente João Goulart, que à época da renúncia se encontrava em viagem oficial à China, houve uma articulação para impedir a sucessão presidencial. Este incidente, que quase culminou com uma guerra civil no sul do país, foi solucionado por meio da adoção do parlamentarismo como sistema de governo, situação que poderia ser revista por plebiscito, servindo de mecanismo de controle da política de João Goulart. Em 1963, em foi realizado plebiscito em que a sociedade optou pelo sistema presidencialista de governo. Conduzido à presidência pelo plebiscito, João Goulart promoveu diversas medidas interpretadas como sendo de viés comunista, incitando as camadas populares e criando temor de golpe de esquerda para os setores conservadores da sociedade e para o exército. Ademais, outro fator decisivo para a crise que se seguiu foi o de que, no cenário internacional, o mundo estava dividido pela guerra fria entre os Estados Unidos da América e a União Soviética, onde ambos os países buscavam aliados às suas políticas.

O resultado deste contexto foi o levante militar, iniciado na noite de 31 de março de 1964, que ocasionou a deposição de João Goulart da presidência da República e a eleição, em 11 de abril do mesmo ano, do General Castello Branco para o mesmo cargo.

Em 24 de janeiro de 1967, Castello Branco, nos últimos dias de seu governo (tendo em vista que o general Arthur da Costa e Silva já havia sido eleito em outubro de 1966 e tinha posse prevista para

---

[138] SOUZA JUNIOR, op. cit., p.58-61.

março de 1967), amparado por quatorze emendas constitucionais, outorgou uma nova Constituição ao país.

Conforme afirma Cezar Saldanha Souza Junior, a Constituição de 1967 adotou a forma federalista de Estado, com posição predominante da união frente aos estados-membros e com orientação cooperativa entre as suas unidades; consagrou a república como forma de governo onde a eleição para presidente se dava de forma indireta; quanto ao regime de governo, afirmou a soberania popular embora em seu conteúdo trouxesse diversos institutos não democráticos.

Assumindo o governo, Costa e Silva, que acenava com a possibilidade de abertura política aos seus eleitores no Congresso Nacional, valeu-se da primeira crise política para editar o Ato Institucional nº 5, em 13 de dezembro de 1968, dissolver o Congresso e centralizar o poder em suas mãos. Seguiu-se à edição do Ato Institucional nº 5, o rompimento com a ordem constitucional estabelecida em 1967, com o recrudescimento das liberdades individuais dos cidadãos.

Como marco do novo regime, em 17 de outubro de 1969, foi outorgada uma nova Constituição ao Brasil. Imbuída do autoritarismo do regime vigente à época, a Constituição de 1969 enfraqueceu as relações entre os membros da federação, dada a hipertrofia política da União, e adotou a forma republicana de Estado e o sistema presidencialista de governo, representados pela escolha do presidente da república por eleição indireta realizada por um Colégio Eleitoral composto por integrantes do regime militar.[139]

O trabalho de reformulação da legislação processual brasileira iniciou na primeira metade da década de 60 do século XX a partir da elaboração do Anteprojeto de Código de Processo Civil por Alfredo Buzaid. O aludido anteprojeto foi enviado ao Congresso Nacional em 02 de agosto de 1972 e foi promulgado através da Lei nº 5.869 (sancionada em 11 de janeiro de 1973), vigendo até hoje. Ainda que o referido código tenha sofrido, nos anos de 1994, 2001/2002 e 2006, profundas reformas que deram os contornos do processo civil moderno, sua forma e teoria geral permanecem substancialmente mantidas. É neste panorama que o presente estudo será desenvolvido, razão por que o instituto em apreço não receberá tratamento neste tópico, mas nos que seguem.

Por fim, merece destaque que, com a reabertura política do Brasil – iniciada no governo de João Figueiredo (1979-1985), ainda durante o regime militar, e culminando com o movimento que exigia eleições diretas para presidente da República (1984) –, desenvol-

---

[139] SOUZA JUNIOR, op. cit., p. 75-76.

veu-se um processo de redemocratização que atingiu seu ápice com a promulgação da Constituição então vigente, em 05 de outubro de 1988. Esta Constituição, dita "Cidadã", restaurou a forma federativa de Estado, através do fortalecimento dos estados e dos municípios. A forma republicana de governo passou a ser exercida pela eleição direta pela sociedade do presidente da República; o sistema de governo permaneceu sendo o presidencialista; o regime de governo estabelecido foi o de um Estado Democrático de Direito embasado nos princípios da dignidade da pessoa humana e do bem comum e amparado por expressivo catálogo de direitos fundamentais. No plano processual, a Constituição de 1988 apontou os princípios norteadores da ciência do processo sem, contudo, alterar diretamente as normas processuais.

Apresentado o desenvolvimento histórico dos principais acontecimentos que foram determinantes para a forma e para o conteúdo do ordenamento jurídico pátrio moderno, é possível concluir que, embora a história se apresente de forma assimétrica, com momentos de desenvolvimento e de retrocesso sob um ponto de vista civilizatório, a causa de pedir, enquanto instituto jurídico relacionado com o objeto da demanda, se fez presente, implícita ou explicitamente, ao longo de toda a trajetória do direito ocidental.

2. Noções gerais da causa de pedir

2.1. ELEMENTOS DA DEMANDA

Realizada a investigação histórica atinente à causa de pedir, passa a ser possível e indispensável situá-la na sistemática processual moderna e vigente no Brasil. Inicialmente, o estudo da causa de pedir será conduzido pelos ditames legislativos para, a partir destes, inseri-la em um contexto maior desenvolvido pela doutrina processual e pela jurisprudência. Este contexto maior a que se refere diz com a identificação da causa de pedir como sendo um dos elementos integrantes e definidores da demanda processual.

Em decorrência disso, será imprescindível discorrer brevemente sobre os outros elementos da demanda de forma a possibilitar a compreensão da causa de pedir enquanto instituto processual orientado à obtenção de um fim específico.

O Código de Processo Civil de 1973, obra das atividades de Alfredo Buzaid, não disciplinou de forma expressa a questão atinente a quais os elementos que identificam uma demanda. Entretanto, a mencionada disciplina encontra-se suficientemente desenvolvida em dispositivos esparsos ao longo do Código de Processo Civil, de modo que não pairam dúvidas significativas a respeito de quais são os elementos que identificam demanda processual. Os artigos de crucial interesse à identificação dos elementos da demanda, no Código de Processo Civil, são os 282, 295, 301, 264.

Estabelece o artigo 282 do Código de Processo Civil que o autor ao propor uma demanda deverá indicar na petição inicial, dentre outros requisitos, os nomes, prenomes, estado civil, profissão, domicílio e residência do autor e do réu (inciso II); o fato e os fundamentos jurídicos do pedido (inciso III) e o pedido com as suas especificações (inciso IV). Desde logo, verifica-se que é indispensável a qualquer demanda que o autor aponte as partes envolvidas no processo, qualificando a si e ao demandado com os elementos mínimos identificadores exigidos em lei; indique os fatos e fundamentos que embasam o pedido e decline, com as devidas especificações, o pedido que move a pretensão processual. Acrescenta o artigo 295, e seu parágrafo único, do Código de Processo Civil que a petição inicial será indeferida, por inepta, quando lhe faltar o pedido ou a causa de pedir, quando da narração dos fatos não decorrer logicamente a conclusão, quando o pedido for juridicamente impossível ou quando contiver pedidos incompatíveis entre si. Assim, não pairam dúvidas de que a regularidade da indicação das partes, do pedido e da causa de pedir (fatos e fundamentos jurídicos) são indispensáveis para o desenvolvimento do processo.[140] Contudo, tendo em vista que os incisos do artigo 282 do Código de Processo Civil apresentam diversos outros requisitos para a petição inicial, o mencionado artigo não se mostra suficiente para esclarecer a respeito dos elementos identificadores da demanda. Isso porque, por exemplo, é requisito da petição inicial, segundo o inciso V do mencionado artigo, a indicação do valor da causa, sem que esse dado seja relevante para a identificação de uma demanda.

O disposto no parágrafo segundo do artigo 301 do Código de Processo Civil (com redação dada pela Lei nº 5.925, de 1º de outubro de 1973) é decisivo para o desenlace das dúvidas a respeito do que sejam os requisitos da inicial e do que sejam os elementos identificadores da demanda. O artigo 301 trata das matérias que devem ser alegadas pelo réu, quando da apresentação de contestação, antes mesmo de adentrar no mérito da questão veiculada no processo. Trata, portanto, do que se convencionou chamar de preliminares processuais. Dentre estas possíveis preliminares a serem argüidas, pode o réu suscitar a litispendência (inciso V) e a coisa julgada (inciso VI). Necessitando o legislador explicitar o significado de litispendência e de coisa julgada, foi inserido o parágrafo primeiro ao mencionado diploma estabelecendo que se verifica a litispendência ou a coisa julgada quando se *reproduz* ação anteriormente ajuizada. Feito este esclarecimento, permanecia sem resposta o que significa juridicamente *reproduzir* uma ação. A dúvida restou solucionada pelo parágrafo seguinte (2º) ao estabelecer que uma ação é idêntica

---

[140] Tesheiner classifica como pressupostos processuais objetivos a existência de um pedido, de uma causa de pedir, de nexo lógico entre ambos e a compatibilidade de pedidos, havendo mais de um. Afirma que a falta de pedido, na petição inicial, não impede a constituição da relação processual e seus efeitos jurídicos decorrentes, *verbi gratia*, custas, honorários. Complementa que a imprecisão ou mesmo a ausência de pedido não implica haver o juiz agido de ofício, porque, ainda que inepta, petição inicial houve. (TESHEINER, José Maria. *Pressupostos processuais e nulidades no processo civil*. São Paulo: Saraiva, 2000, p. 75-76).

a outra quando tem as mesmas partes, a mesma causa de pedir e o mesmo pedido.

Soma-se ainda ao § 2° do artigo 301 do Código de Processo Civil o que estabelece o artigo 264 do mesmo diploma. Tratando da formação do processo, o *caput* do artigo 264 do Código de Processo Civil disciplina que, após a citação, é proibida a modificação pelo autor do pedido ou da causa de pedir (salvo se assim concordar o réu e que se proceda antes do saneamento do feito) e que as partes não mais serão modificadas, com exceção das hipóteses permitidas em lei. Este diploma processual reforça a idéia de que os elementos que identificam a demanda de modo a poder distinguir uma de outra são: as partes, o pedido e a causa de pedir. Os demais elementos imprescindíveis para a regularidade do processo, mas não identificadores da demanda, são estranhos à lide e dizem com questões administrativas da atividade jurisdicional, desimportantes sob o ponto de vista do direito material veiculado na demanda. Assim, *verbi gratia*, o juízo ou tribunal a que é dirigida a pretensão processual pouco importa no que diz respeito aos elementos identificadores da demanda. Sendo a ação idêntica em partes, em pedidos e em causa de pedir, não existe interesse para a identificação da demanda se foi ajuizada perante o foro de Porto Alegre ou se foi ajuizada perante o foro de Florianópolis: as demandas ainda assim serão idênticas.

Em consonância com os preceitos normativos acima descritos, a doutrina pátria tem assentado que os elementos que identificam a demanda são as partes, o pedido e a causa de pedir[141] e que, do ponto de vista teleológico, os elementos em tela são os meios pelos quais se pode realizar a atividade mental de identificação da ação proposta, a individualização da ação ajuizada.[142]

José Ignácio Botelho de Mesquita é categórico ao afirmar que "não pode padecer dúvida alguma que a matéria a ser identificada seja o objeto do processo constituído pela *causa petendi* e pelo *petitum* desde o momento em que são introduzidos em juízo por via da petição inicial".[143]

José Maria Rosa Tesheiner compartilha desse mesmo entendimento e vai além. O doutrinador arrola as circunstâncias em que os

---

[141] GRECO FILHO, Vicente. *Direito processual civil brasileiro*. v. 1, 19. ed. São Paulo: Saraiva, 2006, p. 91; NERY JUNIOR, Nelson; NERY, Rosa Maria de Andrade. *Código de processo civil comentado*: e legislação extravagante. 7. ed. São Paulo: Revista dos Tribunais, 2003, p. 475.

[142] VIANA, Juvêncio Vasconcelos. A causa de pedir nas ações de execução. In: TUCCI, José Rogério Cruz e; BEDAQUE, José Roberto dos Santos. *Causa de pedir e pedido no processo civil*: questões polêmicas. São Paulo: Revista dos Tribunais, 2002, p. 91.

[143] MESQUITA, A "causa petendi"..., p. 168.

elementos da ação são cruciais na sistemática processual: os casos de cumulação de ações; os fatos que podem ou não ser conhecidos em uma ação, sem que ela se transforme em outra, perdendo a sua identidade; os casos em que há litispendência ou coisa julgada, a obstar uma segunda ação, bem como os limites subjetivos e objetivos da coisa julgada, que atinge inclusive alegações não formuladas (CPC, art. 474); as hipóteses de conexão e de continência (CPC, arts. 103 e 104).[144]

José Roberto dos Santos Bedaque, por sua vez, acrescenta que os elementos da ação consistem em dados da relação jurídica material utilizados pelo processo para individuar a ação proposta.[145] De tal modo, reconhece que a observação da relação jurídica que deu margem à lide veiculada no processo é crucial para a identificação da demanda.

Aliás, a aproximação entre o direito material e a demanda também é objeto de preocupação da doutrina italiana. Assim, Francesco Luiso afirma que a demanda judicial é o ponto de passagem, a ponte entre o direito substancial e o processo, assim como a sentença é a ponte entre o processo e o direito substancial.[146]

Carlos Silveira Noronha[147] apresenta a distinção entre demandas idênticas, semelhantes e diversas. Serão idênticas as ações quando nelas estiverem contidas as identidades, de sujeitos (*eadem personae*); de pedido (*eadem res vel petitum*); de causa ou fundamento de pedir (*eadem causa petendi*). Serão semelhantes quando houver identidade de pedido ou de causa de pedir. Por fim, serão diversas quando não se verificar identidade de nenhum de seus elementos.

Como se demonstrou, o ordenamento jurídico brasileiro, ao reconhecer como elementos da demanda as partes os pedidos e as causas de pedir, adotou a teoria da tríplice identidade (*tria eadem*)[148] em detrimento da teoria da identidade da relação jurídica.[149]

---

[144] TESHEINER, José Maria. *Eficácia da sentença e coisa julgada no processo civil*. São Paulo: Revista dos Tribunais, 2001, p. 34.

[145] BEDAQUE, José Roberto dos Santos. Os elementos objetivos da demanda examinados à luz do contraditório. In: TUCCI, José Rogério Cruz e; BEDAQUE, José Roberto dos Santos. *Causa de pedir e pedido no processo civil*: questões polêmicas. São Paulo: Revista dos Tribunais, 2002, p. 28.

[146] LUISO, Francesco P.. *Diritto processuale civile*. v. I, 3. ed., Milano: Giufrè, 2000, p. 50.

[147] NORONHA, A causa de pedir..., p. 28.

[148] Cf. MOREIRA, José Carlos Barbosa. Julgamento colegiado e pluralidade de causas de pedir. In: ———. *Temas de direito processual*: terceira série. São Paulo: Saraiva, 1984, p. 131; ALVIM, *Manual...*, op. cit., p. 425; MESQUITA, José Ignácio Botelho de. Conteúdo da causa de pedir. *Revista dos Tribunais*, a. 71, outubro de 1982, v. 564, p. 47-48.

[149] A teoria da identidade da relação jurídica foi aquela capitaneada por Savigny que afirmava que uma demanda seria idêntica a outra quando fossem iguais as partes e a questão do

Analisando a orientação do Código de Processo Civil brasileiro, José Ignácio Botelho de Mesquita conclui que, "inobstante a filiação doutrinária que se lhe queira emprestar, duas ações são idênticas quando têm o mesmo pedido, as mesmas partes e a mesma causa de pedir".[150]

Em sede de direito comparado, estabelece o artigo 163 do Código de Processo Civil Italiano os elementos necessários para a realização da citação do réu. Dentre seus requisitos arrola (nos itens 2, 3 e 4) a identificação da partes (composta do nome completo e o endereço das partes), a determinação da coisa objeto da demanda e a exposição dos fatos e dos elementos de direito que constituem a razão da demanda, com a respectiva conclusão.

No direito italiano, portanto, a demanda vem individualizada através da determinação do bem da vida ou da prestação que se pede ao demandado (*petitum mediato*) o qual não pode vir separado do provimento jurisdicional que se pede ao juiz (pedido imediato), nem da razão em face do que se formula o pedido (causa de pedir).[151]

Giuseppe Chiovenda, no entanto, afirma que a tríplice identidade da demanda não decorre de criação doutrinária ou legislativa, mas representa os componentes naturais que a demanda judicial incorpora da ação, de modo que os três elementos da demanda se mostram resguardados em sua própria essência.[152]

Acrescenta a doutrina que estes três elementos se distribuem em duas dimensões distintas, uma subjetiva e outra objetiva.[153]

Ensina Giuseppe Chiovenda[154] que os elementos da demanda se reagrupam da seguinte forma: de um lado, o elemento subjetivo (pessoas), do outro, os dois elementos objetivos (objeto e causa). Acrescenta que os elementos objetivos da demanda (que na terminologia empregada no presente trabalho são o pedido e a causa de pedir) se referem à identificação do bem da vida perseguido na causa, e que os elementos subjetivos da demanda têm em vista a pertinência ativa ou passiva desse bem.

---

processo que por sua vez, deveria ser verificada da análise da *causa próxima*. (TUCCI, *A causa petendi ...*, p. 77-78).

[150] MESQUITA, Conteúdo..., p. 47.

[151] GIUDICE, Frederico del. *Códice di procedura civile spiegato articolo per articolo.* 8. ed., Napoli: Simone, 2004, p. 164.

[152] CHIOVENDA, Giuseppe. *Saggi di dirittoprocessuale civile.* v. 1, Milano: Giufrè, 1993, p. 159.

[153] MARQUES, José Frederico. *Instituições de direito processual civil.* v. 2, 4. ed. rev., Rio de Janeiro: Forense, 1971, p. 3.

[154] CHIOVENDA, Giuseppe. *Instituições de direito processual civil.* v. 1, tradução de J. Guimarães Menegale, 3. ed., São Paulo: Saraiva, 1969, p. 355.

2.2. DIMENSÃO SUBJETIVA DA DEMANDA

A dimensão subjetiva é aquela constituída pelas partes envolvidas no processo (quem pede e aquele contra quem se pede). Como ponto de partida, é possível identificar duas definições fundamentais que representam o conceito de parte. Em um primeiro lugar, consideram-se partes "os sujeitos integrados na relação processual e em cujas esferas jurídicas atuará o provimento a ser emitido pelo juiz".[155] Sob um outro ponto de vista, as partes são compostas pelo sujeito que pede em nome próprio, ou em cujo nome é pedida a atuação da vontade da lei, e pelo sujeito em face de quem a atuação da vontade de lei é pedida.[156]

Salienta-se que não pode haver confusão entre os conceitos de partes no processo e de sujeitos do processo. Isso porque os sujeitos do processo são o juiz e as partes, enquanto as partes no processo são o autor e o réu.

As partes integram dois pólos diversos e antagônicos na relação processual: o pólo ativo e o pólo passivo da demanda. A parte que figura no pólo ativo da demanda é aquela que pede um provimento jurisdicional em face de outrem. Esta parte é nominada como autora. De outro lado, a parte que figura no pólo passivo da demanda é aquela contra quem o autor pede, sendo chamada de parte ré ou simplesmente de "réu".

Entretanto, a denominação das partes como autor e réu, embora adequada, pode variar de acordo com a medida postulada no caso concreto e do processo que a veicula. Assim, exemplificativamente, o autor e o réu, nos processos de execução, serão chamados de exeqüente e executado; nos embargos à execução, serão embargante e embargado; nas ações de reivindicação, serão reivindicante e reivindicado; nas ações de nunciação de obra nova, serão nunciante e nunciado. De outra sorte, pode o autor se tornar réu e o réu pode se tornar autor de uma causa conexa a já estabelecida pelo manejo da reconvenção. Apresentada a reconvenção, o autor *original* passa a ser chamado de reconvindo (assumindo a posição de sujeito passivo da reconvenção) e réu, quem propôs a reconvenção, passa a se chamar reconvinte (assumindo o pólo ativo da reconvenção). Reprisa-se que, quanto à essência do instituto, a classificação das partes em autor e réu atende a todas as circunstâncias processuais, servindo de

---

[155] DINAMARCO, Cândido Rangel. *Litisconsórcio*. 7. ed. rev., atual. e ampl., São Paulo: Malheiros, 2002, p. 20.

[156] SANTOS, Moacyr Amaral. *Primeiras linhas de direito processual civil*. v. 1, 23. ed. rev. e atual., São Paulo: Saraiva, 2004, p. 347.

conceito modelo para identificar os sujeitos processuais integrantes dos pólos ativos e passivos de uma demanda judicial, no entanto, a terminologia diversa empregada para determinadas causas deve ser observada em prestígio à boa técnica processual, tendo em vista que se afigura linguagem jurídica auxiliar ao manejo correto e objetivo do direito.

Abandonando as questões terminológicas antes suscitadas e adentrando na definição do instituto em observação, Athos Gusmão Carneiro aduz que o conceito de parte evoluiu na medida em que a teoria civilista sobre o conceito de ação foi substituída pelas teorias publicistas, com o reconhecimento da autonomia da relação jurídica processual,[157] de tal modo que as doutrinas atuais buscam o conceito de parte apenas no processo, e não mais na relação substancial deduzida em juízo.[158] Compartilham do mesmo entendimento Moacyr Amaral dos Santos,[159] Ovídio Baptista da Silva e Fábio Gomes.[160]

Quanto ao alcance do conceito de parte formal, partindo da compreensão de partes como os sujeitos que pede e contra quem se pede um provimento jurisdicional, Ovídio Baptista da Silva afirma que somente serão consideradas partes os sujeitos processuais que atuam em processo contencioso, inexistindo partes em processo de jurisdição voluntária.[161] Discorrendo sobre a jurisdição voluntária, Eduardo J. Couture[162] aponta que o sujeito que dá início ao procedimento não pede nada contra ninguém, inexistindo a figura de um adversário que contraponha sua pretensão. De tal modo, conclui o processualista uruguaio que o sujeito da relação processual não goza da condição de parte na jurisdição voluntária.

José Maria Rosa Tesheiner, assim como Francesco Carnelutti,[163] distingue as partes em sentido formal e em sentido material. As partes, em sentido formal, são o autor (aquele que pede em nome pró-

---

[157] Acerca da autonomia da ação, é valiosa a concisa lição de Couture que segue transcrita: "Una famosa discusión acerca del contenido de la actio romana y la *Anspruch* germánica, culmino con el reconocimento de que no existía coincidencia entre ambas. La *Anspruch* o pretensíon constituía en el pensamiento de WINDSCHEID primero y en el de WACH después, un fenômeno jurídico diferenciado del derecho" (COUTURE, Eduardo J. *Fundamentos del derecho procesal civil*. 4. ed., Montevideo: B de F, 2004, p. 52).

[158] CARNEIRO, Athos Gusmão. *Intervenção de terceiros*. 15. ed. rev. e atual., São Paulo: Saraiva, 2003, p. 4.

[159] SANTOS, Moacyr Amaral. *Primeiras linhas...*, p. 346.

[160] SILVA, Ovídio Araújo Baptista da; GOMES, Fábio. *Teoria geral do processo civil*. 3. ed. rev. e atual., São Paulo: Revista dos Tribunais, 2002, p. 134.

[161] SILVA; GOMES, op. cit., p. 140.

[162] COUTURE, op. cit., p. 41.

[163] CARNELUTTI, Francesco. *Derecho y proceso*. Traducción de Santiago Sentis de Melendo, Buenos Aires: EJEA, 1971, p. 104-105.

prio a prestação jurisdicional) e o réu (aquele contra quem ou em face de quem o autor formula seu pedido); enquanto as partes, em sentido material, são os sujeitos da relação interpessoal que a sentença irá regular. Aponta o jurista que as partes em sentido formal e material, em geral, coincidem, reconhecendo hipóteses excepcionais à regra nos casos de substituição processual.[164]

Acrescenta Ernane Fidélis dos Santos, não obstante reconheça a autonomia da relação jurídica processual, que a distinção entre partes em sentido formal e partes em sentido material é útil juridicamente porque nos casos de substituição processual ou legitimação anômala o sujeito em sentido formal (legitimado) é quem detém a possibilidade de desistir da ação (salvo o Ministério Público quando exerce *munus* público funcional), bem como possui o controle sobre a defesa dos interesses alheios (sujeitos em sentido material), entretanto, os efeitos do julgamento e da coisa julgada atingirão somente as partes em sentido material.[165]

Para Cândido Rangel Dinamarco,[166] os sujeitos da relação interpessoal somente adquirirão a qualidade de parte em quatro hipóteses: pelo ajuizamento da demanda, pela citação, pela intervenção espontânea no processo e pela sucessão. O ajuizamento da ação por um dos sujeitos da relação interpessoal leva quem tomou esta atitude a figurar no pólo ativo da demanda passando a ser parte autora do feito. Por outro lado, aquele sujeito, integrante ou não da relação material apresentada pelo autor com a inicial, que vem a ser citado em um processo judicial, figurará no pólo passivo daquela demanda, recebendo a qualidade de parte-ré. Existe ainda a possibilidade de alguém que não tendo proposto demanda, nem tendo sido citado, ingressa na relação processual já constituída entre autor e réu passando, também, a ser parte no processo. Por fim, será parte aquele que substitui uma das partes no processo em face da morte ou extinção da parte original.

Assenta a doutrina que existem três pressupostos processuais referentes às partes que dizem com a sua legitimidade processual: a capacidade de ser parte, a capacidade de estar em juízo e a capacidade postulatória.[167]

---

[164] TESHEINER, José Maria Rosa. Os elementos da ação. *Revista da Ajuris*, n. 62, nov. 1994, p. 108.

[165] SANTOS, Ernane Fidélis dos. *Manual de direito processual civil*. v. 1, 8. ed. rev., atual. e ampl., São Paulo: Saraiva, 2001, p. 57.

[166] DINAMARCO, *Litisconsórcio*, p. 26.

[167] BUENO, Cássio Scarpinella. *Partes e terceiros no processo civil brasileiro*. São Paulo: Saraiva, 2003, p. 23.

A capacidade para ser parte decorre da capacidade que o sujeito possua para ter direitos e obrigações na ordem civil. Ou seja, somente possuirá capacidade para ser parte aquela pessoa que seja considerada capaz para contrair direitos e deveres na ordem jurídica. A capacidade para ser parte, portanto, abrange as pessoas naturais; as pessoas jurídicas, independentemente de sua natureza, e as pessoas formais (os patrimônios autônomos, ou comunidades de bens ou de pessoas, destituídos de personalidade jurídica, mas aos quais a lei autoriza que litiguem em juízo como autores ou réus).[168]

Dispõe o artigo 7º do Código de Processo Civil que "Toda pessoa que se acha no exercício dos seus direitos tem capacidade para estar em juízo". Acrescenta o artigo 8º do mesmo diploma que os incapazes serão representados ou assistidos no processo na forma da lei civil. Segundo as determinações da lei civil brasileira, são absolutamente incapazes os menores de dezesseis anos; os que, por enfermidade ou deficiência mental, não tiverem o necessário discernimento para a prática desses atos; os que, mesmo por causa transitória, não puderem exprimir sua vontade e são relativamente incapazes os maiores de dezesseis e menores de dezoito; os ébrios habituais, os viciados em tóxicos, e os que, por deficiência mental, tenham discernimento reduzido; os excepcionais, sem desenvolvimento mental completo; os pródigos. Estes diplomas disciplinam a capacidade de estar em juízo (ou *legitimatio ad processum*, ou capacidade processual, ou legitimação processual) que significa a capacidade de que dispõe o titular de um direito material de exercê-lo em juízo. Deste modo, possuirão capacidade plena para estarem em juízo as pessoas naturais maiores e capazes e as pessoas jurídicas, tendo em vista que estão aptas a postular em nome próprio seus direitos em juízo. Entretanto, as pessoas relativamente incapazes e as absolutamente incapazes não possuem capacidade plena para estarem em juízo. Quanto ao relativamente incapaz, a *legitimatio ad processum* é adquirida a partir do concílio de sua vontade com a vontade de quem o assiste; enquanto ao absolutamente incapaz, a sua vontade é juridicamente irrelevante, valendo apenas a vontade de quem o representa.[169]

Vale aqui fazer a distinção, à guisa de esclarecimento, entre capacidade de ser parte, capacidade para estar em juízo e legitimação para a causa, tendo em vista que, costumeiramente, os aludidos institutos são tratados de forma equivocada. Segundo Ernane Fidélis

---

[168] CARNEIRO, *Intervenção...*, p. 19-21.

[169] Idem, p. 31.

A Causa de Pedir no Direito Processual Civil

dos Santos,[170] a capacidade para ser parte corresponde à capacidade genérica de que dispõe alguém de figurar como parte; a capacidade para estar em juízo é a capacidade de alguém defender direito próprio ou alheio em juízo; a legitimação para a causa importa na titularidade ativa ou passiva da ação. Conclui o jurista que a parte, mesmo sendo ilegítima, é parte, mas a capacidade de ser parte e a capacidade de estar em juízo são pressupostos processuais.

Visto de outro modo, a capacidade de ser parte é um conceito de maior abrangência prática que a capacidade para estar em juízo (processual). Isso se deve ao fato de que a capacidade para ser parte decorre da possibilidade de alguém ser sujeito de direito, enquanto a capacidade processual diz respeito à possibilidade do exercício de um direito em nome próprio em sede jurisdicional.

Exemplo típico da distinção entre capacidade de ser parte e capacidade para estar em juízo se extrai das ações de alimentos devidos a menores. O menor, titular do direito aos alimentos, é detentor de capacidade para ser parte; contudo, por não gozar de capacidade para estar em juízo, deverá fazer valer seu direito em juízo por meio de representante legal que possua capacidade processual.

Outro conceito diverso é a capacidade postulatória que está relacionada não estritamente com a qualidade da parte, mas com determinação do ordenamento jurídico processual que os atos processuais somente poderão ser realizados por quem detém o oligopólio do poder de postulação: os advogados (artigo 36 do Código de Processo Civil) e os membros do Ministério Público.

Do ponto de vista da relação processual, as partes podem estar distribuídas, como se viu, nos pólos ativos ou passivos. Poderá haver multiplicidade de partes figurando em um mesmo pólo. Esta ocorrência é que se chama de litisconsórcio. Disciplina o artigo 46 do Código de Processo Civil que duas ou mais pessoas podem litigar, no mesmo processo, em conjunto, ativa ou passivamente, nas hipóteses em que entre elas houver comunhão de direitos ou de obrigações relativamente à lide; os direitos ou as obrigações derivarem do mesmo fundamento de fato ou de direito; entre as causas houver conexão pelo objeto ou pela causa de pedir ou ocorrer afinidade de questões por ponto comum de fato ou de direito. Adverte-se que o estudo do litisconsórcio desenvolvido no presente estudo é apenas um apanhado suficiente para esboçar a matéria sem esgotá-la, circunstância que demandaria um trabalho próprio sobre o tema.

---

[170] SANTOS, Ernane Fidélis dos, op. cit., p. 59.

A doutrina classifica o litisconsórcio em quatro planos distintos. Em um primeiro plano, poderá ser necessário ou facultativo; em um segundo plano, poderá ser comum ou unitário; em um terceiro plano, poderá ser ativo, passivo ou misto, e em quarto plano, poderá ser inicial ou ulterior.

No primeiro plano classificatório, o litisconsórcio é dividido em necessário ou facultativo. Ocorrerá o litisconsórcio necessário, segundo o artigo 47 do Código de Processo Civil, quando por disposição de lei ou pela natureza da relação jurídica, o juiz tiver de decidir a lide de modo uniforme para todas as partes; caso em que deverão ser citados, obrigatoriamente, todos os litisconsortes no processo para que a sentença não seja eivada de vício. Haverá litisconsórcio facultativo quando não houver disposição de lei que imponha a formação litisconsorcial, ficando a critério do autor a sua disposição plúrima das partes nos pólos processuais.

A distinção entre o litisconsórcio comum e o litisconsórcio unitário reside na relação que liga as partes que formam o litisconsórcio. Enquanto no litisconsórcio comum os atos e omissões de cada parte integrante de um mesmo pólo processual são indiferentes para os demais, havendo uma relativa independência entre os co-ligantes, no litisconsórcio unitário o destino que tiver um dos litisconsortes será idêntico ao dos demais, tendo em vista que ocorrerá sempre que incindível a relação jurídico-material deduzida em juízo.[171]

A classificação do litisconsórcio como ativo, passivo ou misto dependerá do pólo em que há a multiplicidade de partes no processo. Deste modo, havendo mais de uma parte somente no pólo ativo da demanda, verificar-se-á a hipótese de litisconsórcio ativo. Do contrário, existindo pluralidade de parte somente no pólo passivo, estar-se-á diante de litisconsórcio passivo. Todavia, quando se verificar pluralidade de partes tanto no pólo ativo, quanto no pólo passivo, ocorrerá o litisconsórcio misto.

A última classificação do litisconsórcio é estabelecida em razão de ser ele inicial ou ulterior. Haverá litisconsórcio inicial quando, no momento da formação da demanda, o autor já configura completamente a relação litisconsorcial. De outro lado, ocorrerá o litisconsórcio ulterior quando, depois de formada a relação processual, por iniciativa do autor ou do réu, um terceiro intervém no processo formando o litisconsórcio em um dos pólos.

---

[171] DINAMARCO, *Litisconsórcio*, p. 68-69.

Por fim, para que duas demandas sejam idênticas em sua dimensão subjetiva, as partes devem ser as mesmas, não importando a ordem delas nos pólos das ações em análise.[172]

2.3. DIMENSÃO OBJETIVA DA DEMANDA

Na dimensão objetiva da ação, residem o pedido e a causa de pedir. Essa dimensão é, também, conhecida como o objeto do processo. Merece a advertência de que objeto do processo, tal como empregado no presente estudo, não significa escopo ou finalidade, mas, exatamente, a dimensão objetiva da demanda composta da causa de pedir e do pedido.[173]

Questão a ser esclarecida diz com a utilização da expressão "objeto do processo" por parte da doutrina, especialmente a anterior ao código de 1973, como sinônima de pedido. De tal modo deve ficar claro que no presente trabalho não se utilizará a expressão "objeto do processo", nem como escopo, nem como sinônimo de pedido, mas como a dimensão da demanda que abarca pedido e causa de pedir.

Outra expressão que não pode ser confundida com o objeto do processo, tal como concebido no presente trabalho, é "objeto litigioso".

Primeiramente, os dois conceitos não se confundem porque o objeto litigioso é um conceito de menor abrangência que o objeto do processo, pois o primeiro está relacionado com o mérito da causa (entendido a pretensão processual veiculada na demanda através do pedido pelas partes) e o segundo diz com toda a matéria de fato ou de direito relacionada aos pressupostos processuais, às condições da ação e ao próprio mérito que deva ser analisado pelo juízo.[174]

Distinguindo objeto do processo de objeto litigioso, Milton Paulo de Carvalho afirma que o entre o primeiro e o segundo existe uma relação de todo e parte, correspondendo à parte (objeto litigioso) a

---

[172] NERY JUNIOR; NERY, op. cit., p. 687.

[173] Sobre a inconveniência da utilização da expressão "objeto do processo" como escopo ou finalidade do processo, ver SANCHES, Sydney. Objeto do processo e objeto litigioso do processo. *Revista da Ajuris*, n. 16, a. VI, jul-1979, p. 155.

[174] LEONEL, Ricardo de Barros. Objeto do processo e o princípio do duplo grau de jurisdição. In: TUCCI, José Rogério Cruz e; BEDAQUE, José Roberto dos Santos. *Causa de pedir e pedido no processo civil*: questões polêmicas. São Paulo: Revista dos Tribunais, 2002, p. 352.

pretensão processual em razão da qual se desenvolvem todas as atividades processuais e sobre a qual vai incidir a coisa julgada.[175]

Por outro lado, embora reconheça não se tratar de institutos idênticos, Cândido Rangel Dinamarco entende ser irrelevante a distinção entre objeto do processo e objeto litigioso do processo em razão de que, de um modo ou de outro, são os elementos identificadores da demanda que estabelecerão os contornos, no caso concreto, em que o objeto do processo ou o objeto litigioso será apreciado pelo juízo.[176]

A concepção de Cândido Rangel Dinamarco é amparado na circunstância de que no Brasil, após o Código de 1973, prevaleceu a teoria do objeto litigioso que tem como elementos o pedido e a causa de pedir. A esse respeito, afirma Ricardo de Barros Leonel que os dispositivos do Código de Processo Civil identificam o objeto litigioso do processo com a pretensão processual (pedido), delineado pela causa de pedir (fundamentos da demanda).[177]

No entanto, a compreensão desses elementos não foi adotada com a mesma extensão e efeitos pelo ordenamento pátrio.[178]

Neste mesmo sentido, e realizando exame de direito comparado, afirma Araken de Assis[179] que no sistema alemão o objeto litigioso equivale ao mérito da causa e regula os fenômenos processuais da cumulação de ações, da modificação da demanda, além da coisa julgada e da litispendência. Contudo, o ordenamento processual brasileiro se afasta da teoria alemã ao estabelecer que uma ação é idêntica à outra quando tem as mesmas partes, a mesma causa de pedir e o mesmo pedido (artigo 301, § 2º, do Código de Processo Civil). Este dispositivo, que regulamenta as exceções de coisa julgada e litispendência, segundo o processualista gaúcho, "não equivale à 'ação' que dá origem ao processo (=direito de acesso à Justiça) e, sim, a uma outra ação, proveniente do direito material". Entretanto, prossegue o jurista, existe uma certa incompatibilidade no próprio ordenamento processual no que diz respeito ao objeto do processo e seu reflexo no instituto da coisa julgada. Isto se deve porque o artigo 468 da lei processual determina que a sentença, que julgar total ou parcialmente a lide, tem força de lei nos limites da lide e das ques-

---

[175] CARVALHO, Milton Paulo de, op. cit, p. 61.

[176] DINAMARCO, Cândido Rangel. *Fundamentos do processo civil moderno*. t. I, 4. ed., São Paulo: Malheiros, 2001, p. 237.

[177] LEONEL, Objeto..., p. 352.

[178] SANCHES, op. cit., p. 155.

[179] ASSIS, Araken de. *Doutrina e prática do processo civil contemporâneo*. São Paulo: Revista dos Tribunais, 2001, p. 215-235.

tões decididas. A incompatibilidade do § 2º do artigo 301 com o 468, ambos do Código de Processo Civil, decorre do fato de que, tanto Alfredo Buzaid (jurista responsável pelo código vigente), quanto Enrico Tullio Liebman (jurista italiano que influenciou decisivamente Alfredo Buzaid), correlacionavam a lide com o pedido formulado pelo autor ao que incumbe o juiz acolher ou rejeitar. De tal modo, enquanto o § 2º do artigo 301 identifica objeto da demanda com o pedido e a causa de pedir, o artigo 468 (que trata da coisa julgada) identifica o objeto litigioso exclusivamente com o pedido (=lide). Conclui Araken de Assis que o objeto litigioso no sistema processual brasileiro possui tratamento diferenciado quanto a cumulação, modificação da demanda e litispendência (onde vigora a teoria da tríplice identidade do objeto litigioso), e quanto à coisa julgada (cuja objeto do processo está centrado apenas no pedido).

Partindo da compreensão de que parte da sentença fica acobertada pela autoridade da coisa julgada, Sérgio Ricardo de Arruda Fernandes[180] assenta que somente o *decisum* se sujeita à coisa julgada e que ele se restringe à resposta judicial quanto ao pedido formulado pelo autor. Acrescenta que a coisa julgada também não abrange os motivos da decisão e, portanto, não alcança as questões de direito e de fato, excluindo de sua incidência a causa de pedir.

Esta interpretação, aliás, decorre da literalidade do artigo 469 do Código de Processo Civil que estabelece, em seus incisos, não fazer coisa julgada: os motivos, ainda que importantes para determinar o alcance da parte dispositiva da sentença; a verdade dos fatos, estabelecida como fundamento da sentença e a apreciação da questão prejudicial, decidida incidentalmente no processo.

Entretanto, adverte José Maria Rosa Tesheiner que "o pedido, que determina os limites objetivos da sentença, só adquire sentido com relação a uma determinada causa de pedir".[181]

Deste modo, pode-se concluir que a verificação da identidade de uma ação como outra, a partir da análise dos seus três elementos (partes, pedido e causa de pedir), é relevante para a aferição da ocorrência de coisa julgada no caso em concreto. Por outro lado, isso não significa dizer que os fatos e os fundamentos jurídicos do pedido transitam em julgado, mas que para se reconhecer a coisa julgada em razão de outra demanda proposta, mister o cotejo dos elementos constituidores de ambas e não apenas dos seus pedidos.

---

[180] FERNANDES, Sérgio Ricardo de Arruda. Alguns aspectos da coisa julgada no direito processual civil brasileiro. *Revista de Processo*, n. 62, abr./jun., 1991, p. 87.

[181] TESHEINER, *Eficácia* ..., p. 143.

Doutrinando nesse mesmo sentido, José Rogério Cruz e Tucci[182] afirma que a regra da eventualidade e a substanciação da demanda dizem respeito exclusivamente ao fato essencial. Dessa conclusão, acrescenta que, delimitado o fato essencial pelo autor na petição inicial, não há óbice algum para a propositura de outra demanda se puder ser deduzida outra questão, ainda que para o mesmo pedido, tendo em vista que, em tal caso, as demandas não serão idênticas.

Inequívoca a composição da dimensão objetiva da demanda pelo pedido e pela causa pedir, mister ressaltar a existência de forte relação entre ambos os elementos de modo a definir os contornos da dimensão em apreço. Neste sentido, assevera Tomás Pará Filho[183] que, da íntima relação entre o pedido e a *causa petendi*, deriva que nem um, nem outro, pode, isoladamente, definir o teor da demanda. A demanda, em sua dimensão objetiva, resultará da combinação de ambos os elementos formadores, constituindo-se a partir da relação jurídica exposta pela causa de pedir e limitada pelo pedido formulado no processo.

Adiante se enfrentará, segundo a compreensão corrente do ordenamento jurídico pátrio, as noções que envolvem o pedido, remetendo o estudo pormenorizado da causa de pedir para capítulo próprio tendo em vista que sobre ela é que recaem as atenções do presente trabalho.

2.3.1. Do pedido

Segundo Araken de Assis, pedido é o "ato pelo qual o autor formula a ação material que o juiz efetivará, no caso de procedência, em face do réu. Ele declinará todas as conseqüências decorrentes do direito material e pretendidas pelo autor".[184]

Ricardo de Barros Leonel define pedido como sendo a pretensão processual definidora do objeto litigioso do processo, que deve ser informado pela causa de pedir, com o escopo de obtenção de provimento jurisdicional que possa conferir ao autor uma utilidade real ("bem da vida").[185]

O Código de Processo Civil, quando trata do tema (artigo 286), disciplina que o "pedido deve ser certo ou determinado", sendo lí-

---

[182] TUCCI, *A causa petendi ...*, p. 226.

[183] PARÁ FILHO, Tomás. *Estudo sobre a conexão de causas no processo civil*. São Paulo: Revista dos Tribunais, 1964, p. 47.

[184] ASSIS, Araken de. *Cumulação de ações*. 4. ed. rev. e atual., São Paulo: Revista dos Tribunais, 2002, p. 154.

[185] LEONEL, Objeto..., p. 352.

cito, porém, ser formulado genericamente em hipóteses excepcionais.[186] A própria dicção do comando legal gera dissenso doutrinário com relação ao termo "ou" integrante do preceito. Embora o aludido termo expresse uma idéia de alternatividade, a doutrina tem identificado a necessidade de que sejam satisfeitas as duas exigências.[187]

Por pedido certo, entende-se que o pedido formulado na inicial deverá conter, modo expresso e claro, todas as suas especificações, de maneira a não deixar dúvidas quanto ao objeto pretendido pelo autor. Todavia, existem situações em que o pedido pode ser implícito como as despesas processuais e os honorários advocatícios (artigo 19, *caput*, e § 2º do Código de Processo Civil), os juros moratórios (artigo 293 do Código de Processo Civil e artigo 406 do Código Civil de 2002), a correção monetária (Lei 6.899/81 e artigo 404 do Código Civil de 2002), e as prestações vincendas (artigo 290 do Código de Processo Civil).

Determinação é aquela característica relacionada com os limites qualitativos e quantitativos do pedido, ou seja, é necessário que o pedido contenha claramente a providência pretendida e a sua extensão.[188]

O pedido genérico é o modo excepcional de formulação que ocorre quando não for possível pedir de forma determinada. Entretanto, a indeterminação que acomete esta modalidade de pedido é somente inicial, pois, por recair exclusivamente sobre o pedido mediato (bem da vida), ao final da prestação jurisdicional será determinado.[189] Vale referir a advertência feita por Araken de Assis, no tocante a maior tolerância de pedidos genéricos na esfera jurisdicional culminando no deliberado alargamento da bitola legal.[190]

Dispõe o artigo 286 do Código de Processo Civil que é admitida a formulação de pedido genérico nas ações universais, se não puder o autor individuar na petição os bens demandados; quando não for possível determinar, de modo definitivo, as conseqüências do ato

---

[186] As hipóteses referidas são as constantes nos incisos I, II e III do artigo 286, ou seja: nas ações universais, se não puder o autor individuar na petição os bens demandados; quando não for possível determinar, de modo definitivo, as conseqüências do ato ou fato ilícito; quando a determinação do valor da condenação depender de ato que deva ser praticado pelo réu.

[187] Assinala Barbosa Moreira que: "Apesar de o texto do Código usar a conjunção 'ou' (pedido certo 'ou' determinado), a doutrina e a jurisprudência são unânimes em considerar que, na verdade, se trata de aspectos que se complementam, e portanto, o 'ou' deve ser lido como 'e': não é uma alternativa, e sim uma adição." (MOREIRA, José Carlos Barbosa. Correlação entre o pedido e a sentença. *Revista de Processo*, v. 83, jul./set., 1996, p. 209).

[188] ASSIS, *CuAmulação...*, p. 235.

[189] Ressalva Araken de Assis que, no que diz respeito ao pedido genérico, somente o pedido mediato (bem) comporta a indeterminação inicial. (ASSIS, *Cumulação...*, p. 235).

[190] ASSIS, *Cumulação...*, p. 237.

ou do fato ilícito; quando a determinação do valor da condenação depender de ato que deva ser praticado pelo réu.

Acerca da última possibilidade de formulação de pedido genérico, Ernane Fidélis dos Santos afirma que, ao que tudo indica, houve equívoco do legislador quando inseriu no texto legal "ato que deva ser praticado pelo réu", tendo em vista que o mais acertado, para atender a teleologia da norma, seria constar "ato que devia ser praticado pelo réu", de modo a possibilitar o manejo do pedido genérico, quando nas obrigações de fazer infungíveis e mesmo nas fungíveis (se o autor optar pelo ressarcimento), pleitear a indenização pelo inadimplemento.[191]

Doutrinariamente, o pedido é classificado em pedido imediato e pedido mediato. Parte da doutrina adota para o mesmo tema a nomenclatura de elemento-efeito ou condicionado, quando trata de pedido mediato, e elemento-força ou condicionante, quando trata de pedido imediato.[192]

De um modo sintético, poder dito que o pedido imediato é a tutela jurisdicional invocada pelo demandante, a providência requerida ao juiz consubstanciada nas sentenças condenatória, declaratória, constitutiva ou mesmo nas providências executiva, cautelar ou preventiva.[193] Ou, ainda, é o tipo de provimento jurisdicional solicitado, a modalidade de tutela jurisdicional invocada.[194]

O pedido mediato, de outra banda, é a utilidade que se quer alcançar pela sentença, ou providência jurisdicional.[195] Arruda Alvim esclarece que o pedido mediato evidencia a lide, ou melhor, o mérito ou o bem da vida subjacente ao pedido imediato.[196] Vale advertir que o pedido mediato é o bem corpóreo ou imaterial que se reclama no pedido, não se confundindo com a coisa em seu aspecto físico, mas identificando-se com o aspecto jurídico que individualiza a *res* ou bem que as partes reclamam.[197]

Outro ponto que merece destaque em sede de conteúdo do pedido é que, nas ações meramente declaratórias (artigo 4º do Códi-

---

[191] SANTOS, Ernane Fidélis dos, op. cit., p. 353.

[192] ZACLIS, Lionel. Cumulação eventual de pedidos e a jurisprudência do Superior Tribunal de Justiça. *In* TUCCI, José Rogério Cruz e; BEDAQUE, José Roberto dos Santos. *Causa de pedir e pedido no processo civil:* questões polêmicas. São Paulo: Revista dos Tribunais, 2002, p. 412.

[193] SANTOS, Moacyr Amaral. *Primeiras linhas...*, p. 163.

[194] VIANA, op. cit., , p. 93.

[195] SANTOS, Moacyr Amaral. *Primeiras linhas...*, p. 164.

[196] ALVIM, Arruda; PINTO, Teresa Arruda Alvim. *Manual de direito processual civil.* v. 2, 4. ed., São Paulo: Revista dos Tribunais, 1991, p. 237.

[197] MARQUES, *Instituições ...*, p. 35

go de Processo Civil), o pedido mediato se confunde como pedido imediato em face de que na simples declaração da existência ou inexistência da relação jurídica se esgotam, tanto a pretensão do autor (pedido imediato), quanto a finalidade da ação (pedido mediato).[198]

Doutrinariamente, o pedido é classificado quanto ao conteúdo e quanto ao número. Quanto ao conteúdo, o pedido é classificado como simples, qualificado ou implícito. Quanto ao número, o pedido é classificado como unitário ou cumulado (por cumulação própria, ou imprópria).

Quanto ao conteúdo, o pedido simples, segundo aponta Milton Paulo de Carvalho, é integrado por dois elementos: "o primeiro, de provisão jurisdicional e uma determinada espécie, e o segundo, o bem jurídico, ou bem da vida, que o primeiro resulta".[199] Seguindo o mesmo critério classificatório, o pedido qualificado (ou Cominatório) é aquele (previsto na combinação dos artigos 287, 461 e 461 – A, todos do Código de Processo Civil) em que o objeto imediato é sempre a condenação e o mediato é "a prestação do fato que não pode ser prestado por terceiro, a abstenção de ato ou a tolerância de alguma atividade, acrescido da cominação de pena pecuniária"[200] para o caso de descumprimento da decisão que o concede. Ainda, quanto ao conteúdo, o pedido poderá ser implícito, quando a lei determinar que, dada a sua natureza, o juiz poderá deles conhecer ainda que o réu não os tenha formulado expressamente. Podem ser considerados implícitos os pedidos, como anteriormente mencionado, de condenação ao pagamento das despesas processuais e os honorários advocatícios, de incidência de juros moratórios, de incidência de correção monetária e de condenação às prestações vincendas no curso do processo.

Classificado quanto ao número, o pedido será unitário quando, através de uma única tutela jurisdicional (um único pedido imediato) postulada, sobrevier um único bem pretendido (um único pedido mediato). Por outro lado, os pedidos serão cumulados quando, constituindo pretensões autônomas, ampliam o objeto litigioso do processo.[201]

A cumulação de pedidos pode ser realizada própria ou impropriamente, sendo que o pedido próprio pode assumir as modalidades simples e sucessiva e o pedido cumulado impróprio poderá se alternativo ou eventual.

---

[198] SANTOS, Moacyr Amaral. *Primeiras linhas...*, p. 164.

[199] CARVALHO, Milton Paulo de, op. cit., p. 100.

[200] Idem, ibidem.

[201] Idem, p. 104.

Um pedido será realizado na forma cumulada própria quando houver, em uma mesma demanda, mais de um pedido e todos forem capazes de ensejar processos autônomos. No plano normativo, o pedido cumulado próprio encontra previsão no artigo 292 do Código de Processo Civil que, além de definir seu conceito, estabelece seus requisitos de admissibilidade. Embora seja desnecessária a conexão de causas para a cumulação própria de pedidos, para a sua admissão em juízo é necessário que os pedidos sejam compatíveis entre si e que seja competente para conhecer deles o mesmo juízo. Havendo diversidade de procedimentos entre os pedidos postulados, a cumulação ainda sim será admitida se processada observando o procedimento ordinário.

A cumulação própria será simples quando dois pedidos, independentes entre si, forem formulados na mesma demanda pretendendo com seu provimento um duplo resultado, ou seja, os pedidos estão reunidos na demanda apenas formalmente no processo, mas a procedência ou improcedência de um pedido não causa nenhuma repercussão (sem qualquer preordenação lógica entre eles) no deslinde do outro pedido.[202] A cumulação própria será sucessiva quando, apresentados mais de um pedido em uma mesma demanda, o segundo pedido somente puder ser atendido se o primeiro também o for.[203]

A cumulação imprópria ocorrerá quando os pedidos forem formulados alternativamente, de modo que somente um seja acolhido pelo juiz. A exteriorização do pedido cumulado impróprio se dá através da utilização pelo demandante da disjuntiva "ou" para separar suas postulações.

A modalidade imprópria de cumulação poderá assumir duas feições: uma alternativa, outra eventual (também chamada sucessiva). Diz-se que houve uma cumulação imprópria alternativa de pedidos quando, segundo a dicção do artigo 288 do Código de Processo Civil, pela natureza da obrigação, o devedor puder cumprir a prestação de mais de um modo. Deste modo, o que se vê é a formulação alternativa unicamente quanto pedido mediato (o cumprimento da obrigação poderá se dar de mais de um modo), tendo em vista que o pedido imediato permanecerá sendo o mesmo em todos os pedidos (pedido de prestação jurisdicional para que reconheça o direito de um dos modos postulado).[204] De outra banda, a cumulação imprópria eventual é aquela, prevista no artigo 289 do Código

---

[202] SILVA; GOMES, op. cit., p. 247-248.
[203] CARVALHO, Milton Paulo de, op. cit., p. 106.
[204] Idem, p. 107.

de Processo Civil, em que são formulados mais de um pedido, em ordem sucessiva, a fim de que o juiz conheça do posterior, em não podendo acolher o anterior. Nesta modalidade de cumulação, existe um pedido que será considerado principal (ou condicionante) e outros que a ele serão subsidiários, tendo em vista que somente serão apreciados se improcedente o pedido condicionante.[205]

Sendo estas as considerações cruciais para o desenvolvimento do instituto do pedido, o presente trabalho se encontra maduro para o enfrentamento do outro elemento objetivo da demanda: a causa de pedir.

2.3.2. Da causa de pedir

À guisa de introdução do tema da causa de pedir, no âmbito do presente tópico, abordar-se-ão somente as questões atinentes às teorias da causa de pedir.

Os demais pontos de relevo à causa de pedir (tais como os elementos que a compõem, as classificações a que é submetida, as espécies em que se apresenta) serão analisados em tópicos próprios.

Salienta-se que esta opção metodológica leva em conta a necessidade de aprofundamento dos temas destacados em capítulo próprio, circunstância que impossibilitaria o exame da matéria em simples subtópico contextualizado no elemento objetivo da demanda.

2.3.2.1. Das teorias da causa de pedir

Uma das maiores controvérsias existentes em sede do exame da causa de pedir, e da qual inicia qualquer estudo acerca do tema, é a discussão a respeito dos seus elementos constituidores. Tal discussão tem grande relevância para a causa de pedir, pois, dependendo da corrente a que o ordenamento se filia, haverá sensível modificação na compreensão do instituto e da identificação da demanda, o que acarreta diversos efeitos em outras temáticas processuais correlacionados com a mesma.

Com a entrada em vigor na Alemanha do *Zivilprocessordnung*, em 1879, criou-se uma dissonância a respeito da necessidade de indicação pelo autor, tanto da causa de pedir próxima, quanto da causa de pedir remota para a completa identificação da demanda, orientação herdada diretamente da escola medieval dos Glosadores.[206]

---

[205] CARVALHO, Milton Paulo de, op. cit., p. 109.
[206] MESQUITA, A *'causa petendi'*..., p. 168-169.

A polêmica gerada se formou a partir da contraposição de duas idéias a respeito do conteúdo mínimo necessário da demanda judicial. De um lado, defendia-se que era necessária a exposição dos fatos constitutivos; do outro lado, pregava-se que na *causa petendi* deveria apenas, e tão-somente, ser indicada a relação jurídica afirmada pelo autor.[207] A primeira teoria ficou conhecida como teoria da substanciação (*Substantiierungstheorie)*, a segunda teoria foi chamada de teoria da individualização (*Individualisierungstheorie)*.

No direito italiano, a história do processo viu prevalecer ora uma, ora outra das duas teorias da causa de pedir.[208] A reforma do processo civil italiano, ocorrida por meio da Lei 353, de 1990, reacendeu a discussão existente a respeito das teorias da substanciação e da individualização porque parte da doutrina passou a reconhecer a teoria da substanciação a partir da leitura conjugada dos artigos 163, n. 4 e 164, *comma* 4° do Código de Processo Civil.

Feitas estas considerações, e antes de analisar a adoção do ordenamento brasileiro por uma das duas teorias, mister discorrer a respeito de cada uma delas identificando seus contornos conceituais.

2.3.2.1.1. Da teoria da substanciação

Para os adeptos da teoria da substanciação, o conteúdo da causa de pedir é formado pelo fato constitutivo ou o conjunto de fatos que dão suporte à pretensão do autor, de modo que a alteração destes, importa mudança da ação,[209] bem como se estendem os efeitos da coisa julgada aos aludidos fatos. Em outras palavras, para a teoria da substanciação, os fatos constituem e fazem nascer a relação jurídica de que decorre o pedido.[210]

Para Sérgio Gilberto Porto, a teoria da substanciação exige que o autor fundamente a demanda através de um fato ou de um conjunto de fatos aptos a suportarem a sua pretensão, identificando, assim, a causa de pedir como a relação fática posta à análise como suporte da pretensão.[211]

Ensina Araken de Assis que, para a teoria da substanciação, a indicação completa dos fatos se afigura fundamental para a parti-

---

[207] TUCCI, *A causa petendi...*, p. 90.

[208] RICCI, Gian Franco. Individuazione o sostanziazione nella riforma del processo civile. *Rivista Trimestrale di Diritto e Procedura Civile*, Milano: Giuffrè, a. XLIX, dicembre 1995, n. 4, p. 1236.

[209] MESQUITA, *A 'causa petendi'...*, p. 169.

[210] GRECO FILHO, op. cit., p. 93-94.

[211] PORTO, Sérgio Gilberto. *Coisa julgada civil*: análise crítica e atualização. 2. ed., rev. e ampl., Rio de Janeiro:Aide, 1998, p. 36.

cularização da ação, de modo que "a narração de mais de um fato, suficiente de per si para originar o efeito jurídico consubstanciado no pedido, implica a existência de pluralidade de ações".[212]

José Jesus Cazetta Júnior afirma que na teoria da substanciação "a causa de pedir encerra, apenas, o fato (ou complexo de fatos) necessário e suficiente para suportar a pretensão do autor".[213]

Luigi Montesano e Giovanni Arieta apontam que a teoria da substanciação requer que a demanda deva indicar todos os fatos relevantes e identifica a causa de pedir no compendio de fatos constitutivos que servem de fundamento para a demanda.[214]

Adotar a teoria da substanciação significa centralizar o objeto do processo não sobre o direito ou sobre a relação jurídica, mas sobre o fato apresentado como seu fundamento (sobre o direito delimitado pelo fato deduzido).[215]

A esse respeito ensina José Rogério Cruz e Tucci que a causa de pedir, para a teoria da substanciação, corresponde ao fato gerador do direito, inclusive nos direitos absolutos, mostrando-se diversas as demandas sempre que distintos os fatos constitutivos invocados. Deste modo, conclui, a dedução do fato pelo demandante possui uma "função meramente indicativa e representativa dos elementos que se prestam a individuar o fato como acontecimento material, o fato em sua dimensão fenomenológica, inexpressiva de significado e como tal absolutamente singular".[216]

José Ignácio Botelho de Mesquita assenta que, pela teoria da substanciação, a causa de pedir seria constituída pelo fato ou complexo de fatos aptos a suportar a pretensão do autor, de modo que qualquer alteração destes fatos no curso da demanda importaria em sua modificação.[217]

Assevera Giuseppe Chiovenda que, havendo diversas definições jurídicas de um mesmo fato, a modificação de uma para outra não afeta o objeto do processo desde que o fato constitutivo permaneça o mesmo.[218]

---

[212] ASSIS, *Cumulação...*, p. 139.

[213] CAZETTA JÚNIOR, José Jesus. Conteúdo da causa de pedir e proposta de aplicação dessa categoria ao recurso extraordinário: um exame crítico. In: TUCCI, José Rogério Cruz e; BEDAQUE, José Roberto dos Santos. *Causa de pedir e pedido no processo civil*: questões polêmicas. São Paulo: Revista dos Tribunais, 2002, p. 238.

[214] MONTESANO, Luigi; ARIETA, Giovanni. *Diritto processuale civile*. v. 1, 3. ed., Torino: G. Giappichelli, 1999, p. 175.

[215] RICCI, *Individuazione...*, p. 1232-1233.

[216] TUCCI, *A causa petendi...*, p. 121.

[217] MESQUITA, *Conteúdo...*, p.48

[218] CHIOVENDA, *Saggi...*, p. 167.

Os partidários da orientação segundo a qual é necessária a precisa indicação na petição inicial da *causa petendi remota* e da *causa de petendi próxima*, partiram da idéia de que a demanda judicial deveria ser iniciada contendo toda a matéria litigiosa. Essa concepção, "tinha como fonte inspiradora os postulados do denominado *princípio da eventualidade (Eventualmaxime)*, que havia informado o antigo processo alemão".[219] De tal modo, o princípio da eventualidade determina que as partes devem concentrar suas atuações em um único momento de atividades processuais, de modo que toda a matéria de ataque e todas as exceções, processuais e substanciais, e a indicação dos meios de prova devem ser formuladas de uma só vez, sob pena de preclusão.[220]

Segundo Everardo de Sousa, a eventualidade é o fenômeno processual que se funda na necessidade de uma ordem lógica para o exercício das atividades processuais das partes e, baseando-se em um sistema de preclusões, que representa obrigação às partes quanto ao tempo da prática de seus atos.[221]

De tal modo, o princípio da eventualidade representa no ordenamento jurídico a adoção de um sistema de preclusões. A adoção da eventualidade como sistema de preclusões e de mecanismo de ordenação dos atos das partes atende ao desenvolvimento regular, sem retrocessos, do processo e garante a ambos os litigantes o direito ao efetivo contraditório, pois preclusa está para as partes qualquer introdução tardia de elementos que deveriam ter sido trazidos ao feito no momento oportuno (inicial e contestação).[222]

Segundo José Rogério Cruz e Tucci, a eventualidade constitui, em última análise, *pressuposto da teoria da substanciação*, tendo em vista que exige exposição simultânea, na petição inicial, dos fatos que fazem emergir a pretensão do demandante (*causa petendi remota*) e do enquadramento da situação concreta à previsão abstrata, contida no ordenamento de direito positivo, e do qual decorre a juridicidade daquela (*causa petendi próxima*).[223]

Em sentido diverso, Gian Franco Ricci[224] afirma que adoção do princípio da eventualidade como norteador do desenvolvimento do procedimento não significa necessariamente que o sistema proces-

---

[219] TUCCI, José Rogério Curz e. A regra da eventualidade como pressuposto da denominada teoria da substanciação. *Revista do Advogado*, n. 40, julho/93, p. 40.

[220] TUCCI, *A causa petendi...*, p. 89.

[221] SOUSA, Everardo de. Do princípio da eventualidade no sistema do Código de Processo Civil. *Revista Forense*, v. 251, a. 71, jul.-ago.-set. de 1975, p. 105.

[222] PINTO, op. cit., p. 65.

[223] TUCCI, A regra da eventualidade..., p. 42.

[224] RICCI, Individuazione..., p. 1245-1246.

sual tenha optado pela teoria da substanciação. Isso se deve ao fato de que, enquanto a preclusão (como instrumento do princípio da eventualidade) é uma técnica de desenvolvimento do processo, a substanciação é um modo particular de entender a demanda judicial e faz referência ao seu principal elemento constitutivo, que é a coisa julgada. Em face dessas considerações, conclui Ricci que a reforma do código de processo italiano, promovida em 1990, não representa um retorno à teoria da substanciação, apresentando apenas meios de elaborar um melhor equilíbrio entre as partes demandantes, exigindo que o autor e o réu apresentem seus argumentos no momento inicial do processo de modo a possibilitar a apresentação de contra-argumentação com base no alegado.[225]

Sergio Menchini assinala que as razões que impelem o ordenamento a pretender sempre a indicação do fato constitutivo na demanda judicial, decorrem de escolha técnica processual voltada para a garantia da celeridade processual, do contraditório, da ampla defesa.[226]

Analisando o instituto da coisa julgada na teoria da substanciação, Gian Franco Ricci[227] aduz que o julgado não abrange necessariamente no direito tutelado, mas somente aquele que emerge da sua correlação com os fatos deduzidos. Em outras palavras, a coisa julgada se forma exclusivamente sobre o fato alegado, não podendo, portanto, negar-se a possibilidade da propositura de um novo processo perseguindo o mesmo direito, mesmo em se tratando de um direito absoluto, desde que seja invocado um fato constitutivo diferente do que amparava a primeira pretensão. Se a coisa julgada não alcança a relação jurídica em si, é possível a propositura de nova ação fundada em outro fato constitutivo. Em contrapartida, havendo coisa julgada sobre um fato constitutivo de mais de um direito, ainda que não invocados todos em juízo, não poderá o titular do direito propor nova ação. Ou seja, conforme entende Ricci, se de um fato surgem dois direitos, e o titular deles propõe ação para a tutela de apenas um, o trânsito em julgado dessa decisão, impede que se proponha nova demanda para tutelar o direito nascido do mesmo fato que não foi tutelado.

2.3.2.1.2. Da teoria da individualização

Preliminarmente, à guisa de esclarecimento conceitual, adverte-se que a teoria em apreço também foi nominada pela doutrina

---

[225] RICCI, Individuazione..., p. 1249-1251.

[226] MENCHINI, Sergio. *I limiti oggettivi del giudicato civile*. Milano: Giufrè, 1987, p. 206.

[227] RICCI, Individuazione..., p. 1235

pátria como teoria da individuação. No presente trabalho, optou-se pela terminologia empregada precursoramente por Araken de Assis para representar o instituto.

Para os partidários da teoria da individualização, bastaria a afirmação da relação jurídica fundamentadora do pedido para a caracterização da ação, sendo, de tal modo, a relação jurídica causal suficiente para fazer nascer a relação jurídica de que decorre o pedido.[228] Professam, portanto, que a causa de pedir tem seu conteúdo formado pela relação ou estado jurídicos afirmado pelo autor e que serve de fundamento para a sua pretensão veiculada na inicial.[229]

Ernesto Heinitz afirma que a teoria da individualização reclama que a pretensão afirmada deva ser indicada com tal precisão que não pode deixar nenhuma dúvida a respeito da relação jurídica que forma o objeto do processo.[230]

Luigi Montesano e Giovanni Arieta caracterizam a teoria da individualização como aquela que reclama da demanda a especificação do direito substancial sobre o qual se pede a tutela, assumindo ser a tarefa do processo exclusivamente a declaração de existência ou inexistência do direito e encarrega a *causa petendi* a função de individualizar a relação jurídica controversa (*causa agendi próxima*).[231]

Deste modo, a teoria da individualização centraliza o objeto do processo sobre o direito feito valer pelo autor (afirmação da relação jurídica), em face do qual se determinam as especificações necessárias para a introdução da demanda em juízo.[232]

Ensina José Ignácio Botelho de Mesquita que, para a teoria da individualização, "a causa de pedir seria constituída pela relação jurídica afirmada pelo autor, de sorte que a mudança nos fatos constitutivos operada no curso do processo não implicaria alteração da demanda".[233]

Segundo essa teoria, é sobre o direito que se forma a coisa julgada, independentemente do fato constitutivo invocado. Deste modo, assume os limites objetivos da coisa julgada âmbito extremamente amplo absorvendo qualquer fato constitutivo ulterior, ainda que não deduzido, capaz de fazer surgir aquele mesmo direito.[234]

---

[228] MESQUITA, A "causa petendi" ..., p. 169-170.

[229] GRECO FILHO, op. cit., p. 93-94.

[230] HEINITZ, Ernesto. *I limiti oggetivi della cosa giudicata*. Padova: Cedam, 1937, p. 146.

[231] MONTESANO ; ARIETA, op. cit., p. 175.

[232] RICCI, Individuazione..., p. 1228-1229.

[233] MESQUITA, Conteúdo..., p. 48.

[234] RICCI, Individuazione..., , p. 1229-1230.

Como conseqüência do conteúdo da causa de pedir apontado, a alteração dos fatos constitutivos do direito não importa em modificação da demanda desde que se mantenha inalterada a relação ou o estado jurídicos afirmado.[235]

De acordo com Ernesto Heinitz, para a teoria da individualização, a alteração de um título aquisitivo para outro não constitui modificação da demanda e, conseqüentemente, a coisa julgada cobre todos os possíveis títulos aquisitivos do direito, o que não ocorre na teoria da substanciação.[236]

Assevera Sérgio Gilberto Porto que a teoria da individualização sustenta ser bastante a afirmação da relação jurídica sobre a qual se estriba a pretensão para que a demanda seja fundamentada. Deste modo, a *causa petendi* é constituída pela relação jurídica ou pelo estado jurídico afirmado pelo autor em arrimo à sua pretensão.[237] No mesmo sentido José Jesus Cazetta Júnior aponta que, "de acordo com a teoria da individualização, o que compõe a causa de pedir é, exclusivamente, a relação jurídica afirmada pelo autor (ou o estado que ele invoca como fundamento do pedido)".[238]

Para a teoria da individualização, é imprescindível a análise da natureza dos direitos para determinar o conteúdo essencial da causa de pedir. Nos direitos relativos, qualquer fato é apto para preencher o suporte legal, e, por isso, devem ser pormenorizadamente descritos; nos direito absolutos, os fatos têm importância secundária e contingente; nas ações constitutivas, é dispensável a completa narração dos fatos que é substituída pela indicação do direito formativo invocado na demanda.[239]

Acrescenta Ovídio Baptista da Silva, analisando o papel dos fatos na teoria da individualização, que os fatos descritos pelo autor desempenham um papel diferente e menos decisivo para a determinação da demanda, pois eles servem, apenas, para individualizar a relação jurídica posta em causa e não a demanda propriamente dita.[240]

Ainda sobre a relevância dos fatos na teoria da individualização, José Rogério Cruz e Tucci aponta que, nas ações que encerram um direito absoluto, a narração dos fatos delineia-se apenas como

---

[235] NORONHA, A causa de pedir..., p. 30-31. No mesmo sentido: TUCCI, *A causa petendi...*, p. 115.

[236] HEINITZ, op. cit., p. 147.

[237] PORTO, op. cit., p. 35-36.

[238] CAZETTA JÚNIOR, op. cit., p. 238.

[239] ASSIS, *Cumulação...*, p. 136-137.

[240] SILVA; GOMES, op. cit., p. 243.

condição de êxito da demanda, e não como seu elemento identificador.[241]

Sobre o perfil da pura dogmática, a teoria da individualização pode parecer seguramente preferível sob um ponto de vista processual, inspirado em critério de certeza, e na idéia de que se saiba o que as partes efetivamente pretendem, entretanto, a experiência prática demonstra que é raro que a demanda proposta se apresente completa em todo o seu conteúdo ao fim do ato introdutório.[242]

Ademais, a teoria da individualização não se mostra satisfatória, na lição de José Maria Rosa Tesheiner, porque: exige do autor o conhecimento preciso do direito objetivo, o que a lei não exige; retira importância da indicação dos fatos pelo autor, tendo em vista que incube ao juiz a qualificação jurídica dos fatos e não se mostra eficaz na identificação da demanda, pois da mesma relação afirmada podem ser deduzidas múltiplas pretensões.[243]

2.3.2.1.3. Dos direitos autodeterminados e heterodeterminados como delimitadores da extensão da causa de pedir

Com a reforma do Código de Processo Civil italiano, promovida em 1990, parte da doutrina italiana, que sofreu forte influência da teoria da individualização, reacendeu a discussão existente a respeito das teorias da substanciação e da individualização como modo de identificar a demanda judicial.

Em razão de a reforma de 1950 não ter atingindo os resultados esperados, voltando a morosidade da prestação jurisdicional a ser o centro das contrariedades dos juristas, foi buscada uma solução para o problema a partir da realização da reforma de 1990 do Código de Processo Civil italiano.

Assim, a reforma do processo civil italiano de 1990 tinha como principal objetivo atender a exigência prática e contingente de celeridade processual reduzindo o tempo das causas em juízo.[244]

Procurou o legislador adotar uma mecânica intermediária entre a adotada pelo Código de 1940 e pela reforma de 1950.

---

[241] TUCCI, *A causa petendi...*, p. 116.

[242] RICCI, Individuazione..., , p. 1236.

[243] TESHEINER, *Eficácia...*, p. 44.

[244] RICCI, Individuazione..., p. 1228.

Deste modo, o legislador estabeleceu um marco preclusivo para as partes, a partir do qual não se poderia mais, de regra, alterar os elementos da demanda. Este marco é a primeira audiência.[245]

O fato de a nova sistemática processual se valer da preclusão, em consonância com o princípio da eventualidade, revelou uma tendência de alinhamento com a teoria da substanciação. Soma-se a este fato, a nova redação do artigo 163 do *Codice*.

Estabelece o artigo 163 do Código de Processo Civil italiano que os elementos necessários para a realização da citação do réu. Dentre seus requisitos arrola (nos itens 2, 3 e 4) a identificação das partes (composta do nome completo e o endereço das partes), a determinação da coisa objeto da demanda e a exposição dos fatos e dos elementos de direito que constituem a razão da demanda, com a respectiva conclusão.

Em face disso, parte da doutrina, após a reforma de 1990, passou a reconhecer o retorno da teoria da substanciação no direito italiano a partir, especialmente, da leitura conjugada dos artigos 163, n. 4, e 164, *comma* 4°, do Código de Processo Civil.

Outro ponto a ser considerado na nova ordem processual italiana é a presença do princípio da eventualidade que impede, superada a fase de dedução do mérito e iniciada a fase instrutória, o retorno à primeira.

No entanto, ensina Gian Franco Ricci[246] que o processo ordinário, nascido da reforma de 1990, aplica um esquema mitigado do princípio da eventualidade na medida em que obriga as partes a propor nos atos introdutivos (ou no máximo na audiência de *prima comparazione*, no caso do demandado) às deduções de mérito, mas não obriga a apresentar as deduções instrutórias. Deste modo, a situação existente no direito processual italiano é mais elástica, pois autor e réu podem sucessivamente adaptar os respectivos pedidos probatórios à dedução do adversário, evitando provas manifestamente supérfluas e, sobretudo, não correndo o risco de realizar suas defesas às cegas. Ademais, a reforma processual deu corpo, novamente na Itália, à tese de que a demanda deve ser formada progressivamente no curso do processo através da atividade de definição, modificação e introdução de novos fatos, e não através de uma condição estática e cristalizada no ato de introdução da demanda.[247] Sob este ponto de vista, pode-se identificar que o processo de primeiro grau italiano

---

[245] PINTO, op. cit., p. 75.

[246] RICCI, Individuazione..., p. 1241-1242.

[247] Idem, p. 1238.

possui duas fases bem caracterizadas e distintas: uma destinada à dedução de mérito e outra destinada a deduções instrutórias.[248]

Por outro lado, cresceu ao longo do tempo, na Itália, a idéia de que as teorias da substanciação e da individuação não estavam terminantemente em posições antagônicas.

Realizando um juízo crítico acerca das duas teorias, Comoglio, Ferri e Taruffo afirmam que elas significam o verso e o reverso de uma mesma moeda, pois, alegar os fatos históricos e afirmar o direito ou a relação jurídica significa avaliar a atividade processual compatível, conexa e complementar, enquanto a *fattispecie* substancial se realiza exclusivamente em função dos efeitos jurídicos que o autor pretende com a demanda.[249]

Segundo Elio Fazzalari, as duas teorias não são incompatíveis entre si tendo em vista que, de acordo com elas, a demanda se individualiza ou sobre a base do fato constitutivo ou sobre a base da relação jurídica. Conclui que uma teoria parte do ponto de vista da *fattispecie*, e outra dos efeitos que emanam dela, sendo teorias não apenas compatíveis, mas correspondentes.[250]

Complementa Crisanto Mandrioli que a *fattispecie* jurídica não pode dar concreção à demanda se ela não contiver determinados fatos que representem um acontecimento histórico concreto.[251] De outro lado, para Mandrioli é o direito substancial afirmado, tanto numa quanto noutra teoria, que constituirá a causa de pedir.[252]

Gian Franco Ricci reconhece a proximidade das duas teorias apresentadas, mas ressalva que tais similitudes não afastam certas diferenças de fundo entre as duas posições. Apresenta como exemplo os limites da coisa julgada (adstritos ao fato constitutivo na teoria da substanciação e, atingindo a relação jurídica em toda sua dimensão na teoria da individualização) e o objeto do processo das ações que tutelam direitos reais.[253]

Pode se dizer que existe uma certa flexibilidade de critérios adotados pelos adeptos de uma teoria e de outra, o que redunda em

---

[248] RICCI, Individuazione..., p. 1239

[249] COMOGLIO, Luigi Paolo; FERRI, Corrado; TARUFFO, Michele. *Lezioni sul processo civile*. 2. ed., Bologna: Il Mulino, 1998, p. 253.

[250] FAZZALARI, Elio. *Note in tema di diritto e processo*. Milano: Giuffrè, 1957, p. 118.

[251] MANDRIOLI, Crisanto. *Corso di diritto processuale civile*. v. 1, Torino: Giappichelli, 1993, p. 473.

[252] MANDRIOLI, Crisanto. Riflessioni in tema di petitum e di causa petendi. *Rivista di Diritto Processuale*, n. 3, v. XXXIX, a. 1984, p 473-474.

[253] RICCI, Individuazione..., p. 1232-1235.

uma zona gris entre elas. José Ignácio Botelho de Mesquita[254] afirma que o ponto em que ambas efetivamente divergem está na determinação do conteúdo da causa de pedir nas ações reais, fundadas em direitos absolutos. Isso se deve à circunstância de que, nas ações pessoais, até mesmo os partidários da teoria da individualização concordam acerca da importância para a identificação do pedido dos fatos necessários à determinação do direito feito valer.

Ademais, tanto os partidários da teoria da individualização, quanto os partidários da teoria da substanciação, concordam que a modificação integral da *causa petendi* acarreta o surgimento de uma nova demanda.[255]

Em face da divergência a respeito da adoção de ambas as teorias e do reconhecimento de, tanto uma, quanto outra, representarem o verso e o reverso de uma mesma moeda, a doutrina procurou adequar a teoria da individualização aos termos da ordem processual.

Deste modo, para os modernos doutrinadores peninsulares, a compreensão e identificação do objeto do processo dependerá da determinação da situação substancial do direito tutelado na causa, da lesão provocada pelo ato ilícito de terceiro e da tutela que se pede.[256]

Levando em consideração a natureza do direito violado, a doutrina distingue os direitos em autodeterminados ou heterodeterminados.

O direito autodeterminado (*diritto autodeterminati* ou, para outros autores, *diritto autoindividuato*) corresponde à categoria dos direitos absolutos. Deste modo, os direitos absolutos (gênero de direito do qual é espécie o direito real) se identificam sobre a base de três elementos: o titular do direito absoluto, o bem que constitui o objeto e o tipo de utilidade garantida pelo ordenamento (o tipo de direito aduzido sobre o bem).[257] Em outras palavras, o direito autodeterminado é aquele direito subjetivo que prescinde da indicação do título e do seu fato aquisitivo na demanda,[258] pois estes elementos estariam contidos no próprio direito postulado.

---

[254] MESQUITA, Conteúdo..., p.48.

[255] GIANNOZZI, Giancarlo. *La modificazione della domanda nel processo civile*. Milani: Giufrè, 1958, p. 54.

[256] LUISO, op. cit., p. 51.

[257] Idem, Ibidem

[258] CONSOLO, Claudio. *Spiegazioni di diritto processuale civile*. t. 1, 4. ed., Bologna: Cisalpino, 2000, p. 181.

Comoglio, Ferri e Taruffo ensinam que os direitos autodeterminados são aqueles que podem existir com o mesmo conteúdo e entre os mesmo sujeitos, sem respeitar as alterações do fato genético.[259]

Em sentido similar, Luigi Montesano e Giovanni Arieta asseveram que os direitos autodeterminados não podem subsistir, simultaneamente, com o mesmo conteúdo, entre os mesmos sujeitos; são direitos que se individualizam a partir da indicação de seu conteúdo, também independentemente do fato genético.[260]

Em outras palavras, Crisanto Mandrioli aponta que os direitos autodeterminados são aqueles nos quais para a perfeita individualização da demanda basta a identificação dos sujeitos e do seu conteúdo, tendo em vista que não podem existir mais de uma vez entre as mesmas partes.[261]

Deste modo, esses direitos têm como característica a desnecessidade de identificação da sua *fattispecie* constitutiva tendo em vista que o direito sempre será o mesmo ainda que se mudem as suas circunstâncias de fato.[262]

Os direitos heterodeterminados, por sua vez, podem ser identificados com os direitos relativos. Para estes direitos a individualização da demanda reclama a exposição dos fatos constitutivos do direito postulado.

Assenta Claudio Consolo que são heterodeterminados os direitos e as demandas que, por sua virtual multiplicidade entre as mesmas partes e sobre o mesmo objeto, exigem, para distinguiremse uma das outras, o concurso da indicação de um certo e específico título aquisitivo. No entanto, adverte Francesco P. Luiso que a relevância da *fattispecie* constitutiva para a identificação dos direitos heterodeterminados não deve fazer crer que seja suficiente a alteração de qualquer elemento de fato para mudar o direito objeto da demanda.[263]

Para Crisanto Mandrioli, as demandas heterodeterminadas são aquelas em que, podendo existir diversas vezes entre as mesmas partes, é imprescindível, para a sua individualização, a descrição de determinados fatos.[264]

---

[259] COMOGLIO; FERRI; TARUFFO, op. cit., p. 253

[260] MONTESANO; ARIETA, op. cit., p. 176.

[261] MANDRIOLI, Riflessioni..., p. 475

[262] LUISO, op. cit, p. 51-52.

[263] Idem, p. 53

[264] MANDRIOLI, Riflessioni..., p. 475-476

Segundo Giovanni Arieta e Luigi Montesano, nos direitos heterodeterminados em que o direito pode subsistir diversas vezes, com idêntico conteúdo, entre os mesmos sujeitos e cuja causa de pedir desenvolve uma função de verdadeira e própria polarização, que se centra na identificação do fato de modo que a modificação do fato constitutivo implica sempre a alteração do direito afirmado.[265]

Concluem Comoglio, Ferri e Taruffo que somente para os direitos heterodeterminados a causa de pedir possui uma função essencial de identificação da *fattispecie* genética variável, condicionando para a mesma formulação do pedido em relação a diversa disciplina jurídica aplicável, já que a modificação do fato constitutivo comporta sempre a modificação do direito tutelado.[266]

2.3.2.1.4. Da teoria da causa de pedir e o Direito Processual brasileiro

Tendo em vista a relevância do tema debatido pelas teorias da causa de pedir, em face do seu reflexo em diversos institutos jurídicos, os ordenamentos jurídicos, de um modo geral, passaram a adotar uma ou outra tendência em seus Códigos de processo.

No Brasil, assim como na Alemanha, a teoria que prevaleceu foi a da substanciação.

Compartilham do entendimento de que o Código de Processo Civil adotou a teoria da substanciação Ada Pellegrini Grinover,[267] Antonio Carlos de Araújo Cintra,[268] Araken de Assis,[269] Cândido Rangel Dinamarco,[270] Carlos Silveira Noronha,[271] José Frederico Marques,[272] José Joaquim Calmon de Passos,[273] José Maria Rosa Tesheiner,[274] José Rogério Cruz e Tucci,[275] Juvêncio Vasconcelos Viana,[276]

---

[265] MONTESANO; ARIETA, op. cit., p. 176.

[266] COMOGLIO; FERRI; TARUFFO, op. cit., p. 254.

[267] CINTRA, Antonio Carlos de Araújo; GRINOVER, Ada Pellegrini; DINAMARCO, Cândido Rangel. *Teoria geral do processo.* 18. ed., rev. e atual., São Paulo: Malheiros, 2002, p. 262.

[268] Idem, Ibidem.

[269] ASSIS, *Cumulação...,* p. 139.

[270] CINTRA; GRINOVER; DINAMARCO, op. cit., p. 262.

[271] NORONHA, A causa de pedir..., p. 33.

[272] MARQUES, José Frederico. *Manual de direito processual civil.* v. 1, 13. ed. rev. e atual., São Paulo: Saraiva, 1990, p.173.

[273] PASSOS, José Joaquim Calmon de. *Comentários ao código de processo civil.* v. 3, Rio de Janeiro: Forense, 1975, p.142

[274] TESHEINER, *Eficácia...,* p. 44-45.

[275] TUCCI, A regra da eventualidade..., p. 39.

[276] VIANA, op. cit., p. 96.

Luiz Rodrigues Wambier,[277] Moacyr Amaral dos Santos,[278] Nelson Nery Junior[279] e Pontes de Miranda.[280]

A idéia da substanciação se apresenta muito mais prática do que a da individualização porque no resultado a que tal teoria conduz há uma ampla vantagem para as partes em termos de garantias processuais, tendo em vista que lhes é possibilitado a perfectibilização da demanda em graus e em relação às diferentes exigências que podem surgir no curso do processo.[281] Por outro lado, a substanciação pode representar um prejuízo do ponto de vista da economia processual, pois possibilita a reabertura de processo com a mesma relação jurídica através da indicação de um fato constitutivo diverso.[282]

O consenso doutrinário acerca da adoção da teoria da substanciação no direito processual brasileiro é pautado pela circunstancia de que o Código de Processo Civil exige que o autor exponha na inicial o pedido, modo identificado, e a dedução dos fundamentos de fato e de direito da pretensão.

Ademais, o sistema processual brasileiro optou pelo princípio da eventualidade como regulamentador das atividades processuais, na medida que exige a apresentação pelas partes de todos os seus meios de ataque ou de defesa, ao mesmo tempo (o autor na inicial e o réu na contestação), ainda que contraditórios entre si.[283]

No ordenamento positivo pátrio, vislumbra-se a adoção do princípio da eventualidade para o autor, nos artigos 264 e 294, para o réu, no artigo 300, e para ambos, no artigo 474.[284]

Sendo o princípio da eventualidade um pressuposto para a teoria da substanciação e, por outro lado, mostrando-se, ao menos em sua essência, incompatível com a teoria da individualização, não resta dúvida que o legislador adotou, ainda que não em sua inteireza, a teoria da substanciação da causa de pedir.

---

[277] WAMBIER, Luiz Rodrigues; ALMEIDA, Flávio Renato Correia de; TALAMINI, Eduardo. *Curso Avançado de processo civil*: teoria geral do processo e processo de conhecimento. v. 1, 4. ed. rev., atual. e ampl., São Paulo: Revista dos Tribunais, 2002, p. 130.

[278] SANTOS, *Primeiras linhas...*, p. 164.

[279] NERY JUNIOR; NERY, op. cit., p. 503;

[280] MIRANDA, Pontes de. *Comentários ao código de processo civil*. t 4, Rio de Janeiro: Forense, 1974, p. 17.

[281] RICCI, Individuazione..., p. 1237.

[282] Idem, Ibidem.

[283] TUCCI, A regra da eventualidade..., p. 41-42.

[284] Neste sentido: LAZZARINI, Alexandre. *A causa petendi nas ações de separação judicial e de dissolução da união estável*. São Paulo: Revista dos Tribunais, 1999, p. 38-39; VIANA, op. cit., p. 96.

Todavia, como convém à adoção de direitos estrangeiros no ordenamento interno, o legislador brasileiro adotou, em verdade, posição equilibrada, evitando excessos condenáveis nos extremos de ambas as posições,[285] nada obstante tenha seus principais contornos definidos pela teoria da substanciação. Neste sentido, afirma Araken de Assis que, embora paire dúvidas acerca da fidelidade do artigo 282, inciso II, do Código de Processo Civil com a teoria da substanciação, a causa de pedir tal como compreendida no Brasil não pode de maneira alguma se coadunar com a teoria da individualização.[286]

Por fim, no atual estado de crise a que está acometida a justiça civil, a adoção de um processo que consagre o princípio da eventualidade como mecanismo de celeridade e concentração se apresenta claramente como uma necessidade. Entretanto, a inserção do instituto da preclusão no ordenamento pode ocasionar injustiças e deve, portanto, na medida do possível ser atenuado por meio da utilização de mecanismos que suavizem os efeitos do princípio da eventualidade.

No direito processual Italiano, por exemplo, tem-se como mecanismo de mitigação da eventualidade a possibilidade de ajuste na primeira audiência da posição substancial da causa exposta no *ato introdutivo* da demanda (art. 183, commi 4º e 5º do Código de Processo Civil italiano).

No Brasil, admite-se a modificação da demanda, por consenso das partes, até o saneamento do processo (artigo 264, parágrafo único, do Código de Processo Civil). Deste modo, existe meio no sistema processual pátrio de adequar o pedido equivocadamente formulado ao direito efetivamente perseguido, contudo, para que se dê efetividade a esta possibilidade, é necessária uma postura ativa e cooperativa de todos os sujeitos do processo.

2.4. A CAUSA DE PEDIR E OS SEUS ELEMENTOS

A causa de pedir, segundo a teoria da tríplice identidade, adotada pelo atual Código de Processo Civil, é um dos elementos integrantes da dimensão objetiva da demanda.

---

[285] MESQUITA, Conteúdo..., p. 48.

[286] ASSIS, *Cumulação...*, p. 139.

No plano normativo, a causa de pedir, ainda que representada por outra nomenclatura (fatos e fundamentos), encontra amparo nos artigos 46, inciso III; 103; 264; 282, inciso III; 295, parágrafo único, inciso I; 301, § 2º, 321, todos do Código de Processo Civil. Dentre estes, contudo, destacam-se como determinantes para o contorno da causa de pedir o § 2º do artigo 301 e o inciso III do artigo 282.

Estabelece o § 2º do artigo 301 do Código de Processo Civil que "uma ação é idêntica a outra quando tem as mesmas partes, a mesma causa de pedir e o mesmo pedido". O legislador deixou indene de dúvidas a inserção da causa de pedir como um dos elementos identificadores da demanda na ordem jurídica processual brasileira. Ademais, depreende-se do mesmo diploma legal a adoção da teoria da tríplice identidade da demanda tendo em vista que, juntamente com a causa de pedir, as partes e o pedido compõem os elementos da causa.

Complementarmente ao estatuído no § 2º do artigo 301, o inciso III do artigo 282 do Código de Processo Civil estabelece que um dos requisitos da petição inicial é a descrição do fato e dos fundamentos jurídicos do pedido. A inobservância quanto ao atendimento do mencionado inciso importa na inépcia da petição inicial a teor do que dispõe o inciso I do parágrafo único do artigo 295 do Código Buzaid.

Diante disso, o inciso III do artigo 282 estabelece três premissas inarredáveis em sede de causa de pedir. A primeira premissa é a identificação dos elementos que constituem a própria causa de pedir: os fatos e os fundamentos jurídicos. A segunda implicação do inciso em tela decorre do reconhecimento da necessidade absoluta de que a causa de pedir seja apresentada na petição inicial, constituindo-se, além de um dos elementos identificadores, requisito indispensável para a postulação de um direito em juízo. Como decorrência da segunda, a terceira premissa diz com a existência, necessária, de correlação entre a causa de pedir e o pedido.

Estas considerações, lançadas com observância no expresso ditame legal, encontram eco na doutrina e jurisprudência dominante acerca do assunto.

De maneira abrangente, e visivelmente orientado pelo exame do direito material, afirma Ovídio Baptista da Silva, acerca da composição da causa de pedir, que cada demanda tem suas *questões litigiosas* e o conjunto delas forma o que se denomina *causa petendi*, ou causa de pedir.[287] Adentrado na própria consideração, Ovídio apon-

---

[287] SILVA, Ovídio Araújo Baptista da. *Teoria...*, p. 242.

ta o conjunto dos fatos *relevantes* e dos fundamentos jurídicos como os elementos que constituem a causa de pedir.[288]

Também partindo de uma perspectiva do direito material, ensina José Roberto Bedaque dos Santos que a causa de pedir é representada pelo fato constitutivo do vínculo jurídico, bem como o fato afirmado pelo autor que torna necessária a intervenção jurisdicional (fatos estes que dão origem a uma relação jurídica de direito material e a um direito que dela se origina), sob a ótica do autor.[289] Em outras palavras, afirma o processualista que a causa de pedir é constituída pelo conjunto de fatos e de elementos de direitos constitutivos das razões jurídicas sobre as quais se funda o pedido; os fatos jurídicos alegados como fundamentos do direito substancial cujo reconhecimento se pretende.

Carlos Silveira Noronha diz que "a causa de pedir é a razão objetiva sobre a qual a ação se funda ou o direito substancial afirmado em torno do qual se delineia o pedido".[290]

Giuseppe Chiovenda define a causa de pedir como uma *causa* juridicamente relevante composta de um fato ou complexo de fatos com aptidão de produzir efeitos jurídicos, de modo que, quem afirma um direito deve afirmar o complexo de fatos de qual nasce a sua pretensão e os provar.[291]

Luiz Rodrigues Wambier, Flávio Renato Correia de Almeida e Eduardo Talamini afirmam que a causa de pedir significa "o conjunto de fundamentos levados pelo autor a juízo, constituído pelos fatos e pelo fundamento jurídico a eles aplicável".[292]

José Carlos Barbosa Moreira aponta que a causa de pedir é constituída "do fato ou do conjunto de fatos a que o autor atribui a produção do efeito jurídico por ele visado".[293]

Para Nelson Nery Júnior e Rosa Maria de Andrade, objetivamente, a causa de pedir é composta pelos fundamentos de fato e de direito do pedido, constituindo-se a razão pela qual se pede.[294] Em idêntico sentido, leciona Arruda Alvim.[295]

---

[288] Idem, p. 244.

[289] BEDAQUE, op. cit., p. 28.

[290] NORONHA, A causa de pedir..., p. 28.

[291] CHIOVENDA, Saggi..., p. 162-163.

[292] WAMBIER; ALMEIDA; TALAMINI, op. cit., p. 130.

[293] MOREIRA, José Carlos Barbosa. *O novo processo civil*. 21. ed., rev. e atual., Rio de Janeiro: Forense, 2000, p. 15.

[294] NERY JUNIOR; NERY, op, cit., p. 503.

[295] ALVIM, op. cit., p. 429-430.

Vicente Greco Filho[296] aduz que, no direito processual brasileiro, a causa de pedir é constituída do elemento fático e da qualificação jurídica que deles decorre. Ainda, assevera que a causa de pedir pode ser dividida em causa de pedir próxima e causa de pedir remota. Para ele, a causa de pedir próxima são os fundamentos jurídicos que justificam o pedido, e a causa de pedir remota são os fatos quanto à causa de pedir, exigindo a descrição dos fatos dos quais decorre a relação de direito para a propositura da ação.

Tomás Pará Filho, partindo da necessidade de se identificar a demanda por meio da delimitação da situação concreta, assenta que a causa de pedir é constituída pelos elementos que, em seu complexo, causalmente conexionam a demanda à situação de fato referida ou afirmada.[297]

Em sentido análogo, José Joaquim Calmon de Passos afirma que os fatos e os fundamentos jurídicos do pedido nada mais são do que "a descrição clara e precisa do acontecimento que foi a razão de ser da demanda e a categorização jurídica desse mesmo acontecimento".[298]

Parte da doutrina, na qual filia-se José Ignácio Botelho de Mesquita, arrola como elementos da causa de pedir, além do direito afirmado pelo autor e da relação jurídica de que esse direito se origina e dos fatos constitutivos daquele direito e dessa relação jurídica, também o fato (normalmente do réu) que torna necessária a via judicial e, por isso faz surgir o interesse de agir, ou interesse processual.[299]

Compartilha do mesmo posicionamento de José Ignácio Botelho de Mesquita o processualista gaúcho Sérgio Gilberto Porto. Afirma Porto que o conteúdo da causa de pedir não se encerra em um único elemento, mas, sim, na circunstância jurídica, na circunstância fática e na necessidade de invocar a tutela jurisdicional.[300]

Precursor desse posicionamento, Giuseppe Chiovenda disciplina que os elementos da causa de pedir (salvo nas ações de declaração negativa) são: a afirmação da existência de uma relação jurídica; a afirmação da existência do fato particular que no âmbito daquela relação jurídica, dá origem ao direito particular invocado e a afirmação da existência do fato de que decorre o interesse de agir.[301]

---

[296] GRECO FILHO, op. cit., p. 93.
[297] PARÁ FILHO, op. cit., p. 35.
[298] PASSOS, op. cit., p.143.
[299] MESQUITA, Conteúdo..., p. 49.
[300] PORTO, op. cit., p. 37.
[301] CHIOVENDA, *Instituições*..., p. 359.

O interesse de agir, ou interesse processual, é a terceira condição da ação prevista no inciso VI do artigo 267 do Código de Processo Civil. Esta condição da ação está associada à necessária existência de proveito útil ao demandante da pretensão postulada em juízo e pressupõe a presença de interesses conflitantes entre as partes e a conseqüente adequação do pedido a ser atendido.

Ensina Pondes de Miranda que o interesse de agir presente na causa de pedir pode decorrer da simples narração dos fatos não sendo necessária a sua prova ou menção explícita.[302]

Em sentido análogo, Arruda Alvim aduz que "são os fatos jurídicos em virtude dos quais nasce o interesse de agir ou mesmo a necessidade de agir, sob pena de ter o autor prejuízo".[303]

Segundo José Rogério Cruz e Tucci, a necessidade da tutela jurisdicional, que conota o interesse de agir, deflui da exposição fática consubstanciada na *causa petendi remota*.[304]

De tal modo, o interesse de agir, antes de se configurar como um dos elementos da causa de pedir, se apresenta muito mais como um uma conseqüência lógica da narração do fato jurídico, na medida que (para assumir a categoria de jurídico) o fato deve incidir na norma e gerar uma pretensão resistida de direito.

Analisando os fatos expostos na causa de pedir e o interesse de agir, José Rogério Cruz e Tucci afirma que, nas ações condenatórias, além do fato constitutivo deve ser narrado o fato violador do direito; nas ações constitutivas o interesse de agir se encontra no próprio fato constitutivo do direito postulado; nas ações declaratórias, a incerteza jurídica objeto da declaração deve ser necessariamente expressa na causa de pedir; nas ações executivas, o inadimplemento, como fato histórico, deve ser mencionado na petição inicial como parte integrante da causa de pedir.[305]

Ademais, segunda a dicção do próprio Código de Processo Civil (artigo 267, inciso VI) o interesse de agir, ou interesse processual, configura uma das condições da ação. Sem pretender adentrar no tema das condições da ação, pode se afirmar que considerar o interesse de agir como um dos elementos da causa de pedir significa dizer que ela é uma das condições da ação. Ao que parece, não se apresenta salutar a identificação do interesse de agir com a causa de pedir tendo em vista que, embora o interesse de agir possa ser aferi-

---

[302] MIRANDA, *Comentários...*, t. 4, p. 15.

[303] ALVIM, op. cit., p. 429-430.

[304] TUCCI, *A causa petendi...*, p. 173.

[305] Idem, p. 174-175.

do pela narração dos fatos constantes da causa de pedir, com ela não se confunde por se tratar de um requisito para o exame do mérito e não como um elemento identificador da demanda.

Outro ponto de crucial importância é a perfeita identificação dos elementos da causa de pedir, pois é com base neles e em face deles que réu contestará a ação. Esta consideração é muito bem lançada por José Roberto dos Santos Bedaque que, em artigo específico sobre o tema, afirma que "a exposição minuciosa dos fatos e a formulação precisa da pretensão permitem ao réu saber exatamente o que deve apresentar como matéria de defesa".[306] Compartilha do mesmo entendimento Pontes de Miranda ao aduzir que "a exposição dos fatos deve ser tal que o demandado possa preparar e apresentar sua defesa".[307]

Divergências à parte, pode-se afirmar, sem sombra de dúvidas, que a causa de pedir é composta pelo conjunto de fatos e fundamentos jurídicos que amparam o pedido.

Estabelecida esta premissa, passa-se a discorrer separadamente a respeito dos fatos e dos fundamentos jurídicos no que importa para o desenvolvimento da causa de pedir.

2.4.1. Dos fundamentos jurídicos

Ernane Fidélis dos Santos afirma que "os fundamentos jurídicos vêm a ser a própria demonstração de que o fato narrado pode ter conseqüências, das quais se pode concluir a existência de uma ou mais pretensões".[308]

Darci Ribeiro Filho assenta que os fundamentos jurídicos se embasam nos elementos fáticos com transcendência jurídica e representam as conseqüências jurídicas pretendidas pela parte no processo.[309]

No mesmo sentido, Arruda Alvim aponta que o fundamento jurídico da demanda é constituído pelos fatos contidos na inicial e decorre da necessidade de o autor demonstrar que os fatos narrados levam necessariamente à conclusão ou conclusões pedidas.[310]

Para Pontes de Miranda, a fundamentação jurídica do pedido decorre da exposição de como o fato jurídico (causa de pedir remo-

---

[306] BEDAQUE, op. cit., p. 35.

[307] MIRANDA, *Comentários...*, t. 4, p. 15.

[308] SANTOS, Ernane Fidélis dos. *Manual...*, p. 346.

[309] RIBEIRO, Darci Guimarães. *La pretensión procesal y la tutela judicial efectiva*: hacia una teoría procesal del derecho. Barcelona: J. M. Bosch, 2004, p. 153-154.

[310] ALVIM, op. cit., p. 429-430.

ta) justifica que o autor peça o que pede, ou seja, qual a razão de sua pretensão.[311] No entanto, embora reconheça que o Código de Processo Civil brasileiro adotou a teoria da substanciação, Pontes de Miranda entende que os fundamentos jurídicos têm o escopo exclusivo de possibilitar que o réu apresente sua defesa.[312] Acrescenta que a suficiência dos fundamentos jurídicos deve ser apreciada pelo juiz *in abstracto*, sem se atribuir verdade aos fatos e ajuste ao direito invocado e a eles (pois isto significaria o julgamento de plano).[313] No entanto, para o jurista, o equívoco da parte na fundamentação jurídica, não percebido pelo magistrado quando da análise em abstrato da inicial, não pode afetar o direito formativo do autor.[314] Lecionava, ainda sob a vigência do código de 1939, que, mesmo ocorrendo erro do autor, pode haver a mudança da categoria ou da figura jurídica, "desde que, mudando-o, a nova categoria ou figura ainda se concilie com o seu pedido, por aptidão material ou jurídica do que segundo ela seria pedido".[315]

José Rogério Cruz e Tucci afirma que a argumentação alusiva à *causa petendi* (fundamentação) consiste no meio pelo qual o demandante introduz o seu direito subjetivo (substancial) no processo.[316]

Por fim, com intuito de estabelecer uma definição a ser empregado no presente trabalho que atenda satisfatoriamente a compreensão do instituto enquanto um dos elementos que constituem a causa de pedir, tem-se por fundamento jurídico as conseqüências jurídicas que justifiquem a pretensão do autor em face dos fatos alegados.

2.4.1.1. Dos fundamentos legais

Adverte José Roberto dos Santos Bedaque que "ao descrever o fato e pleitear o efeito jurídico a ele inerente, já estaria o autor deduzindo fundamento jurídico" e com base nesta assertiva, conclui que "pelo que se vê, não é tão clara a distinção entre fato, fundamento jurídico e fundamento legal".[317] Todavia, para a perfeita compreensão do instituto e de seus efeitos, é imprescindível que não paire qualquer dúvida acerca da distinção entre os institutos mencionados por Bedaque.

[311] MIRANDA, *Comentários...*, t. 4, p. 14.

[312] Idem, p. 17.

[313] Idem, ibidem.

[314] Idem, p. 17-18.

[315] Idem, p. 27.

[316] TUCCI, José Rogério Cruz e. A denominada situação substancial como objeto do processo na obra de Fazzalari. *Revista da Ajuris*, a. XXI, março de 1994, v. 60, p. 70.

[317] BEDAQUE, op. cit., p. 33.

De outra banda, em sede de dissociação dos elementos que integram e os que não integram a causa de pedir, Giuseppe Chiovenda ensina que "individua-se e identifica-se a ação por meio dos elementos de fato que tornaram concreta a vontade da lei, e não pela norma abstrata de lei".

A grande diferença prática entre fundamentos jurídicos (integrante da causa de pedir) e fundamentos legais reside na circunstância de que, enquanto a *causa petendi* deve ser descrita pelo autor, os fundamentos legais (destaca-se que não fazem parte da causa de pedir) sequer precisam ser apontados na inicial,[318] pois incumbe ao juiz os delimitar.

Doutrina Vicente Greco Filho que, segundo o princípio *iura novit curia* (o juiz conhece o direito), compete ao juiz formular o enquadramento legal da hipótese apresentada pelo autor como sua causa de pedir.[319] Destarte, conclui-se logicamente que os fundamentos legais (a norma, artigo de lei) aplicáveis no caso concreto não integram a causa de pedir e, via de conseqüência, não identificam a demanda.[320]

Acrescentam ainda Luiz Guilherme Marinoni e Sérgio Cruz Arenhart que "quando se fala em causa de pedir, alude-se ao fato que, segundo o autor, conduz a um determinado efeito jurídico",[321] não entrando em jogo a norma legal invocada e a qualificação jurídica dada ao fato.

José Carlos Barbosa Moreira aponta que, além dos fundamentos legais (o que chama de norma jurídica aplicável à espécie) não fazerem parte da causa de pedir, também não integra a *causa petendi* a qualificação jurídica dada pelo autor ao fato em que apóia sua pretensão (por exemplo, a indicação de "erro", "dolo" etc. para designar o vício de algum ato jurídico).[322]

Deste modo, é possível concluir que os fundamentos legais não integram a causa de pedir, sendo desnecessária a sua indicação pelo autor, uma vez que a sua correta caracterização incumbe ao juiz da causa. Como conseqüência disso, os fundamentos legais não servem para identificar a demanda e podem ser modificados pelas partes.

---

[318] O artigo 337 do Código de Processo Civil ressalva que cabe a parte trazer a conhecimento do juízo acerca do teor e da vigência das leis municipais, das leis estaduais ou do direito consuetudinário.

[319] GRECO FILHO, op. cit., p. 93-94.

[320] Neste sentido: TESHEINER, *Eficácia...*, p. 41; ALVIM, op. cit., p. 429.

[321] MARINONI, Luiz Guilherme; ARENHART, Sérgio Cruz. *Manual do processo de conhecimento*. 5. ed. rev., atual. e ampl., São Paulo: Revista dos Tribunais, 2006, p. 90-91.

[322] MOREIRA, *O novo processo civil*, p. 16.

2.4.2. Dos fatos jurídicos

Para Giancarlo Giannozzi,[323] o processo se identifica e se qualifica a partir de uma realidade, sendo que esta realidade não pode ser fotografada e complemente expressa senão a partir dos fatos. Acrescenta ainda que os fatos antecedem ao processo, e que o processo não pode modificar a sua existência (dimensão natural). Pode o processo, no entanto, interpretar os fatos sob o ponto de vista jurídico.

Contudo, deve ficar claro que não são quaisquer espécies de fatos que poderão compor a causa de pedir, mas somente os fatos jurídicos (fatos geradores de efeitos jurídicos).[324]

Os fatos jurídicos são aqueles em virtude dos quais o autor justifica seu pleito em juízo, pretensão esta que decorre dos efeitos jurídicos daqueles fatos.[325]

O fato jurídico se verifica quando um fato da vida encontra correspondência em um fato abstratamente previsto na lei, incidindo, portanto, no ordenamento jurídico e passando a ser relevante para o direito.[326]

Analisando o complexo fático que compõe a norma jurídica, Miguel Reale distingue os fatos a partir de dois momentos. Para Reale, o fato atua, em um primeiro momento como *espécie de fato prevista na norma* (*Fattispecie, Tatbestand*)[327] e, somente num segundo momento, agregará efeito juridicamente qualificado, em virtude da correspondência do fato concreto ao fato-tipo genericamente modelado na regra de direito.[328] Deste modo, define fato jurídico, quanto ao seu efeito, como um "evento ao qual as normas jurídicas já atribuíram determinadas conseqüências, configurando-o e tipificando-o objetivamente"[329] e, quanto a sua extensão, como "todo e qualquer fato que, na vida social, venha a corresponder ao modelo de comportamento ou de organização configurado por uma ou mais normas de direito".[330]

---

[323] GIANNOZZI, op. cit., p. 26-27.

[324] TESHEINER, *Eficácia...*, p. 42.

[325] ALVIM, op. cit., p. 429-430.

[326] MARINS, Victor A. A. Bomfim. *Comentários ao código de processo civil.* v. 12, São Paulo: Revista dos Tribunais, 2000, p. 52.

[327] REALE, Miguel. *Lições preliminares de direito.* 16. ed., São Paulo, Saraiva, 1988, p. 198.

[328] Idem, p. 199.

[329] REALE, op. cit., p. 198.

[330] Idem, p. 199.

Para Giuseppe Chiovenda, fatos jurídicos são ·aqueles de que deriva a existência, a modificação ou a cessação de uma vontade concreta de lei".[331]

Assevera Pontes de Miranda que a incidência da regra jurídica sobre o fato ou complexo de fatos (suporte fático) produz como resultado o fato jurídico.[332]

José Joaquim Calmon de Passos entende ser o fato jurídico (também chamado de "fato título") o suporte da pretensão deduzida em juízo pelo autor.[333] Em outros termos, assenta que, incidindo um fato da vida em um preceito abstrato da norma, ele passa a ser denominado de fato jurídico.[334] O fato jurídico, portanto, detém a condição de fato como acontecimento da vida e se caracteriza como jurídico em face de sua relevância para o direito.

Emilio Betti conceitua os fatos jurídicos como aqueles fatos a que o direito atribui relevância jurídica, no sentido de mudar as situações anteriores a eles e de configurar novas situações, a que correspondem novas qualificações jurídicas.[335]

Francesco Carnelutti, por sua vez, ensina que, assim como uma situação passa a ser jurídica quando aos seus elementos físicos e econômicos se junta ao elemento psicológico (que lhe atribui a juridicidade) assim, também passa a ser jurídico o fato material (não jurídico) quando é acompanhado de uma mutação jurídica, de modo que, pode-se dizer que o fato jurídico é o aspecto jurídico do fato material.[336] Acrescenta o jurista italiano que existem três modos de um fato ter sua situação modificada para jurídico: "tornando-se jurídica uma situação que o não era; tornando-se não jurídica uma situação o era; e modificando-se a situação jurídica na sua juridicidade".[337] No primeiro caso há a aquisição do elemento jurídico pelo fato; no segundo caso, o fato perde o elemento jurídico que detinha e, no terceiro caso, o elemento jurídico permanece, porém modificado. De acordo com as três possibilidades de juridicidade de um fato, Carnelutti distingue os fatos jurídicos em fatos jurídicos originários e fatos

---

[331] CHIOVENDA, *Instituições...*, p. 07.

[332] MIRANDA, Francisco Cavalcanti Pontes de. *Tratado de direito privado*. t. 1, 3. ed., Rio de Janeiro: Borsoi, 1972, p. 77.

[333] PASSOS, J. J. Calmon de. A causa de pedir na ação de investigação de paternidade e o art. 363 do CC. *Revista de Processo*, a. XII, janeiro-março de 1987, nº 45, p. 184.

[334] PASSOS, *Comentários...*, p. 141.

[335] BETTI, Emilio. *Teoria geral do negócio jurídico*. t. 1, Tradução de Ricardo Rodrigues Gama, Campinas: LZN, 2003, p. 12.

[336] CARNELUTTI, Francesco. *Teoria geral do direito*. Tradução de A. Rodrigues Queiro e Artur Anselmo de Castro, São Paulo: Saraiva, 1942, p. 296.

[337] CARNELUTTI, *Teoria...*, p. 297.

jurídicos derivados. Os fatos jurídicos originários são decorrentes das duas primeiras situações, enquanto os fatos jurídicos derivados correspondem à terceira situação aventada.

Enrico Tullio Liebman, por sua vez, assevera que assumem a qualidade de jurídicos "os fatos aos quais o direito associa a constituição, modificação ou extinção de uma relação ou estado jurídico".[338] A respeito dessa eficácia constitutiva, modificativa e extintiva do fato jurídico pondera Emilio Betti que a valoração de um fato como jurídico é exprimida, precisamente, a partir do surgimento de uma situação jurídica nova em face da incidência do fato (não-jurídico) na norma (hipótese de fato).[339]

Ao se decompor um fato jurídico, pode-se encontrar: uma conduta (omissiva ou comissiva, lícita ou antijurídica, dolosa ou culposa); uma relação de causalidade ou de finalidade entre uma conduta e um resultado; uma relação de causalidade entre um evento e um resultado; um fato transeunte; um estado de fato.[340]

Discorrendo a respeito do tema, José Maria Rosa Tesheiner[341] apresenta valiosa distinção entre "fatos" e "versões". Inicialmente, parte do pressuposto que entre o fato e a versão exista um mínimo de identidade, embora reconheça a possibilidade de uma "versão" ser criada sem nenhum elemento de conexão com o evento histórico. A partir daí, afirma que de um mesmo fato pode haver uma multiplicidade de versões, cada qual apresentando suficientes elementos comuns (elementos de conexão) entre si e o próprio fato. De tal modo, "é possível que haja um único elemento de conexão, mas suficiente para que se possam referir duas ou mais versões ao mesmo evento histórico". Por outro lado, "versões que não apresentam suficientes elementos de conexão entende-se que se referem a eventos diversos". Feitas estas distinções conclui que "Qualificar juridicamente um fato é destacar alguns elementos da versão, para a determinação de seus efeitos jurídicos".

Deslocando o foco da causa de pedir para a constituição do próprio fato jurídico, José Maria Rosa Tesheiner[342] ensina que o fato complexo é constituído de eventos diversos, que se somam, no que diz respeito à produção de efeitos jurídicos, formando uma unidade

---

[338] LIEBMAN, Enrico Tullio. *Manual de direito processual civil*. vol. 1, Tradução de Cândido Rangel Dinamarco, 3. ed., São Paulo: Malheiros, 2005, p. 216-217.

[339] BETTI, op. cit., p. 13.

[340] TESHEINER, *Eficácia...*, p. 43.

[341] Idem, p. 43-44.

[342] Idem, p. 44.

jurídica, enquanto que o fato simples compreende somente um único evento causador dos efeitos jurídicos pretendidos.[343]

Para Emilio Betti, a causa distintiva entre os fatos simples e os fatos complexos reside na singularidade ou na multiplicidade de elementos de fatos conexos que os constitui, de modo que a *fattispecie* da norma que dá origem a um fato jurídico complexo, também será complexa.[344]

Por fim, reveste-se de crucial importância a valoração jurídica que se dá ao fato na análise da causa. Esta é exatamente a conexão interna existente na causa de pedir entre os seus elementos (fatos e fundamentos jurídicos). De tal sorte, é a partir do fato, tal como foi reconstruído no processo, que são deduzidas as conseqüências jurídicas estabelecidas abstratamente pelo ordenamento jurídico que servirão de fundamento para a demanda e que levarão à procedência ou à improcedência da causa.[345]

2.4.2.1. Fatos essenciais e fatos secundários

Acerca da interação entre os fatos e a causa de pedir, a mais importante distinção a ser traçada é a relativa aos fatos essenciais e aos secundários, pois somente os primeiros compõem, necessariamente, a causa de pedir.

Sobre o tema, é oportuno o comentário de Giovanni Verde, para quem os fatos essenciais (que o aludido autor chama de *fatti principali*) integram o núcleo essencial da pretensão posta em juízo, enquanto os fatos secundários (*fatti secundari*) integram as circunstâncias que enriquecem, especificam e esclarecem o fato essencial sem que repercutam em seu núcleo essencial.[346]

Crisanto Mandrioli informa que a distinção entre fatos essenciais (principais) e fatos secundários decorre de que se reserva aos primeiros uma função constitutiva do direito, enquanto aos segundos se atribui uma função marginal.[347]

Carlos Silveira Noronha aduz que ambos os tipos de fato integram a causa de pedir remota, sendo que os fatos essenciais a in-

---

[343] TESHEINER, *Eficácia...*, p. 44

[344] BETTI, op. cit., p. 19 e 56.

[345] LIEBMAN, op. cit., p. 217.

[346] VERDE, Giovanni. *Profili del processo civile: parte generale*. 4. ed., Napoli: Jovene editore, 1994, p. 116/117.

[347] MANDRIOLI, Riflessioni..., p. 475.

tegram necessariamente, enquanto os fatos secundários a integram contingencialmente.[348]

Desse modo, os fatos essenciais (também chamados de por parte da doutrina de fatos juridicamente qualificados) são aqueles que se identificam concretamente com o suposto fático descrito em abstrato na norma.

Afirma José Roberto dos Santos Bedaque que "os fatos dizem respeito à relação jurídica material, quer os constitutivos, quer os contrários ao direito e que tornam necessária a tutela jurisdicional".[349]

Para José Rogério Cruz e Tucci, os fatos essenciais são aqueles que, integrando a causa de pedir, têm o condão de delimitar a pretensão das partes.[350]

Maria Victoria Berzosa Francos assevera que os fatos narrados pelas partes, geralmente pelo autor, constituem o elemento básico e definidor da causa de pedir. De outra banda, os fatos que são essenciais para configurar o objeto debatido e que, dessa perspectiva, constituem a *causa petendi* são aqueles que delimitam a petição, que a distingue das demais, que fazem que esta petição e, em definitivo, este objeto litigioso seja esse e não outro, perfeitamente diferenciáveis mesmo daqueles que guardem com eles muitas semelhanças e que inclusive impliquem o mesmo provimento referido a fatos diversos.

Segundo Darci Guimarães Ribeiro os fatos essenciais, no que diz respeito à causa de pedir, são representados pelos acontecimentos concreto da vida que formam parte da situação de vantagem objetiva (a demonstração que o autor deve realizar da posição privilegiada de seu interesse sobre o interesse do demandado com a conseqüente *facultas exigendi* que no caso concreto, em virtude do descumprimento voluntário do demandado, se dá com o *agere* privado) e que servem de fundamento para as conseqüências jurídicas pretendidas.[351]

Os fatos secundários (também conhecidos como fatos simples) são aqueles que, perante o direito material, não sejam suficientes ou adequados para justificar o pedido.[352]

---

[348] NORONHA, A causa de pedir..., p. 33.

[349] BEDAQUE, op. cit., p. 32.

[350] TUCCI, *A causa petendi...*, p. 153.

[351] RIBEIRO, op. cit., p. 149-152.

[352] GRECO FILHO, op. cit., p. 93-94.

Giuseppe Chiovenda leciona que os fatos simples (que também chama de *motivos*) "somente têm importância para o direito enquanto possam servir a provar a existência de um fato jurídico".[353]

Carlos Silveira Noronha afirma que os fatos secundários são constituídos das circunstâncias acessórias do fato jurígeno que lhe infundem melhor caracterização ou que digam respeito ao tempo e ao lugar do fato essencial.[354]

Para José Joaquim Calmon de Passos, constitui-se o fato simples os que apenas comprovam a existência ou inexistência do fato jurídico.[355]

Existe dissonância a respeito da necessidade de o autor narrar os fatos secundários na exordial para a perfeita identificação da demanda.

José Joaquim Calmon de Passos[356] é partidário da opinião de que mesmo os fatos secundários devem ser narrados, pois integram a causa de pedir. Fundamenta sua posição no ônus da impugnação específica dos fatos imposto ao réu por força do artigo 302 do Código de Processo Civil e da paridade de condições entre as partes. Afirma que se ao autor não for obrigatória a narração de todos os fatos, inclusive os secundários, o réu fica impossibilitado de apresentar sua defesa, pois os fatos poderão vir a ser modificados ou introduzidos a qualquer tempo.

Compartilha do mesmo entendimento Ernane Fidélis dos Santos (revisando seu posicionamento a partir da oitava edição de seu Manual de Direito Processual Civil) ressalvando que os fatos simples, embora cruciais para a defesa do réu, não limitam a lide de forma que não são atingidos pelos efeitos da coisa julgada.[357]

Por outro lado, para Araken de Assis, os fatos secundários (ou fatos simples) servem apenas à argumentação dos fatos jurídicos, sendo irrelevantes para a identificação da causa.[358]

Considerando a dispensabilidade da narração dos fatos secundários, a sua alteração ou a sua indicação no curso da demanda não importa em modificação ou criação de uma nova causa de pedir.[359]

---

[353] CHIOVENDA, *Instituições...*, p. 7.

[354] NORONHA, A causa de pedir..., p. 34.

[355] PASSOS, A causa de pedir..., p. 184.

[356] PASSOS, *Comentários...*, p.144-145

[357] SANTOS, Ernane Fidélis dos. *Manual...*, p. 348.

[358] ASSIS, *Cumulação...*, p. 208.

[359] GRECO FILHO, op. cit., p. 93-94.

Deve ser ressaltado, porém, que os fatos secundários, embora não façam parte da causa de pedir, podem ser levados em conta pelo julgador, ainda que não invocados pelas partes, pois, exatamente por não servirem para a identificação da demanda, não estão sujeitos ao princípio da congruência processual (artigos 128 e 460 do Código de Processo Civil).[360]

Ademais, a utilidade da narração dos fatos secundários está associada à circunstância de que, não logrando êxito o autor em comprovar diretamente o fato essencial ao longo da instrução processual, e, no entanto, restando indene de dúvidas o fato secundário, o julgador poderá dele conhecer se valendo de juízo de verossimilhança.[361]

Ressalva-se a posição de Pontes de Miranda para quem a narração dos fatos deve ser clara e precisa; exaustiva, mas concisa,[362] sendo, porém, inútil mencionar os fatos que não determinam, ou não entram nos fatos jurídicos da causa.[363]

Enrico Tullio Liebman[364] pondera, em sentido uníssono com Pontes de Miranda, que os fatos secundários não são relevantes em si mesmos. Todavia, o processualista italiano reconhece que os fatos secundários podem ganhar importância na medida em que concorram para compor um determinado fato jurídico essencial. Conclui, ainda que permanecendo o fato essencial inalterado, a sua composição por fatos secundários não importa em modificação da causa de pedir.

Cândido Rangel Dinamarco aponta que a petição inicial ao se reportar a toda história do conflito, além de narrar os fatos essenciais à causa, pode prestar melhor esclarecimento e alcançar melhor convencimento a respeito da afirmação do direito violado.[365]

Deste modo, é possível concluir que, embora não sejam indispensáveis para a completude da causa de pedir, os fatos secundários podem ser úteis para o adequado esclarecimento da causa, conduzindo a um provimento jurisdicional efetivo.

---

[360] BEDAQUE, op. cit., p. 38.

[361] TUCCI, *A causa petendi...*, p. 154.

[362] MIRANDA, *Comentários...*, t. 4, p. 14.

[363] MIRANDA, Pontes de. *Comentários ao código de processo civil*. t. 2, Rio de Janeiro: Forense, 1947, p. 27

[364] LIEBMAN, op. cit., p. 249-250

[365] DINAMARCO, Cândido Rangel. *Fundamentos do processo civil moderno*. t . 2, 4. ed., rev. e atual., São Paulo: Malheiros, 2001, p. 934.

2.4.2.2. Fatos constitutivos, impeditivos, modificativos e extintivos de direito

Outra classificação útil para entender os fatos que preenchem a causa de pedir remota é a que os divide em fatos constitutivos, impeditivos, modificativos e extintivos do direito.

A existência dessa classificação dos fatos jurídicos está presente no próprio Código de Processo Civil quando disciplina a quem incumbe o ônus da prova nas demandas (art. 333).[366]

Todavia, o diploma processual não cuida de definir os seus respectivos significados. De tal sorte, incumbiu à doutrina discorrer sobre o tema de modo a esclarecer o significado de cada espécie de fato arrolado no texto legal.

Os fatos constitutivos de direito, para Chiovenda, são aqueles que dão vida a uma vontade concreta de lei e à expectativa de um bem por parte de alguém e que têm por escopo específico dar vida a um direito, e que normalmente produzem esse efeito.[367]

Na dicção de Enrico Tullio Liebman, os "fatos constitutivos são aqueles que produzem o nascimento de um efeito jurídico".[368]

Os fatos impeditivos de direito são aqueles que, concorrendo com fatos constitutivos, impedem a produção dos efeitos inerentes à constituição de um direito.[369] Em outras palavras, impeditivos são aqueles fatos que, quando acompanhados de fatos constitutivos, valem como impedimento à produção de seu efeito normal.[370]

Ensina Chiovenda[371] que não se pode entender a categoria dos fatos impeditivos se não se consideram as condições necessárias para o surgimento de um direito. Afirma o processualista italiano que, para um direito nascer, é necessária a existência de causas eficientes (que são os fatos constitutivos) e de causas concorrentes. A ausência de uma das causas concorrentes constitui o fato impeditivo de direito. Conclui que, embora nascido o direito por meio da existência de fato constitutivo, o fato impeditivo será aquele que não deixará que os efeitos decorrentes do direito se produzam. Arrola

---

[366] A adoção dessa classificação por Alfredo Buzaid, muito possivelmente, tenha sido fruto de seu contato com a obra e pensamento de Enrico Tullio Liebman. Sobre a classificação dos fatos em Liebman, ver: LIEBMAN, op. cit., p. 216-217.

[367] CHIOVENDA, *Instituições...*, p. 7-8.

[368] LIEBMAN, op. cit., p. 217.

[369] MARINONI; ARENHART, op. cit., p. 90.

[370] LIEBMAN, op. cit., p. 217.

[371] CHIOVENDA, *Instituições...*, p. 8-9.

como exemplos de fatos impeditivos a incapacidade, a violência, o dolo, o erro, a simulação, a ilicitude, a má-fé.

Os fatos modificativos de direito "são aqueles que pressupõem válida a constituição do direito, mas tendem a alterá-lo".[372] Em outras palavras, são aqueles que, "sem negar o direito, alteram-lhe a eficácia".[373]

Os fatos extintivos de direito são aqueles que fazem cessar a relação jurídica ou o direito subjetivo.[374] Dito de outra forma, são extintivos os fatos "que fazem cessar uma vontade concreta de lei e a conseqüente expectativa de um bem".[375]

Como se observa, não há grande dificuldade para distinguir entre fatos constitutivos e fatos modificativos ou extintivos. A grande problemática reside na distinção entre fatos constitutivos e impeditivos tendo em vista que inexistem critérios lógico-formais aptos para alcançar este objetivo, sendo a aludida distinção efetuada com base em critérios empíricos.[376]

2.4.2.3. Fatos supervenientes

Questão relevante no que tange aos fatos como elementos identificadores da demanda diz com a possibilidade de serem invocados fatos supervenientes no curso do processo sem que isso signifique alteração da causa.

Ensina Pontes de Miranda que durante o curso do processo, nem se muda o pedido, nem a causa de pedir, entretanto, "isso não obsta a que se inclua, explicita ou implicitamente, a *causa superveniens*".[377] Ilustra a hipótese através do exemplo de alguém que postula a reparação de danos quando, na época da propositura da demanda, nem eles todos haviam sido consumados o que somente vem a ocorrer no seu curso. Conclui que "a afirmação do fato, como presente, vale para o fato em curso, ou para o fato continuativo, ou para as reiterações do mesmo fato".[378]

Discorrendo sobre o tema, assenta Chiovenda que a impossibilidade de a alteração da demanda não afetará o direto da parte de se valer de uma causa superveniente desde que seja a mesma causa

---

[372] MARINONI; ARENHART op. cit., p. 90.

[373] ASSIS, *Cumulação...*, p. 208.

[374] Idem, Ibidem.

[375] CHIOVENDA, *Instituições...*, p. 8.

[376] MARINONI; ARENHART, op. cit., p. 91.

[377] MIRANDA, *Comentários...*, t. 4, p. 16.

[378] Idem, p. 16-17.

afirmada a princípio como existente; pois, uma coisa é a afirmação de uma causa de pedir, outra é a sua subsistência efetiva.[379]

José Rogério Cruz e Tucci, partindo da premissa que o processo é um fenômeno jurídico dinâmico que se desenvolve ao longo de um lapso de tempo, afirma que a realidade fática levada pelos litigantes à cognição judicial no início da demanda pode sofrer alteração significativa que, inclusive, pode repercutir no resultado da controvérsia.[380] Entretanto, não será qualquer alteração de fato que poderá repercutir na demanda em curso, mas somente a *causa superveniens* que guardar íntima relação com a causa de pedir original, de modo que ou a constitua, ou a modifique, ou a extinga.[381] Do contrário, será vedado o conhecimento do fato superveniente.

Milton Paulo de Carvalho define fato superveniente como "aquele que, ocorrendo posteriormente à propositura da demanda, cria, modifica ou extingue o fundamento jurídico do pedido".[382] Acrescenta, ainda que para que o fato jurídico seja considerado superveniente é imprescindível que ele entre em contato com o fato inicialmente apontado ocasionando a criação, modificação ou extinção do direito, caso contrário, estar-se-á diante de pedido novo, caracterizando-se demanda diversa da inicialmente proposta.[383]

Esse entendimento encontra amparo no artigo 462 do Código de Processo Civil, que estabelece que "se, depois da propositura da ação, algum fato constitutivo, modificativo ou extintivo do direito influir no julgamento da lide, caberá ao juiz tomá-lo em consideração, de ofício ou a requerimento da parte, no momento de proferir a sentença".

Destaca-se do preceito normativo que o ordenamento processual pátrio, além de oportunizar que as partes agreguem fatos supervenientes à causa, faculta ao próprio magistrado conhecer deles na sentença sem que as partes os aleguem expressamente. Contudo, o aludido diploma deve ser interpretado de modo sistemático para não ferir os princípios do contraditório e dispositivo. Essa interpretação passa pela necessidade de que o fato tenha sido apresentado e controvertido no curso do processo, de tal modo que não poderá o juiz utilizar como fundamento da sentença um fato, ainda que superveniente, que não tenha passado pelo crivo do contraditório processual.

---

[379] CHIOVENDA, *Instituições...*, p. 359-360.

[380] TUCCI, *A causa petendi...*, p. 176.

[381] Idem, p. 176-177.

[382] CARVALHO, Milton Paulo de. Op. cit., p. 157.

[383] Idem, p. 158.

2.5. CLASSIFICAÇÃO DA CAUSA DE PEDIR

Apresentados os elementos que compõem a causa de pedir, é imperioso identificar a classificação adotada pela doutrina e jurisprudência atinente ao instituto em apreço.

A primeira e mais abrangente classificação da causa pedir é aquela que a divide em causa de pedir próxima e causa de pedir remota, levando em conta os elementos da causa que compõem cada classe.

Outra classificação empregada pela doutrina é a que diferencia a causa de pedir ativa da causa de pedir passiva. Neste ponto, far-se-á uma necessária distinção a respeito da causa de pedir passiva e o instituto conhecido como *causa excipiendi*.

2.5.1. Da classificação da causa de pedir segundo os elementos que a compõem (da causa de pedir próxima e da causa de pedir remota)

Como já anunciado anteriormente, a principal classificação que emerge do estudo da causa de pedir diz com os elementos que a compõem. Partindo da dissociação dos seus elementos, classifica-se a *causa petendi* em causa de pedir remota e causa de pedir próxima.

Ensina Araken de Assis que se designa causa de pedir remota aos fatos jurídicos e causa de pedir próximo à sua repercussão jurídica (fundamentos jurídicos).[384]

Deste modo, a causa de pedir próxima corresponde aos fundamentos jurídicos empregados pelo autor na demanda que sirvam para justificar seu pedido.

Por fundamento jurídico se entende a atribuição aos fatos da vida de determinada conseqüência estabelecida no ordenamento, ou seja, é a qualificação jurídica dos fatos.[385]

Sendo o fundamento da causa a qualificação jurídica dos fatos, conclui-se que as causas de pedir próxima e remota estão intimamente ligadas, embora estudadas separadamente, tendo em vista que uma dependerá da outra. Isso se deve em razão de que os fatos narrados (causa de pedir remota) servirão, necessariamente, de suporte para a qualificação jurídica apresentada. Vale dizer que, mesmo se for apresentada fundamentação jurídica relevante para um determinado pedido, apresentando-se os fatos que amparam a

[384] ASSIS, *Cumulação...*, p. 149.
[385] BEDAQUE, op. cit., p. 32-33.

pretensão desconexos com a fundamentação, estará inadequada a causa de pedir próxima, e, via de conseqüência, incompleta a causa de pedir como um todo o que leva à inépcia da inicial.

Conforme esboçado linhas atrás, a causa de pedir além de ter uma dimensão próxima, possui, também. o que se chama causa de pedir remota, cujos elementos constituidores são os fatos jurídicos. Assente que são os fatos que determinam o conteúdo da causa de pedir remota, a analise do instituto decorre da observância e identificação de quais os elementos de fato que o integrarão e como se dá esta interação.

José Ignácio Botelho de Mesquita entende que a causa de pedir (que chama de *causa agendi*) remota consiste "no complexo de fatos constitutivos do direito afirmado pelo autor".[386]

Quanto ao modo como a causa de pedir remota pode se apresentar, entende a doutrina que pode ser simples, composta ou complexa. Esta classificação leva em conta a composição da causa de pedir de acordo com o número de fatos que a integram.

A esse respeito, afirma Sérgio Gilberto Porto que a causa de pedir simples é formada por um único fato, enquanto a causa de pedir composta é formada pela soma de diversos fatos.[387]

Acrescenta José Rogério Cruz e Tucci que, enquanto a causa de pedir simples se identifica com a existência de um único fato jurídico integrando o seu conteúdo e a causa de pedir composta é integrada por uma pluralidade de fatos individualizadores de uma única pretensão, a causa de pedir complexa ocorre quando, "da a variedade de fatos justapostos, forem individuadas várias pretensões".[388]

De tal forma, é correto afirmar que: a causa de pedir simples é integrada por um único fato simples; a causa de pedir composta é aquela em que sua dimensão remota decorre da afirmação diversos fatos jurídicos simples e a causa de pedir complexa é fruto de um fato jurídico complexo que, por sua vez, é formado por diversos eventos (fatos) que, analisandos conjuntamente levam a um efeito jurídico pretendido.

Tal classificação tem sido reconhecida pela jurisprudência do Superior Tribunal de Justiça o que demonstra sua relevância prática. Tanto assim, que Luiz Fux, na condição de Ministro do Superior Tri-

---

[386] MESQUITA, Conteúdo..., p. 48.
[387] PORTO, op. cit., p. 37.
[388] TUCCI, *A causa petendi...*, p. 156.

bunal de Justiça, ao relatar o Recurso Especial n° 746.056/RS,[389] distribuído para a quarta turma daquela Corte, assentou em seu voto que "A *causa petendi*, por seu turno, pode ser composta de apenas um fato ou de vários fatos". E foi além o Ministro em suas considerações. Analisando a existência de multiplicidade de fatos em uma mesma de demanda e correlacionando esta circunstância com os pedidos que deles pode advir, Luiz Fux analisou a pluralidade de causas de pedir. Partindo da premissa de que "da mesma forma como um só fato pode dar ensejo a vários pedidos e vários fatos podem dar ensejo à mesma ação", concluiu que "havendo diversos fatos que dão origem a uma anulação, como o dolo, o erro e a simulação, haverá tantas ações correspondentes quantos sejam os fatos que lhes dão origem. Trata-se de pluralidade de *causae petendi*".

Deste modo, deve se atentar para a diferença entre pluralidade de fatos (fato complexo) em uma mesma causa de pedir, que forma uma causa de pedir composta, e a pluralidade de causas de pedir simples em uma mesma ação. Ou seja, somente haverá uma causa de pedir composta quando vários fatos forem necessários para, em conjunto, configurarem uma única pretensão postulada no pedido; diferentemente, quando existirem diversos fatos e cada um deles for suficiente para amparar um ou vários pedidos se estará diante de múltiplas causas de pedir simples.

2.5.2. Da causa de pedir ativa e da causa de pedir passiva

Esta modalidade classificatória, adotada apenas por parcela da doutrina, leva em conta o interesse processual veiculado pelo autor na demanda. Este interesse se desenvolve na causa de pedir e pode ser representado pela afirmação de um direito ou a um estado de fato contrário ao direito.[390]

A causa de pedir ativa corresponde ao fato ou complexo de fatos necessários e suficientes para dar fundamento à pretensão do autor.[391]

Em outras palavras, a causa de pedir ativa identifica-se com o fato jurídico constitutivo do direito afirmado a ser apreciado pelo juiz.[392]

---

[389] REsp 746.056/RS; Rel. Ministro Luiz Fux; Primeira Turma; julgado em 19.09.2006; Fonte: Diário da Justiça da União de 02.10.2006, p. 229.

[390] VIDIGAL, Luis Eulálio de Bueno. *Direito processual civil*. São Paulo: Saraiva, 1965, p. 300.

[391] Idem, ibidem.

[392] GIANNOZZI, op. cit., p. 74.

Por outro lado, a causa de pedir passiva é o estado de fato contrário ao direito que se pretende fazer valer.[393]

A *causa petendi* passiva, desse modo, é fruto da violação ou do estado de incerteza sobre o qual versa um direito e do qual se invoca a tutela, ou seja, do interesse que o autor tem para pedir a intervenção do juiz.[394]

Portanto, é na causa de pedir passiva que se fazem presentes os elementos de fato que determinam o interesse de agir do autor.[395]

A *causa petendi* passiva se apresenta "sempre que se façam valer em juízo relações de direito real ou obrigacional tendo por conteúdo uma prestação negativa ou quando a ação seja meramente declaratória".[396]

A causa de pedir passiva é composta, por exemplo: na ação condenatória, pelos fatos que caracterizam o inadimplemento do devedor; na ação constitutiva que tenha por objeto a anulação de uma relação jurídica, é a invocação da espécie do vício que afeta o negócio jurídico; na ação meramente declaratória, é a circunstância objetiva e concreta que ocasiona a incerteza a respeito do direito.[397]

Afirma Giancarlo Giannozzi que a causa de pedir passiva (que é o fato constitutivo do interesse de agir) deduzida em juízo não é elemento indispensável para a identificação do objeto do processo e, portanto, pode variar sem que isso signifique modificação da demanda, desde que a sua modificação não afete o fato constitutivo que caracteriza a relação jurídica controvertida na demanda, nem afete o pedido formulado.[398]

Do ponto de vista terminológico, mister dissociar o conceito de causa de pedir passiva do que a doutrina chama de *causa excipiendi*.

Segundo Carlos Silveira Noronha,[399] a *causa excipiendi* é concentrada no âmbito do fato contrário do réu, ou seja, no contexto do inadimplemento do direito do autor. Ou, em outras palavras, a *causa excipiendi* é o elemento em que se embasa a defesa do réu, eis que esta se coloca no contexto do processo como antítese do direito e dos fatos afirmados pelo autor.

---

[393] VIDIGAL, op. cit., p. 301

[394] GIANNOZZI, op. cit., p. 72.

[395] MONTESANO; ARIETA, op. cit., p. 179.

[396] MESQUITA, A 'causa petendi'..., p. 172

[397] GIANNOZZI, op. cit., p. 72-73.

[398] Idem, p. 79.

[399] NORONHA, A causa de pedir..., p. 28.

Confundindo os conceitos de causa de pedir passiva e *causa excipiendi*, Carlos Silveira Noronha afirma que a causa passiva próxima é constituída pelo fundamento da contrariedade oposta pelo réu formado pelo amplo direito de defesa que a ordem jurídica confere a quem tem seus direitos questionados em juízo[400] e a causa de pedir passiva remota "é formada pelo fato desconstitutivo do direito do autor, ou pelo fato ou estado de fato contrário ao direito, ou resultante de evento da natureza, pelo réu afirmado".[401]

Identificada a possibilidade de confusão entre os conceitos, deve ficar claro que a *causa excipiendi* não corresponde ao que parte da doutrina convencionou chamar de causa de pedir passiva. A causa de pedir passiva está ligada às circunstâncias que caracterizam o interesse de agir do demandante, enquanto a *causa excipiendi* está relacionada com os fatos e fundamentos apresentados pelo réu em contestação ao direito afirmado do autor.

Esse equívoco, possivelmente, decorre da sugestão do termo "passiva" ligado à causa de pedir pode levar a concluir, apressadamente, que o critério distintivo da causa de pedir ativa seja o sujeito processual que a deduz. Entretanto, como já dito não se trata disso.

Há que se esclarecer, ainda, que a *causa excipiendi* não serve para identificar a demanda, não figurando, portanto, como elemento identificador da demanda. A finalidade da *causa excipiendi* está relacionada com a fixação dos pontos controvertidos e com a estabilização da demanda e não com a sua identificação, que é decorrente da *causa petendi*.

Por fim, tendo em vista que a causa de pedir passiva (1) se correlaciona com a descrição do interesse de agir do autor, (2) não serve como elemento identificador da demanda e (3) sua compreensão, por vezes, ocasiona confusão com o instituto da *causa excipiendi*, têm-se que a presente classificação, tal como, terminologicamente empregada, não atende de modo satisfatório ao direito, antes pelo contrário, cria mais embaraços do que soluções.

Ora, ao que parece, a distinção entre os fenômenos processuais descritos seria muito mais clara se fosse tomada simplesmente como causa de pedir (correspondente ao que se chamou de causa de pedir ativa), os fatos que configuram o interesse de agir (correspondente ao que se chamou de causa de pedir passiva) e *causa excipiendi*.

---

[400] NORONHA, A causa de pedir..., p. 28.
[401] Idem, Ibidem.

2.6. DA IMPERIOSIDADE DA CAUSA DE PEDIR

Disciplina Luiz Guilherme Marinoni que é na petição inicial que o autor apresenta uma causa (razões fáticas e jurídicas) que deve justificar o pedido que é dirigido ao órgão jurisdicional. Em outras palavras, deve o autor afirmar um fato e apresentar o seu nexo com um efeito jurídico pretendido.[402]

No mesmo sentido, José Roberto dos Santos Bedaque afirma que "a causa de pedir é elemento essencial da ação, pois revela a conexão entre o provimento jurisdicional pleiteado pelo autor e a pretensão por ele formulada", sendo o provimento emitido em razão de uma situação jurídica material.[403]

Arruda Alvim ensina que os fatos contidos na inicial, qualificados como *causa petendi*, constituem efetivamente o fundamento jurídico da demanda e que o autor deve demonstrar que eles levem necessariamente à conclusão ou conclusões pedidas, "isto é, à relação de causa e efeito (no plano lógico e volitivo do autor) entre os fatos jurídicos e o pedido, ou seja, os fatos e suas conseqüências".[404]

No que tange à imperiosidade da descrição da causa de pedir como um dos requisitos para a tutela processual, a ordem jurídica cuidou de impor a inépcia da inicial como conseqüência de seu não-atendimento. Estabelece o parágrafo único do artigo 295 do Código de Processo Civil que se considera inepta a petição inicial quando, dentre outras causas, (I) lhe faltar pedido ou casa de pedir e (II) da narração dos fatos não decorrer logicamente a conclusão. Como se observa do preceito normativo, não apenas a inexistência da descrição da causa de pedir na exordial acarreta a sua inépcia, mas a ausência de correlação entre a causa de pedir e o pedido (=conclusão), também conduz o processo ao mesmo destino.

Na seara jurisprudencial, Araken de Assis teve oportunidade de analisar a questão em concreto no julgamento da Apelação Cível nº 597183540, no exercício da relatoria perante a Quarta Câmara Cível do Tribunal de Justiça do Rio Grande do Sul, em 18/03/1998. Na oportunidade, assentou que "a falta de congruência entre o fato narrado e o efeito pretendido provoca a inépcia da inicial".[405]

---

[402] MARINONI; ARENHART, op. cit., p. 90.

[403] BEDAQUE, op. cit., p. 29.

[404] ALVIM, op. cit., p. 429-430.

[405] Apelação Cível nº 597183540; Quarta Câmara Cível; Tribunal de Justiça do Rio Grande do Sul, Relator Des. Araken de Assis, Julgado em 18/03/1998.

Em face dessa exposição, não resta dúvida de que a ausência da causa pedir, ou a falta de correlação entre a causa de pedir apresentada e o pedido formulado levam à inépcia da petição inicial, o que obstaculiza a resolução do mérito da causa proposta, conforme a dicção do inciso I do artigo 267 do Código de Processo Civil.

No entanto, a jurisprudência tem enfrentado problemas em definir acerca da possibilidade de sanação do vício decorrente da má formação da causa de pedir na exordial e em que tempo esta medida poderá ser tomada.

Valendo-se da interpretação do artigo 284 do Código de Processo Civil e do princípio da economia processual, o Superior Tribunal de Justiça tem entendido ser inadmissível o indeferimento da inicial, ainda que se trate de sua inépcia, sem que seja oportunizado prazo para o autor corrigir a petição.[406] Entende a corte que a ausência ou o defeito em um dos requisitos essenciais à petição inicial, não acarreta, desde logo, a extinção do processo, mas, sim, a determinação de que o demandante emende, ou a complete, no prazo de 10 dias, sob pena de indeferimento da peça vestibular (artigo 284, parágrafo único, do Código de Processo Civil).[407] No mesmo sentido, é a orientação do Tribunal de Justiça do Rio Grande do Sul.[408]

Em sede doutrinária, Nelson Nery e Rosa Maria de Andrade Nery reconhecem a emenda da petição inicial como um direito subjetivo do autor. Ensinam os processualista que "sendo possível a emenda da inicial, o juiz deve propiciá-la ao autor, sendo-lhe vedado indeferir, desde logo, a petição inicia" e acrescentam que a emenda da petição inicial é direito subjetivo do autor, constituindo cerceamento desse direito o indeferimento liminar da petição inicial, sem dar-se oportunidade ao autor para emendá-la.[409] Em outras palavras, afirma Rodrigo Otávio Barioni que a concessão de prazo

---

[406] Neste sentido: REsp 208.898/SP, Rel. Ministro Jorge Scartezzini, Quarta Turma, julgado em 17.08.2006, Fonte: Diário da Justiça da União de 11.09.2006, p. 285; REsp 795.480/SP, Rel. Ministro Castro Meira, Segunda Turma, julgado em 04.04.2006, Fonte: Diário da Justiça da União de 18.04.2006, p. 195.

[407] REsp 480.614/RJ, Primeira Turma, Rel. Min. José Delgado, Fonte: Diário da Justiça da União de 09.02.2004; REsp 790.122/RS, Rel. Ministro Castro Meira, Segunda Turma, julgado em 15.12.2005, Fonte: Diário da Justiça da União de 20.02.2006, p. 318.

[408] Neste sentido: Apelação Cível nº 70015747330, Décima Sétima Câmara Cível, Tribunal de Justiça do Rio Grande do Sul, Relator Des. Marco Aurélio dos Santos Caminha, Julgado em 10/08/2006; Apelação Cível nº 70014925077, Quinta Câmara Cível, Tribunal de Justiça do Rio Grande do Sul, Relator Des. Leo Lima, Julgado em 26/07/2006; Apelação Cível nº 70010722841, Terceira Câmara Cível, Tribunal de Justiça do Rio Grande do Sul, Relator Des. Paulo de Tarso Vieira Sanseverino, Julgado em 27/04/2006; Reexame Necessário nº 70003099389, Quarta Câmara Cível, Tribunal de Justiça do Rio Grande do Sul, Relator Des. Araken de Assis, Julgado em 08/05/2002.

[409] NERY JUNIOR; NERY, op. cit., p. 673.

para a regularização da inicial não é mera faculdade do juiz, mas direito subjetivo do autor, a ser obrigatoriamente observado pelo magistrado.[410]

Entretanto, existe outra situação em que a possibilidade de emenda causa controvérsia. Os tribunais têm se deparado com situações em que a inépcia da inicial somente vem a ser suscitada após a citação do réu e do oferecimento de contestação. Nestes casos, a análise da possibilidade de acertamento da inicial se mostra complexa em face de impossibilidade de o autor modificar a demanda após a citação do réu (artigo 264 do Código de Processo Civil) em contraposição à ausência de abertura de prazo pelo juiz para a emenda da inicial pelo autor.

O Superior Tribunal de Justiça tem dado orientação divergente em seus julgados. Parcela dos julgados dessa Corte tem firmado entendido que é inadmissível a emenda da inicial após a contestação, hipótese em que o juiz deve julgar extinto o processo sem julgamento de mérito, nos termos do artigo 295, inciso I, em combinação com o artigo 267, inciso I, ambos do Código de Processo Civil.[411]

Outra posição jurisprudencial se desenvolve no sentido de permitir a emenda da petição inicial após o oferecimento de contestação pelo réu. No entanto, a emenda somente será admitida se não acarretar alteração do pedido ou da causa originariamente formulados. A fundamentação do entendimento exposto é orientada pelos princípios da instrumentalidade, da efetividade e da economia processual.[412]

A solução apresentada que melhor se coaduna com o sistema processual brasileiro é a que possibilita a emenda após a contestação, pois apresenta solução integrativa entre a inalterabilidade da demanda e o artigo 284 do Código de Processo Civil. Deste modo, verificada a inépcia da inicial somente após a contestação, ao autor deve ser possibilitada realização da emenda para que sane o defeito da exordial, sem, poder, contudo, alterar os limites inicialmente impostos à demanda. Outro ponto que merece destaque diz com a

---

[410] BARONI, Rodrigo Otávio. A emenda da petição inicial após a citação do réu. *Revista de Processo*, v. 30, n. 121, São Paulo: Revista dos Tribunais, mar – 2005, p. 67.

[411] Nesse sentido: REsp 650.936/RJ, Segunda Turma, Rel. Min. Eliana Calmon, Fonte: Diário da Justiça da União de 10.5.2006; REsp 540.332/RS, Quarta Turma, Rel. Min. Barros Monteiro, Fonte: Diário da Justiça da União de 03.10.2005; AgRg no Ag 289.840/SP, Terceira Turma, Rel. Min. Nancy Andrighi, Fonte: Diário da Justiça da União de 09.10.2000; REsp 198.052/RS, Terceira Turma, Rel. Min. Carlos Alberto Menezes Direito, Fonte: Diário da Justiça da União de 29.6.1999.

[412] Na aplicação desses princípios no caso em exame, ver: REsp 425.140/SC, Rel. Ministro Arnaldo Esteves Lima, Quinta Turma, julgado em 17.08.2006, Fonte: Diário da Justiça da União de 25.09.2006, p. 295.

necessidade de intimação do réu para que conheça da emenda apresentada de maneira a oportunizar o pleno contraditório e a ampla defesa.[413]

Em sede doutrinária, Rodrigo Baroni compartilha do entendimento de que é possível emendar a petição inicial depois da citação. Adverte o jurista que a possibilidade de determinar a emenda da petição inicial dependerá dos elementos a serem corrigidos, sendo vedada a alteração dos elementos da ação após a citação do demandado e devendo ser assegurada à plena preservação do direito de defesa do réu.[414]

Outro argumento que milita em favor do acerto da orientação jurisprudencial que autoriza a emenda da inicial é o de que o juiz possui o dever de controlar a regularidade do feito. Esta medida, que incumbe ao magistrado tomar, deve, preferencialmente, ser exercida antes da citação do réu. Entretanto, realizado um juízo de regularidade da inicial e determinando a citação (O artigo 285, primeira parte, do Código de Processo Civil, estabelece que "estando em termos a petição inicial, o juiz despachará, ordenando a citação do réu, para responder"), o magistrado não pode julgar inepta a inicial sem que seja oportunizado o direito à parte de sanar o vício verificado. Ou seja, não pode ser admitido no sistema processual que o magistrado retire um direito da parte (estampado no parágrafo único do artigo 284 do Código de Processo Civil) em face de um mau juízo seu a respeito da regularidade da inicial. É, exatamente, para possibilitar que o juiz tenha condições de reapreciar sua avaliação acerca da inicial proposta, sem infringir direito das partes, e atendendo aos princípios informadores do moderno processo civil, que se deve oportunizar ao autor à emenda da inicial tendente a evitar sua inépcia.

Embora se reconheça que a sanação da inépcia pela emenda da inicial após o oferecimento da contestação se mostra medida adequada, acredita-se, também, na prática, tendo em conta que a inalterabilidade da demanda é um de seus requisitos, mostra-se bastante difícil de alcançar o resultado pretendido.

Ainda que os termos "emendar" (que significa corrigir erro ou defeito) e "mudar" (que importa a substituição do inicialmente formulado por outro) possuam significados distintos e incompatíveis,[415]

---

[413] REsp 837.449/MG, Rel. Ministra Denise Arruda, Primeira Turma, julgado em 08.08.2006, Fonte: Diário da Justiça da União de 31.08.2006, p. 266.

[414] BARONI, op. cit., p. 67.

[415] PASSOS, *Comentários...*, p. 211.

na prática, a emenda à inicial que tende corrigir a sua inépcia normalmente afetará um dos elementos constituidores da demanda.

Isso se deve ao fato de que se considera inepta a petição inicial quando (I) lhe faltar pedido ou causa de pedir; (II) da narração dos fatos não decorrer logicamente a conclusão; (III) o pedido for juridicamente impossível; (IV) contiver pedidos incompatíveis entre si (incisos do parágrafo único do artigo 295 do Código de Processo Civil). Tendo em vista que os incisos III e IV do mencionado diploma legal dizerem exclusivamente com questões atinentes ao pedido, e pretendendo limitar a explanação ao tema central do trabalho, adverte-se que somente serão abordados os incisos I e II.

O inciso I do parágrafo único do artigo 295 do Código de Processo Civil traz a situação em que o autor deixa de indicar na exordial ou o pedido ou a causa de pedir. Quanto ao pedido é difícil imaginar a sua total ou absoluta ausência em uma inicial, dada a própria natureza inerte da atividade jurisdicional e da informação do sistema processual pelo princípio da demanda. De regra, portanto, somente vai a juízo quem pretende algo, sendo esta pretensão consubstanciada no pedido. Embora mais conjectural do que prática, a hipótese da exordial sem pedido conduz inexoravelmente à inépcia da inicial, caso o juiz (frisa-se: o que seria um verdadeiro absurdo, e mesmo em face disso muitíssimo improvável que ocorra) não perceba a ausência de pleito formulado e realize a citação do réu. Entretanto, o que se vê costumeiramente na atividade forense é a formulação incompleta ou deficiente do pedido. Em razão da incompletude ou deficiência do pedido, deve o magistrado, prioritariamente antes da citação do demandado, determinar a emenda da inicial para sanar o defeito. A correção ou o complemento do pedido formulado da inicial, via emenda, seja antes ou depois da contestação não causa maiores problemas tendo em vista que os contornos do pedido devem ser delimitados pelos fatos e fundamentos apontados na própria inicial.

Aliás, mesmo levando em conta que, segundo o artigo 293 do Código de Processo Civil os pedidos serão interpretados restritivamente,[416] salvo exceções expressamente previstas em lei,[417] a juris-

---

[416] "Se denomina restrictiva a la interpretación que, precisamente, restringe, circunscribe, el significado *prima facie* de una disposición, de forma que excluye de su campo de aplicación algunos supuestos de hecho que, según la interpretación literal, se incluirían en el". (GUASTINI, Riccardo. *Distinguiendo: estúdios de teoría y metateoría del derecho*. Barcelona/Espanha: Gedisa editorial, 1999, p. 223/224).

[417] Neste ponto, merece colação a atenta análise de Carlos Alberto Álvaro de Oliveira acerca da limitação da atividade jurisdicional como reflexo do formalismo jurídico, *in verbis*: "Quando se pensa no formalismo processual em relação ao órgão judicial, logo assume papel relevante a questão do poder de que investido para dispor, mais ou menos livremente, sobre o direito

prudência tem trilhado caminho diverso. O Superior Tribunal de Justiça, garantidor constitucional da lei ordinária, tem, reiteradamente, interpretado o pedido formulado pelas partes processuais de modo lógico-sistemático.[418] Ou seja, tal interpretação toma o pedido como "aquilo que se pretende com a instauração da demanda" e deve ser extraído a partir da coleta de todos os requerimentos feitos no corpo da inicial e "não só aqueles constantes em capítulo especial ou sob a rubrica 'dos pedidos'".[419] Ressalva-se que, para a adoção desta linha interpretativa, mister inexista prejuízo à defesa do réu.[420] De tal sorte, é mais do que evidente que se o juiz, quando da interpretação do pedido com vista a proferir sentença, pode interpretar o pedido lógico-sistematicamente, é mais do que razoável que desde logo, ainda que depois da contestação, se oportunize ao autor que delimite, via emenda, de modo adequado e claro o seu pedido. Salienta-se que, em verdade, a correção do pedido de modo a deixá-lo mais claro favorece o exercício da defesa do demandado que não terá que se opor a um pleito cuja ilação somente se depreende de interpretação lógico-sistemática, portadora, no mais das vezes, de algum grau de subjetividade.

Ademais, à luz dos princípios da economia processual, efetividade do processo, e, mesmo, da cooperação entres os sujeitos processuais, a correção do pedido é medida que atende aos interesses de todos os envolvidos no processo, sem desfavorecer ou causar prejuízo a qualquer um deles, ainda mais se considerarmos que o indeferimento da inicial ocasionado na espécie implica em julgamento sem exame do mérito o que autoriza ao autor promover nova demanda.

Relembra-se que, realizada a emenda a inicial após a citação do réu, o juiz, necessariamente deverá dar vista da manifestação do autor à parte adversa. Deste modo, assegura-se, além da ampla defesa e do contraditório, um controle acerca de eventual inovação do pedido, em atenção ao princípio da inalterabilidade da demanda.

da parte. Em tais aspectos, examinados a seguir, ressalta com força uma das mais importantes manifestações do formalismo processual, a clara tensão entre o direito processual e o direito material, porquanto corre este o risco de soçobrar em virtude de considerações puramente formais"(OLIVEIRA, Carlos Alberto Avaro de, op. cit., p. 141).

[418] "O pedido, expresso na inicial ou extraído de seus termos por interpretação lógico–sistemática, limita o âmbito da sentença" (REsp 267243 / SP; Rel: Ministro Sálvio de Figueiredo Teixeira; Quarta Turma; data do julgamento: 20/03/2001; Fonte: Diário da Justiça da União de 28.05.2001, p. 202, RSTJ, v. 146, p. 404).

[419] REsp 120299/ES; Rel.: Ministro Sálvio de Figueiredo Teixeira; Quarta Turma; data do julgamento: 25/06/1998; Fonte: Diário da Justiça da União de 21.09.1998, p. 173.

[420] REsp. 284.480/RJ; Rel.: Ministro Sálvio de Figueiredo Teixeira; Quarta Turma; data do julgamento: 12.12.2000; Fonte: Diário da Justiça da União de 02.04.2001, p. 301.

Se, de um lado a ausência de formulação de pedido seja hipótese remota e a correção de pedido formulado de modo incompleto se mostra adequada; de outro lado, a inexistência da causa de pedir na exordial (segunda parte do inciso I, do parágrafo único, do artigo 295 do Código de Processo Civil), ou a ausência de correlação entre a causa de pedir e o pedido (inciso II, do parágrafo único, do artigo 295 do Código de Processo Civil) são questões de muito maior complexidade.

A aferição acerca da inexistência da causa de pedir depende da correta compreensão dos elementos que a constituem. Isso se deve ao fato de que, deixando o autor de formular a causa de pedir com todos os seus elementos, em verdade, se estará diante de inexistência de causa de pedir. Daí, para que a petição inicial não seja considerada inepta, sob o fundamento da segunda parte do inciso I do parágrafo único do artigo 295 do Código de Processo Civil, deverá o demandante narrar necessariamente os fatos e os fundamentos jurídicos do pedido.

Entretanto, a controvérsia a esse respeito não se cinge, simplesmente, à afirmação de que devem estar presentes tanto os fatos quanto os fundamentos jurídicos. Antes pelo contrário, esta constatação é apenas o ponto de partida para o complexo desenvolvimento da problemática em apreço.

No que diz respeito aos elementos que compõem a causa de pedir, existem questões pontuais a serem solvidas.

Em primeiro lugar, há que se esclarecer que os fundamentos jurídicos, exigidos para a caracterização da causa de pedir, não se confundem com a fundamentação normativa invocada pelo autor, pois a identificação da norma a ser aplicada no caso concreto é ônus do julgador da causa segundo o consagrado princípio do *iura novit curia*. Outra questão que não influi a respeito da causa de pedir é o *nomen juris* dado à demanda.

Em segundo lugar, deve se ter claro que não são todos os fatos narrados no processo que compõe a causa de pedir. Somente integram a *causa petendi* os fatos jurídicos. Ademais, também não faz parte da causa de pedir os fatos secundários, mas somente os essenciais à demanda (ver item 2.4.2.1).

Em terceiro lugar, tanto os fatos quanto os fundamentos jurídicos do pedido devem ser narrados de modo claro e completo. De tal sorte, somente não se considerará inepta a inicial quando da descrição dos fatos e fundamentos componentes da causa de pedir possa conduzir a demonstração do direito alegado e pretendido.

A Causa de Pedir no Direito Processual Civil

Em quarto lugar, não pode pairar dúvidas a respeito da necessidade de, no ordenamento jurídico brasileiro, serem descritos tanto os fatos, quanto os fundamentos do pedido independentemente da natureza que o direito detenha. Assim, será irrelevante para a completa descrição da causa de pedir se o objeto da demanda se trata de direito absoluto ou relativo, real ou pessoal.

Por fim, em quinto lugar, deve existir relação de causa e efeito entre os fatos e os fundamentos componentes da *causa petendi*. Leciona Cândido Rangel Dinamarco que é "indispensável que toda a argumentação lógico-jurídica se desenvolva a partir de uma premissa maior e saiba chegar às conclusões propostas mediante a afirmação das peculiaridades concretas compatíveis entre elas".[421] Havendo inconsistência entre os seus elementos, a causa de pedir não se apresentará completa acarretando a inépcia da inicial por afronta ao inciso I do parágrafo único do artigo 295 do Código de Processo Civil.

Contudo, conforme dito anteriormente, não é apenas a inexistência da causa de pedir que culmina com a inépcia da petição inicial. Também acarretará a inépcia a ausência de correlação entre a causa de pedir e o pedido.

Ensina Pontes de Miranda que, por ser a causa de pedir a razão, na dimensão do Direito, em que se fundamenta o pedido (por ocorrido o suporte fático e nele ter incidido a regra), se a conclusão a que chega o demandante no pedido não corresponde logicamente à causa de pedir descrita, não há coerência na petição o que conduz à sua inépcia.[422]

2.7. DA MODIFICABILIDADE DOS ELEMENTOS DA CAUSA DE PEDIR

A demanda é submetida a fenômenos dinâmicos que se desenvolvem no curso do processo através do exercício de poder ou faculdade das partes de definição e de modificação, a respeito das quais o juiz não detém posição alheia (tendo em vista que são possíveis solicitações de impulso judiciário direito no sentido de adequar, da melhor e mais precisa maneira, a individualização da situação substancial deduzida), enquanto não precluso este direito segundo estabelece a lei processual.[423]

---

[421] DINAMARCO, *Fundamentos...*, t . 2, p. 933.

[422] MIRANDA, *Comentários...*, t. 4, p. 96.

[423] MONTESANO; ARIETA, op. cit., p. 172.

A possibilidade de alterar ou inserir uma nova causa de pedir no curso da demanda (o mesmo poderia se dizer do pedido) se trata de circunstância que determina a rigidez ou flexibilidade do sistema processual como um todo.

Isso se deve ao fato de que, admitindo-se a modificação de um dos elementos da demanda em curso, o procedimento deverá ter mecanismos de adaptação flexíveis para absorver essa alteração de rota da causa sem que haja ruptura dos demais princípios e normas do sistema processual.

Teleologicamente, a questão que envolve a modificabilidade da demanda gira em torno da aparente antinomia entre a efetiva tutela jurisdicional pretendida pela parte e a asseguração do direito ao pleno contraditório a ser desenvolvido por ambas as partes. Em outras palavras, enquanto a alterabilidade da causa de pedir vai ao encontro da adequação do processo ao direito efetivamente, e não apenas formalmente, postulado pela parte; a inalterabilidade da causa de pedir decorre do direito que tem o réu de não ser surpreendido pela modificação da causa, sob pena de ocorrer prejuízo ao contraditório e cerceamento de defesa.[424]

Outro ponto significativo para a solução da questão diz com os efeitos práticos da adoção de um sistema pautado pela modificabilidade da causa de pedir (sistema flexível) ou pela imodificabilidade da causa de pedir (sistema rígido). Isso se deve ao fato de que, na prática, a adoção de sistema flexível de identificação da demanda importa em morosidade excessiva do processo.

Tal evento foi observado, por exemplo, na Itália na vigência do Código de 1865 até o Código de 1940 e da reforma de 1950 até a reforma de 1990. Antes da reforma processual promovida pelo ingresso no ordenamento jurídico da Lei nº 353 de 1990, o rito ordinário no Código de Processo Civil italiano previa a possibilidade de, ainda na audiência de "precisazione delle conclusioni", as partes precisarem e modificarem a demanda para todo o curso da fase instrutória.[425] Após a aludida reforma, o artigo 183 do Código de Processo Civil italiano possibilita que as partes possam, no curso da audiência de "trattazione", precisar ou modificar a demanda inicial ou propor nova demanda em face da defesa apresentada pelo adversário.[426] A "trattazione" da causa compreende a atividade jurisdicional direita tendente a identificar as partes do processo, modificar e precisar a

---

[424] MOURA, Mário Aguiar. A causa de pedir na investigação de paternidade. *Revista dos Tribunais*, a. 69, abril de 1980, v. 534, p. 39.

[425] MONTESANO; ARIETA, op. cit., p. 172.

[426] Idem, Ibidem.

demanda proposta por meio da exposição das razões de fato e de direito que amparam as respectivas pretensões.

Nessa ponderação de valores prepondera a necessidade de se estabelecer um marco para a modificabilidade da demanda de modo que se assegure o contraditório, a ampla defesa e a celeridade do processo. Salienta-se, no entanto, que o prestigio desses princípios não importa na inadequação do direito substancial perseguido, pois, havendo dissonância entre ele e o direito postulado em juízo (o que é uma exceção na prática) estará assegurada a possibilidade de ser perseguido em demanda diversa, pois, sendo diferente o direito, não estará alcançado pela coisa julgada. Ainda, há que se considerar que a morosidade do processo que a alterabilidade da demanda pode ocasionar, por vezes, que o provimento jurisdicional a destempo se mostre totalmente inútil ao litigante que obtiver êxito no processo.

Deste modo, é consenso que a demanda deve ser identificada definitivamente em um dado momento, variando, no entanto, em sede de direito comparado, quando é que deve haver a estabilização da demanda.

Quanto ao tempo da modificação da demanda, o Código de Processo Civil brasileiro apresenta dois marcos distintos: um, a citação do demandado; outro, o saneamento do processo. Disciplina o *caput* do artigo 264 da lei processual que, feita a citação, é defeso ao autor modificar o pedido ou a causa de pedir, sem o consentimento do réu, mantendo-se as mesmas partes, salvo substituições permitidas em lei. Acrescenta o parágrafo único do mencionado artigo que a alteração do pedido ou da causa de pedir em nenhuma hipótese será permitida após o saneamento do processo.

Assim, vislumbram-se três situações possíveis em termos de modificação da demanda. A primeira é a que antecede a citação do réu, em que ao autor é possibilitada a modificação dos elementos da demanda. A segunda é a que se estabelece após a citação do réu e antes do saneamento do feito, em que o autor somente poderá modificar algum dos elementos da demanda se houver o consentimento do réu, salvo as substituições das partes permitidas em lei. Por fim, a terceira situação é a que ocorre após o saneamento do processo, em que o autor fica impossibilitado terminantemente de modificar os elementos objetivos da causa.

As duas primeiras situações não apresentam maiores dificuldades de compreensão e manejo na seara prática processual. A primeira porque representa uma simples deliberalidade do autor antes da formação completa da relação processual; a segunda porque decorre de um acerto de vontades entre os litigantes quanto aos limites da demanda.

Por outro lado, saneado o feito, inicia-se a verdadeira problemática em sede de modificação da demanda, notadamente em face da alteração da sua causa de pedir. Ensina José Ignácio Botelho de Mesquita que assim é porque, na inicial, todas as afirmações do autor se apresentam como razões (de fato ou de direito), mas nem todas as razões compõem a *causa petendi*.[427]

Elisabetta Gasbarrini define a modificação da demanda (pela causa de pedir) como a correção da *causa petendi* que seja idônea para ampliar ou modificar os limites objetivos do julgado pela alegação de novos elementos de fato e/ou de direito que estendam a controvérsia a um novo perfil jurídico, não originariamente introduzido pela petição inicial, idôneo a fundar o mesmo pedido.[428]

Estabelecido isto, a fim de avaliar, no caso concreto, se houve ou não alteração da causa de pedir é preciso verificar se as alterações incidem sobre os seus componentes, ou seja, sobre os fatos e os fundamentos jurídicos que a compõem.

2.7.1. Modificabilidade e os fatos

Acerca da modificabilidade da demanda em face do manejo dos fatos, José Maria Rosa Tesheiner afirma que "o fato, enquanto evento histórico, é imutável e compreende a totalidade de seus elementos, todos igualmente relevantes e imutáveis" e que a mudança dos fatos "históricos" implicaria impossível alteração do passado.[429]

No entanto, ao qualificar-se juridicamente um fato, pode ser descrito o fato histórico sob diversas versões. É de acordo com o acréscimo ou omissão de algum elemento do fato histórico que se podem determinar profundas mudanças quanto aos efeitos jurídicos decorrentes dele.

Se a introdução de um fato componha, conjuntamente com outro já existente na causa, um fato jurídico complexo novo, estar-se-á diante de inovação da causa de pedir.

Contudo, se o fato acrescentado no curso da demanda não seja suficiente para adequar ou justificar o pedido formulado na exor-

---

[427] MESQUITA, Conteúdo..., p. 48.

[428] GASBARRINI, Elisabetta. Osservazioni in tema di modifica della domanda. *Rivista Trimestrale di Diritto e Procedura Civile*, Milano: Giufrè, a. XLIX, n. 4, dicembre 1995, p. 1284-1285.

[429] TESHEINER, *Eficácia*..., p. 42.

dial, estar-se-á diante de um fato secundário, o que não afetará os limites da causa já estabelecidos.

Nesse sentido, ensina Enrico Tullio Liebman que, permanecendo o fato essencial inalterado, os fatos secundários e as circunstâncias que os circundam podem variar sem que isso represente modificação da causa de pedir.[430]

Por outro lado, se "a alteração dos fatos importa passagem de um fato constitutivo para outro, o resultado é a mudança do próprio direito afirmado como fundamento jurídico da ação, e não a mera mudança dos argumentos de fato".[431]

Neste mesmo sentido, afirma Giancarlo Giannozzi que a passagem de um fato constitutivo de um direito a um outro totalmente diverso, também identificado em uma mesma relação jurídica, dá lugar, em qualquer caso, à modificação da causa de pedir e, conseqüentemente, à modificação da demanda.[432]

Por fim, existe ainda uma outra possibilidade de inserção de fatos no curso da demanda. Essa hipótese é a que a doutrina convencionou chamar de *causa superveniens*.

Segundo Pontes de Miranda, a inclusão (explícita ou implicitamente) de uma *causa superveniens* durante o curso da lide não altera nem o pedido, nem a causa de pedir já formulada.[433] Afirma o jurista que "a afirmação do fato, como presente, vale para o fato em curso, ou para o fato continuativo, ou para as reiterações do mesmo fato".[434]

Ainda, estabelece o Código de Processo Civil, em seu artigo 462 que se, depois da propositura da ação, algum fato constitutivo, modificativo ou extintivo do direito influir no julgamento da lide, caberá ao juiz tomá-lo em consideração, de ofício ou a requerimento da parte, no momento de proferir sentença.

Deste modo, não apenas podem as partes fazer ingressar fatos novos no curso da demanda, quando eles surgirem após a propositura da mesma e influírem no seu resultado, como deve o juiz levá-los em consideração na sentença, ainda que assim não peçam as partes.

Destaca-se, entretanto, que os fatos supervenientes não podem importar em modificação do fato essencial introduzido na demanda,

---

[430] LIEBMAN, op. cit., p. 249-250.

[431] MESQUITA, Conteúdo..., p.44.

[432] GIANNOZZI, op. cit., p. 67.

[433] MIRANDA, *Comentários...*, t. 4., p. 16.

[434] Idem, p. 16-17.

mas deve com ele guardar relação de modo que o modifique, sem lhe alterar a substância.

2.7.2. Modificabilidade e os fundamentos jurídicos

Quanto à modificabilidade da causa pela alteração dos fundamentos jurídicos, José Ignácio Botelho de Mesquita afirma que, mudando os fundamentos da ação, altera-se a própria identidade da ação, tendo em vista que o direito da ação exercido na propositura da demanda é substituído por outro, diferente, ainda que o pedido e as partes continuem as mesmas.[435]

Observando a aproximação, na prática, entre o fundamento jurídico do pedido, parte essencial integrante da causa de pedir e da demanda, e a fundamentação legal, José Roberto dos Santos Bedaque vê como conseqüência dessa identificação a possibilidade de o juiz alterar a fundamentação jurídica sem que isso implique modificação da causa de pedir, pela aplicação da regra *iura novit curia*, pois o limite à atividade do juiz estaria restrito à matéria fática.[436]

Todavia, deve-se ter presente que ao juiz é possibilitado pela regra *iura novit curia* a alteração da norma aplicável no caso concreto e não o fundamento jurídico integrante da causa de pedir próxima. Deste modo, *data venia*, não se trata de alteração da causa de pedir por modificação dos fundamentos jurídicos, mas de indicação pelo magistrado dos fundamentos legais diversos dos apontados na exordial.

Neste sentido, José Raimundo Gomes da Cruz afirma que o fundamento jurídico do pedido não se confunde com enquadramento legal, sendo apenas o último diretamente relacionado com a máxima *iura novit curia*.[437] Acerca do *iura novit curia*, sustenta Fritz Baur que a aludida máxima não significa que "o Tribunal disponha do monopólio da aplicação do direito, desconhecendo e ou desprezando as conclusões das partes tendo em vista as normas invocadas pelos litigantes".[438]

Entretanto, leciona José Carlos Barbosa Moreira que em determinadas hipóteses, o autor poderá interferir nos fatos e fundamentos expostos na inicial, mesmo após o saneamento do feito, desde que

---

[435] MESQUITA, Conteúdo..., p.48.

[436] BEDAQUE, op. cit., p. 32.

[437] CRUZ, José Raimundo Gomes da. Causa de pedir e intervenção de terceiros. *Revista dos Tribunais*, a. 79, dezembro de 1990, v. 662, p. 48.

[438] BAUR, Fritz. Da importância da dicção iura novit curia. *Revista de Processo*, a. 1, n. 3, julho-setembro de 1976, p. 177.

não modifique as suas substâncias. Arrola como possível a supressão ou o acréscimo de circunstâncias acidentais do fato essencial; a atribuição de qualificação jurídica ao fato ou conjunto de fatos diferente da originariamente atribuída; a invocação de norma jurídica diversa da primitivamente suscitada, "desde que o efeito jurídico atribuído á incidência da norma sobre o fato ou o conjunto de fatos seja idêntico ao efeito jurídico atribuído na inicial à incidência da norma primitivamente invocada".[439]

---

[439] MOREIRA, *O novo processo civil.*, p. 16-17.

3. Espécies de causa de pedir

No presente capítulo, serão apresentadas as particularidades da causa de pedir segundo a classificação da demanda em que é veiculada.

Classicamente, a doutrina classifica as ações: segundo a relação processual a que cada uma dá origem, segundo o seu procedimento e segundo a sua pretensão.[440]

As demandas, de acordo com o artigo 270 do Código de Processo Civil, dividem-se em processo de conhecimento, processo de execução e processo cautelar.

Neste mesmo sentido, Antônio Carlos de Araújo Cintra, Ada Pellegrini Grinover e Cândido Rangel Dinamarco[441] classificam as demandas a partir do provimento pretendido pelo autor com a propositura da demanda. Segundo eles, o provimento poderá veicular pretensão de natureza cognitiva, executiva ou cautelar. O provimento possuirá natureza cognitiva quando o julgamento da pretensão deduzida em juízo pelo autor, produzir sentença de mérito da causa. O provimento possuirá natureza executiva quando se tratar de medida através da qual o juiz realiza, na prática, os resultados determinados através da vontade concreta do direito. Por fim, o provimento possuirá natureza cautelar quando tiver como escopo resguardar eventual direito da parte contra possíveis desgastes ou ultrajes propiciados pelo decurso do tempo.

O posicionamento esposado faz eco ao pensamento de Enrico Tullio Liebman, para quem as ações se classificavam, levando em conta a espécie e a natureza do provimento postulado, em ações de conhecimento, executivas e cautelares.[442] Para o jurista italiano, as ações de conhecimento, por sua vez, classificavam-se, segundo os

---

[440] MARQUES, *Manual...*, p. 181-184.

[441] CINTRA; GRINOVER; DINAMARCO, op. cit., p. 262-263.

[442] LIEBMAN, op. cit., p. 213.

tipos de sentença que o autor pede, em ações declaratórias, ações condenatórias e ações constitutivas.[443]

Tal posicionamento foi adotado na doutrina brasileira com grande adesão, ficando conhecido como teoria tríplice das ações.

Em uníssono, Antonio Carlos de Araújo Cintra, Cândido Rangel Dinamarco e Ada Pellegrini Grinover asseveram que as ações de conhecimento se subdividem da mesma forma como se subdividem as sentenças de mérito, ou seja, meramente declaratórias, constitutivas e declaratórias.[444]

Entretanto, parte da doutrina se insurgiu contra a teoria tripartida alegando que as ações não poderiam estar restritas somente a eficácias declaratórias, condenatórias e constitutivas.

Com esse pensamento, Pontes de Miranda afirmava que as ações ou são declarativas; ou são constitutivas (geradoras ou modificativas, ou extintivas); ou são condenatórias; ou são mandamentais; ou são executivas.[445]

Araken de Assis endossa a teoria ao afirmar que "laboriosa construção dogmática alterou profundamente toda a sistemática processual, apontando cinco classes autônomas: declarativa, constitutiva, condenatória, executiva e mandamental".[446]

No mesmo sentido, mas sob o enfoque da classificação das sentenças de procedência, Ovídio Baptista da Silva assevera que "as sentenças (de procedência) serão, conforme a espécie de pretensão posta em causa pelo autor, declaratórias, constitutivas, condenatórias, executivas ou mandamentais".[447]

Os partidários da teoria tríplice das ações entendem que a classificação das sentenças mandamentais e das sentenças executivas *lato sensu* não obedecem ao mesmo critério distintivo das demais ações porque mesmo nelas a prestação jurisdicional invocada tem natureza condenatória.[448]

Deste modo, afirmam que as sentenças mandamental e executiva *lato sensu* são desdobramentos da sentença condenatória pura,

---

[443] LIEBMAN, op. cit., p. 213.

[444] CINTRA; GRINOVER; DINAMARCO, op. cit., p. 265.

[445] MIRANDA, Pontes de. *Tratado das ações*. t. I, 2. ed., São Paulo: Revista dos Tribunais, 1972, p. 117.

[446] ASSIS, Araken. *Cumprimento da sentença*. Rio de Janeiro: Forense, 2006, p. 07.

[447] SILVA, Ovídio A. Baptista da. *Curso de processo civil*. v.1, 6. ed. rev. e atual., São Paulo: Revista dos Tribunais, 2003, p. 403.

[448] CINTRA; GRINOVER; DINAMARCO, op. cit., p 302.

diferindo da mesma em face de que a atuação concreta do comando da sentença não depende de um processo executivo autônomo.[449]

Modernamente, vem se consolidando consenso no sentido de que a teoria quinária das ações é a que melhor explica os fenômenos jurídicos e processuais que a evolução do direito vem apresentando aos seus operadores.

Diante disso, levando em conta a espécie de resultado desejado pela parte, concluiu-se que as ações se classificam em declaratórias (positivas e negativas), condenatórias, constitutivas, mandamentais e executivas *lato sensu*.

Convém mencionar que a classificação das ações apresentada também atende à classificação das sentenças. Seguindo a lição de Araken de Assis, tal distinção se mostra indiferente na medida em que "ao conteúdo da demanda corresponderá, inevitavelmente, o da sentença de procedência, face ao princípio da congruência, ou da adstrição do juiz à ação da parte".[450]

Ressalta-se, ainda, a perspectiva sobre o tema de Carlos Alberto Alvaro de Oliveira para quem as sentenças, seja qual for o seu conteúdo, e os efeitos que delas decorram, não passam de "formas próprias e exclusivas de tutela jurisdicional, de que se serve o Estado, para prestar justiça e realizar o direito material de maneira mais adequada e efetiva".[451]

Dando continuidade à classificação dos processos adotada pelo Código de Processo Civil brasileiro, serão analisados os processos de execução e os processos cautelares.

O processo de execução, para fins do presente estudo, é aquele movido contra devedor solvente e tem por objeto quantia certa. Não obstante a isso, quando for tratado do processo de execução, será analisada a sistemática do cumprimento da sentença, prevista nos artigos 475-I e seguintes do Código de Processo Civil, no que for pertinente ao tema em estudo.

Os processos cautelares subdividem-se em nominados (típicos) ou inominados (atípicos).

Tendo em conta o seu procedimento, as demandas se classificam em ações comuns ou ações especiais. As ações comuns, por sua vez, subdividem-se em ordinárias (cuja disciplina se depreende dos artigos 282 a 475-R do Código de Processo Civil) e sumária (pre-

---

[449] Idem, p. 305-306.

[450] ASSIS, *Cumulação...*, p. 101

[451] OLIVEIRA, Carlos Alberto Alvaro de. Formas de tutela jurisdicional no chamado processo de conhecimento. *In Revista da AJURIS*, a. XXXII, n. 100, dezembro de 2005, p. 62.

vistas nos artigos 275 a 281 do Código de Processo Civil). As ações especiais são as demandas que possuem procedimento próprio estabelecido, seja no livro IV do Código de Processo Civil, seja em leis extravagantes.

Partindo da pretensão veiculada, existe outra classificação das ações, que leva em conta o direito material postulado em juízo. Deste modo, segundo a pretensão, as ações podem receber infindável classificação. Destacam-se nesta classificação as ações reais, as ações pessoais, as ações reipersecutórias, as ações interditais etc.

Seguindo as classificações anteriormente expostas, o presente capítulo abordará a causa de pedir, não mais em abstrato, mas inserida no contexto do processo que a veicula. Deste modo, seguindo a teoria quinária da ação, a causa de pedir será investigada no processo de conhecimento (abrangendo as ações declaratórias, condenatórias, constitutivas, mandamentais e executivas *lato sensu*), no processo de execução e no processo cautelar. Ademais, ainda que, reconhecendo a distinção no plano classificatório, serão abordadas as ações pessoais em contrapartida com as ações reais e as demandas tributárias dadas as suas particularidades, levando em conta a importância e a divergência existente em sede de exame de causa de pedir dessas classes de demandas.

3.1. A CAUSA DE PEDIR NO PROCESSO DE CONHECIMENTO

Inicialmente, é valioso definir que o processo de conhecimento deve ser compreendido como aquele no qual o juiz é chamado para: adequar a situação de fato existente entre as partes em controvérsia, identificar a norma jurídica que deve ser aplicada na *fattispecie* e definir a questão através da sentença.[452]

Conforme o próprio nome sugere, o processo de conhecimento carrega como característica a possibilidade de o juiz realizar ampla cognição acerca dos fatos alegados pelas partes, para, com base nessa avaliação, proferir sentença a respeito do pedido formulado pelo autor.[453] Esta sentença declarará quem tem e quem não tem razão,

---

[452] GIUDICE, op. cit., p. 213.
[453] WAMBIER; ALMEIDA; TALAMINI, op. cit., p. 116.

dentre os contendores, mediante a determinação da regra jurídica concreta que disciplina o caso que formou o objeto do processo.[454]

No processo de conhecimento, classificam-se as ações, segundo o tipo de tutela jurisdicional postulada em declaratórias, condenatórias, constitutivas, mandamentais e executivas imediatas.

Salienta-se que a classificação das ações de conhecimento não afasta a lição de Pontes de Miranda acerca da multiplicidade de naturezas das cargas sentenciais em um único provimento jurisdicional. O que se pretende é definir as eficácias preponderantes das pretensões veiculadas na demanda, de modo a poder estabelecer os efeitos dessa circunstância no instituto da causa de pedir.

De tal sorte, quando se tratar, por exemplo, da causa de pedir nas ações de conhecimento de índole declaratórias, não se pretenderá estar diante de uma ação declaratória "pura", mas de ação com eficácia preponderantemente declaratória, tendo em vista que, conforme doutrina Ovídio Baptista da Silva, "toda e qualquer ação e, pois, todas as sentenças proferidas em processo contencioso, ou em procedimento de jurisdição voluntária, contêm eficácia declaratória, em grau de intensidade mais ou menos acentuado".[455]

3.1.1. Da causa de pedir nas ações declaratórias

No plano normativo, o ordenamento jurídico processual prevê as ações declaratórias no artigo 4º do Código de Processo Civil. Tal dispositivo estabelece os limites a que o demandante está adstrito ao postular tutela declaratória. Deste modo, segundo a ótica legal, "O interesse do autor pode limitar-se à declaração: I – da existência ou da inexistência de relação jurídica; II – da autenticidade ou falsidade de documento". Acrescenta, ainda, o parágrafo único do mencionado artigo, que "É admissível a ação declaratória, ainda que tenha ocorrido a violação do direito".

Antes de qualquer coisa, há que se destacar o conteúdo do parágrafo único do artigo 4º do Código de Processo Civil, na medida que dá autonomia à ação declaratória em face de ser cabível "ainda que os fatos nela relatados autorizem, desde logo, ação com efeitos desconstitutivos ou condenatórios".[456]

---

[454] THEODORO JÚNIOR, Humberto. *Curso de direito processual civil.* v. 1, 41. ed., Rio de Janeiro: Forense, 2004, p. 59-60.

[455] SILVA, Ovídio A. Baptista da. *Curso...* v.1, p. 164.

[456] REsp 35.565/SP, Rel. Ministro Ari Pargendler, Terceira Turma, julgado em 11.11.2002, Fonte: Diário da Justiça da União de 28.10.2003, p. 282.

Aponta Celso Agrícola Barbi que, na Alemanha, na Espanha, na Áustria, na Inglaterra e na Finlândia, foi adotada posição contrária ao parágrafo único do artigo 4º do Código de Processo Civil brasileiro sob o argumento de que a propositura de demanda condenatória, por possuir efeitos mais completos, abreviaria a solução do conflito existente entre as partes, de modo que a sua predileção em face da demanda declaratória seria medida impositiva.[457] Sem adentrar no mérito de uma ou de outra possibilidade, Barbi saúda a redação do parágrafo único do dispositivo em questão em razão de ter posto fim, claramente, à discussão que existia a respeito do tema desde os códigos de processo estaduais, passando pelo Código de Processo Civil de 1939.[458]

Segundo a doutrina, a ação declaratória é aquela que tem por finalidade, de regra, apenas a declaração da existência ou inexistência da relação jurídica e, excepcionalmente, a declaração de meros fatos, de modo a solver um estado de incerteza jurídica que paire sobre uma relação jurídica, ou a ponha em perigo, sujeita a existência de um conflito.[459]

Ressalta-se a excepcionalidade do cabimento de ação declaratória sobre fato, tendo em vista a existência de ação própria para o reconhecimento puro e simples de fato ou relação jurídica para servir de prova em processo. O procedimento que se presta para tal intento é o da cautelar de justificação, previsto nos artigos 861 a 866 do Código de Processo Civil. Acerca do cabimento da cautelar de justificação, e não de ação ordinária declaratória, para a aludida finalidade, já se pronunciou a Sexta Turma do Superior Tribunal de Justiça no julgamento do Recurso Especial nº 99.105/RS, de relatoria do Ministro William Patterson, em julgamento ocorrido em 08 de outubro de 1996 e publicado no Diário da Justiça de 09 de dezembro de 1996, às folhas 49315.

A demanda declaratória para afastar controvérsia sobre fato (hipótese admitida excepcionalmente) deve estar vinculada à solução de um possível conflito decorrente da interpretação do fato à luz de uma relação jurídica.

Para Ovídio Baptista da Silva, a ação declaratória tem por fim a obtenção de uma sentença que simplesmente declare a *existência*

---

[457] BARBI, Celso Agrícola. *Comentários ao código de processo civil*. v. 1, t. 1, Rio de Janeiro: Forense, 1975, p. 96

[458] Idem, p. 96-97.

[459] CINTRA; GRINOVER; DINAMARCO, op. cit., p. 303. No mesmo sentido: LIEBMAN, op. cit., p. 233.

ou a *não-existência* de uma determinada relação jurídica.[460] Ressalta, no entanto, que o interesse que legitima a ação declaratória deve ser apresentado objetivamente, não bastando o estado de dúvida do autor a respeito de seu direito para que a demanda seja procedente, devendo demonstrar que a incerteza provém de alguma circunstância externa e objetiva, diversa e mais grave do que a simples incerteza subjetiva, ou puramente acadêmica.[461]

Tratando a respeito da incerteza que move a pretensão declaratória, Enrico Tullio Liebman afirma que ela precisa ter se manifestado através de fatos exteriores, com importância prática, como, por exemplo, a discordância das partes na interpretação de um contrato ou a contestação feita de maneira séria e talvez pública de um direito que uma pessoa entenda que tem.[462]

Afirma Carlos Silveira Noronha que, nas ações declaratórias, "o título do direito de agir concentra-se na afirmação de uma situação ou estado de incerteza suposta pelo autor – nas ações declaratórias positivas – ou jactanciosamente afirmadas pelo réu – nas ações declaratórias negativas".[463]

Quanto à sentença proferida nas ações declaratórias, aponta José Maria Rosa Tesheiner que é "aquela em que o juiz se limita a declarar a existência ou inexistência de relação jurídica; a autenticidade ou a falsidade de documento".[464]

Assevera Enrico Tullio Liebman que todas as sentenças que rejeitam a demanda possuem natureza declaratória, pois declaram a inexistência do direito ou, em geral, da relação jurídica alegada pelo autor.[465]

Celso Agrícola Barbi disciplina que a ação declaratória, a exemplo das demais ações, é um direito potestativo que tem por finalidade "obter declaração oficial de certeza, que somente a sentença judicial pode fornecer, e que se reforça pela eficácia de coisa julgada, que também só existe nas sentenças".[466] Em outras palavras, a ação declaratória tem por finalidade alcançar a certeza sobre a existência ou inexistência de uma relação jurídica, ou sobre a autenticidade ou falsidade de um documento por meio de sentença de mérito.[467]

---

[460] SILVA, Ovídio A. Baptista da. *Curso...*, v.1, p. 162.

[461] Idem, p. 163.

[462] LIEBMAN, op. cit., p. 234.

[463] NORONHA, A causa de pedir..., p. 32.

[464] TESHEINER, Elementos..., p. 144.

[465] LIEBMAN, op. cit., p. 233.

[466] BARBI, op. cit., p. 72.

[467] Idem, p. 91-92.

Outro ponto que merece destaque diz respeito ao entendimento jurisprudencial consolidado pelas Súmulas 181 e 242 do Superior Tribunal de Justiça. A primeira reconhece o cabimento de demanda declaratória visando à obtenção de certeza quanto à exata interpretação de cláusula contratual. A segunda assegura a admissibilidade de ação declaratória para reconhecimento de tempo de serviço para fins previdenciários.

Por fim, pode-se concluir que a causa de pedir remota do processo eminentemente declaratório se materializa na descrição dos fatos que identificam a relação jurídica ou o documento (excepcionalmente, os fatos) dos quais se pretende afastar a incerteza acerca de sua existência/inexistência, falsidade/veracidade. A causa de pedir próxima, por sua vez, é constituída pela narração da circunstância que ocasiona a incerteza sobre a relação jurídica ou documento (ou fato) que deve ser removida pela sentença.

3.1.2. Da causa de pedir nas ações condenatórias

A ação condenatória é aquela que, além de afirmar a existência do direito deduzido, extrai como conseqüência de sua inobservância a aplicação de uma sanção à parte vencida na demanda. Esta sanção consiste em possibilitar o acesso à via processual da execução forçada.[468]

Neste diapasão, ensina José Maria Rosa Tesheiner que a ação condenatória decorre da afirmação de um direito devido pelo réu ao autor de uma prestação (elemento declaratório da sentença) e tem como resultado a outorga de poder concedido ao autor para sujeitar o réu à execução.[469]

Segundo Ovídio Baptista da Silva, a ação condenatória possui íntima relação com o direito das obrigações e possui como fontes o contrato e o ilícito.[470]

Também trabalhando com idéias do direito material, Eduardo J. Couture afirma que as sentenças condenatórias são todas aquelas que impõem o cumprimento de uma prestação, seja em um sentido positivo (obrigação de dar, ou de fazer), seja em um sentido negativo (obrigação de não-fazer, ou de se abster).[471]

---

[468] CINTRA; GRINOVER; DINAMARCO, op. cit., p. 304.

[469] TESHEINER, *Elementos...*, p. 148.

[470] SILVA, Ovídio A. Baptista da. *Curso...*, v.1, p. 174.

[471] COUTURE, op. cit., p. 259.

Conforme assevera Giuseppe Chiovenda, o conteúdo da ação condenatória reside na obrigação que o sucumbente é obrigado a prestar, de sorte que o conteúdo da condenação varia de acordo com a alternância da prestação reclamada no processo e tornada exigível na sentença.[472]

Humberto Theodoro Júnior assinala que a ação declaratória busca "não apenas a declaração do direito subjetivo material do autor, mas também a formulação de um comando que imponha uma prestação a ser cumprida pelo réu (sanção)".[473]

Enrico Tullio Liebman[474] vislumbra o fenômeno da condenação sob dois aspectos: civil e processual. Sob o aspecto civil, conclui que a condenação "traduz-se na sujeição do devedor às medidas executivas previstas pela lei para a obrigação que ele não cumpriu", dando vida a uma nova situação jurídica (instrumental). Esta nova situação consiste "no poder que tem o órgão judiciário de proceder à execução forçada, no direito do credor a promovê-la (ação executiva) e na sujeição do devedor à sua realização e aos seus efeitos (responsabilidade executiva)". Sob o aspecto processual, assenta que a sentença condenatória possui um duplo efeito, pois, além de declarar a relação controvertida, confere ao titular do direito uma nova ação (executiva).

Deste modo, as conseqüências da natureza dupla da ação condenatória são a principal nota distintiva com relação à ação declaratória. Isso se deve ao fato de que a ação condenatória, além de afastar a incerteza quanto ao direito postulado, gera verdadeiramente uma nova ordem relativa aos órgãos encarregados da execução.[475]

Criticando a doutrina que vislumbra a eficácia condenatória na autorização ao vencedor da demanda executar o vencido, Araken de Assis entende que é perigoso "isolar a essência a partir do efeito, a empresa é desenganada se o expediente pouco acrescenta e nada esclarece quanto à identidade da condenação".[476] Acrescenta ainda que "a correlação obrigatória e artificial entre o elemento condenatório e a execução põe à mostra, dramaticamente, o traçado artificial e arbitrário das fronteiras usuais impostas à função executiva".[477] Para Araken de Assis, a eficácia condenatória é caracterizada por ser in-

---

[472] CHIOVENDA, *Instituições...*, p. 192.

[473] THEODORO JÚNIOR, *Curso...*, p. 60.

[474] LIEBMAN, op. cit., p. 236-237.

[475] CHIOVENDA, *Instituições...*, p. 185.

[476] ASSIS, Araken de. *Da execução de alimentos e prisão do devedor.* 6. ed. rev., atual. e ampl., São Paulo: Revista dos Tribunais, 2004, p. 64-65.

[477] Idem, p. 65.

capaz de satisfazer o demandante no mesmo processo, de modo que o bem da vida aspirado na demanda não é obtido através da simples emissão do pronunciamento judicial, em razão de que os direitos por ela abrangidos exigem atos práticos para a sua efetivação concreta.[478]

Lidando especificamente com o tema da causa de pedir, na ação condenatória, a doutrina tem demonstrado posicionamento uniforme.

Afirma Carlos Silveira Noronha que, nas ações condenatórias, a causa de pedir contém uma mera afirmação de que a parte adversa está obrigada a uma certa prestação (pagamento, entrega etc.).[479]

Nas palavras de Enrico Tullio Liebman, "a ação condenatória tem como causa uma situação de fato, em que o autor denuncia a lesão de um direito seu por outra pessoa, obrigada perante ele a dar, fazer ou não-fazer alguma coisa".[480] Deste modo, conclui Liebman que a certeza do inadimplemento figura como pressuposto lógico e necessário da condenação.[481]

Desta sorte, os fatos componentes da causa de pedir são os que caracterizam a obrigação que une as partes e o inadimplemento ou descumprimento da mesma. O fundamento da causa de pedir da demanda condenatória reside na pretensão do autor em ver reconhecidos os direitos violados pelo inadimplemento ou descumprimento promovidos pela parte adversa a fim de evitar o dano injusto sofrido.

3.1.3. Da causa de pedir nas ações constitutivas

Para Ovídio Baptista da Silva, é por meio das ações constitutivas que se busca a formação, a modificação ou a extinção de uma relação jurídica.[482]

Em sentido análogo, afirmam Antônio Carlos de Araújo Cintra, Ada Pellegrini Grinover e Cândido Rangel Dinamarco que "pelo processo constitutivo chega-se à declaração peculiar de todas as sentenças de mérito (provimentos jurisdicionais de conhecimento), com o acréscimo da *modificação* de uma situação jurídica anterior, criando-se uma nova".[483]

---

[478] ASSIS, Araken de. *Da execução de alimentos...*, p. 67.

[479] NORONHA, A causa de pedir..., p. 32.

[480] LIEBMAN, op. cit., p. 237-238.

[481] Idem, p. 238.

[482] SILVA, Ovídio A. Baptista da. *Curso...*, v. 1, p. 183.

[483] CINTRA; GRINOVER; DINAMARCO, op. cit., p. 304-305.

Giuseppe Chiovenda ensina que nas ações constitutivas o bem por identificar consiste "não no simples efeito jurídico a que se tende, que é o objeto (resolução, anulação e semelhantes), mas nesse efeito relacionado com o fato do qual o remédio ou sanção (inadimplemento, lesão, êrro, dolo)".[484] Conclui o jurista italiano que, havendo diversos fatos que dão direito a uma ação constitutiva (de anulação, por exemplo), existirão tantas ações quantos são os fatos que lhe dão origem, de modo que a causa da ação é o fato constitutivo do direito à mudança jurídica.[485]

Discorrendo a respeito da possibilidade de modificação de uma relação jurídica existente, José Maria Rosa Tesheiner[486] disciplina existirem três possibilidades de isso ocorrer. Em primeiro lugar, poderá se concretizar por declaração unilateral e extrajudicial de vontade do titular do direito. Em segundo lugar, poderá ocorrer mediante uma sentença em ação proposta pelo titular do direito. Por fim, em terceiro lugar, poderá surgir mediante uma declaração de vontade do adversário, exigida pela parte contrária. Conclui o mencionado processualista que na terceira possibilidade se está diante de uma relação de natureza condenatória (em face de haver uma pretensão a uma prestação da parte adversa); entretanto, nas duas primeiras hipóteses, estar-se-á frente a direitos formativos diversamente regulados. A ação constitutiva atenderá exatamente a necessidade de modificação do direito formativo ou potestativo, via provimento jurisdicional, portanto, moldando-se à segunda hipótese de alteração da relação jurídica existente.

Eduardo J. Couture arrola as sentenças que pertencem à classe constitutiva. Segundo o processualista uruguaio, são duas as possibilidades de serem constitutivas as sentenças: uma, as que criam um estado jurídico novo, seja fazendo cessar, seja modificando, seja substituindo um estado previamente existente; outra, as que apresentam efeitos jurídicos de tal índole que não poderiam ser efetivados se não mediante a atuação de órgãos jurisdicionais.[487]

Salienta Enrico Tullio Liebman[488] que, a exemplo do que ocorre com as ações condenatórias, as sentenças proferidas em ações constitutivas também possuem carga eficacial declaratória. Nesta declaração, presente nas sentenças constitutivas, reside o reconhecimento

---

[484] CHIOVENDA, *Instituições...*, p. 362-363.

[485] Idem, p. 363.

[486] TESHEINER, *Elementos...*, p. 145.

[487] COUTURE, op. cit., p. 261-262..

[488] LIEBMAN, op. cit., p. 244.

da existência das condições requeridas pela lei para que possa ocorrer a modificação jurídica.

As ações constitutivas, quando procedentes, geram sentenças que exaurem a atividade jurisdicional, tornando impossível ou desnecessária qualquer atividade subseqüente tendente à realização de seu próprio enunciado, pois prescindem de uma ação executória posterior para realizarem completamente a pretensão posta em causa pelo autor.[489]

No que tange aos seus efeitos, as sentenças proferidas em ação constitutivas passam a surtir conseqüências, de regra, a partir do seu trânsito em julgado.[490] Entretanto, existem hipóteses em que os efeitos da sentença constitutiva remontam a um momento anterior ao trânsito em julgado. Assim, reconhece-se a possibilidade de os efeitos da sentença retroagirem, por exemplo, à data em que surgiu o estado ou a relação jurídica que se modifica ou se extingue.[491]

As ações de natureza constitutiva podem ser positivas ou negativas. As ações constitutivas serão positivas quando criarem uma determinada relação jurídica sobre a qual se fundou a controvérsia. Por outro lado, serão negativas as ações constitutivas quando se extinguir uma relação jurídica em face do objeto da demanda proposta.

Ainda quanto a sua classificação, as ações constitutivas podem ser necessárias ou não-necessárias.[492] Serão necessárias as ações constitutivas quando o ordenamento jurídico só admitir a constituição, modificação ou desconstituição do estado ou relação jurídica pela via jurisdicional. Por outro lado, serão não-necessárias as ações constitutivas quando os efeitos jurídicos pretendidos também puderem ser alcançados por medida extrajudicial. Tem-se como exemplo de ação constitutiva necessária a que visa à anulação de casamento e como exemplo de ação constitutiva não-necessária a que tem por objetivo a resolução de contrato por inadimplemento.

Assevera Enrico Tullio Liebman que a identificação das ações constitutivas se dá por meio da aferição do alegado direito à modificação jurídica, e, portanto, pelo fato jurídico que lhe deu origem.

Esta afirmação serve de ponto de partida para a identificação da *causa petendi* nas ações constitutivas.

---

[489] SILVA, Ovídio A. Baptista da. *Curso...*, v.1, p. 183.

[490] LIEBMAN, op. cit., p. 246; CHIOVENDA, *Instituições...*, p. 198.

[491] LIEBMAN, op. cit., p. 246.

[492] CINTRA; GRINOVER; DINAMARCO, op. cit., p. 305.

A partir daí, conclui-se que a causa de pedir "é o fato constitutivo do direito à mudança jurídica que o autor pretende fazer valer contra o réu (causa remota), amparado na tutela que a ordem jurídica lhe confere em situações tais (causa próxima)".[493]

3.1.4. Da causa de pedir nas ações mandamentais

Atribui-se a Pontes de Miranda a inserção do estudo da tutela mandamental na doutrina pátria.[494]

No plano normativo, a ação mandamental, como forma de tutela jurídica, faz-se presente no ordenamento jurídico desde a da Lei nº 1.533, de 31 de dezembro de 1951, que regula o mandado de segurança

Luiz Guilherme Marinoni atribui o surgimento da sentença mandamental à necessidade de que a tutela jurisdicional atenda satisfatoriamente demandas marcadas por conteúdo, especialmente, não-patrimonial.[495]

Pontes de Miranda define ação mandamental como "aquela que tem por fito preponderante que alguma pessoa atenda, imediatamente, ao que o juízo manda".[496] Sobre a ordem contida no comando mandamental, José Carlos Barbosa Moreira afirma que existem outras espécies de sentenças em que também são emanadas ordens por juizes, porém, somente a sentença mandamental é capaz de emanar ordem imediata.[497]

Acrescenta Pontes de Miranda que a ação mandamental típica "supõe que o juiz decida após o exame dos elementos contenutísticos, e de tal modo se considere baseada, acertadamente, a sua decisão, que ele possa mandar".[498] Assim, a ação mandamental se prende a atos em que o juiz, ou outra autoridade deve mandar que se pratique por meio da expedição do mandado, porque o autor tem pretensão ao mandamento e, exercendo a pretensão à tutela jurídica, propôs a ação mandamental.[499]

---

[493] NORONHA, *A causa de pedir...*, p. 32.

[494] MOREIRA, José Carlos Barbosa. A sentença mandamental: da Alemanha ao Brasil. *In Revista Brasileira de Direito Comparado*, n. 17, 2º semestre de 1999, p. 347.

[495] MARINONI, Luiz Guilherme. As novas sentenças e os novos poderes do juiz para a prestação da tutela jurisdicional efetiva. *In Gênesis*, Curitiba, n. 29, julho/setembro, 2003, p. 550.

[496] MIRANDA, Pontes de. *Tratado das ações*. t. VI, São Paulo: Revista dos Tribunais, 1976, p. 3.

[497] MOREIRA, A sentença..., p. 352.

[498] MIRANDA, *Tratado das ações*. t. VI, p. 03.

[499] Idem. t. I, p. 122.

Salienta Araken de Assis que a essência da eficácia mandamental não reside na qualidade do sujeito passivo da ordem, mas repousa no conteúdo da ação.[500] No mesmo sentido, afirma Barbosa Moreira que "o jurista brasileiro, ao contrário do que sucedeu na Alemanha, não se ateve, na caracterização da sentença mandamental, à natureza do destinatário da ordem".[501]

Para Eduardo Talamini, o aspecto diferencial das sentenças mandamentais reside na existência de um comando (ordem) dirigida a órgão ou agente do Estado ou particular e acompanhado, normalmente, da ameaça de imposição de alguma outra medida processual coercitiva (multa, prisão civil etc.), além daquelas primordialmente postas como mecanismos de censura à desobediência (sanções penais, administrativas...).[502]

Partindo dessas premissas e realizando as devidas distinções entre os fenômenos jurídicos, Guilherme Rizzo Amaral,[503] aponta três principais diferenças entre as ações mandamentais e as ações condenatórias. Em primeiro lugar, a diferença entre as ações reside na circunstância de que a sentença mandamental é ato imediato que independe de ato complementar a ser realizado pelo autor ou de provocação para que surtam seus efeitos jurídicos, enquanto a sentença condenatória é ato mediato sujeito a intervalo entre o trânsito em julgado e a instauração do processo executivo. Em segundo lugar, a diferença decorre da existência de uma ordem na sentença mandamental que inexiste na sentença condenatória. Por fim, em terceiro lugar, a sentença condenatória difere da sentença mandamental porque, para a primeira, é facultada a parte dispor dos atos ulteriores da sua prolação (a parte vencedora pode, ou não, promover os atos executórios), enquanto, para a segunda a disponibilidade sobre os atos de disposição dos efeitos jurídicos concretos, se encerra com o ajuizamento da ação.

Oportuno ressaltar, outrossim, que o aspecto essencial da ação mandamental não reside tanto em se fazer acompanhar da medida processual de coerção, mas em veicular uma ordem diretamente voltada à parte.[504]

---

[500] ASSIS, *Cumulação...*, p. 101.

[501] MOREIRA, A sentença..., p. 353.

[502] TALAMINI, Eduardo. *Tutela relativa aos deveres de fazer e de não fazer*: CPC, art. 461; CDC, art. 84. São Paulo: Revista dos Tribunais, 2001, p. 191.

[503] AMARAL, Guilherme Rizzo. *As astreintes e o processo civil brasileiro*: multa do artigo 461 do CPC e outras. Porto Alegre: Livraria do Advogado, 2004, p. 77-78.

[504] TALAMINI, op. cit., p. 191.

Neste mesmo sentido, Guilherme Rizzo Amaral, desenvolvendo estudo acerca da *astreinte*, aponta que a função primeira da jurisdição se correlaciona com o ato de simplesmente dizer o direito, ato este que independe de multa para ser desempenhada a sua função. Para Rizzo, "a multa diz com a segunda função jurisdicional, com os meios de atuação concreta da norma jurídica proveniente do ato de dizer o direito". Conclui o processualista que a decisão que fixa as *astreintes*, constitui técnica de tutela, meio para o cumprimento efetivo da função jurisdicional *lato sensu*.[505]

Deste modo, pode se concluir que os mecanismos de coerção que militam em favor da eficácia do provimento mandamental não integram a demanda. A isso equivale dizer que a indicação de um ou outro mecanismo de cumprimento da sentença mandamental não afeta nem o pedido nem a causa de pedir. Tanto assim, que, mesmo o autor indicando o mecanismo que entenda mais oportuno para o cumprimento do pedido, incumbe ao magistrado determinar qual trará melhores resultados ao feito, bem como em que medida deverá ser aplicado no caso concreto.

José Maria Rosa Tesheiner aponta que na sentença mandamental se farão presentes quatro elementos: a natureza do provimento solicitado (ordem ou autorização); o destinatário da ordem a ser cumprida ou tolerada; o conteúdo do ato a ser cumprido e o seu objeto; a causa de pedir.[506]

Feitas essas considerações, passa a ser possível a identificação dos contornos que assumirá a causa de pedir em ações de natureza mandamental.

Os fatos componentes da causa de pedir das ações mandamentais são os que caracterizam a relação jurídica existente entre as partes da qual deflui a necessidade de que se imponha uma ordem imediata para cumprimento. O fundamento da causa de pedir da ação mandamental reside na pretensão do autor em ver realizada pelo próprio demandando a obrigação a que estava adstrito pela relação jurídica descumprida.

Por fim, chama-se a atenção, conforme já esposado anteriormente, para a circunstância de que a medida coercitiva de cumprimento da ordem vertida na sentença mandamental não integra a causa de pedir, tampouco, se constitui de um dos elementos identificadores da demanda.

---

[505] AMARAL, op. cit. p. 56.
[506] TESHEINER, *Eficácia...*, p. 55.

3.1.5. Da causa de pedir nas ações executivas imediatas

Atribui-se a Pontes de Miranda a responsabilidade pela inserção do debate a respeito da autonomia das ações executivas na doutrina brasileira.

Como referido anteriormente, antes do desenvolvimento da teoria quinária da ação, eram atribuídas ao processo de conhecimento apenas três eficácias possíveis: declaratória, condenatória ou constitutiva. Salienta-se que, mesmo hoje, os partidários da teoria tríplice da ação não consideram a ação executiva como uma eficácia autônoma, mas apenas como um reflexo da eficácia condenatória.

Feita essa ressalva, adverte-se que o presente estudo segue a teoria quinária da ação considerando eficácia executiva autônoma com relação à eficácia condenatória. Diante disso, passa-se a abordar as suas peculiaridades modo destacado.

Pontes de Miranda distingue as ações executivas com eficácia mediata e com eficácia imediata. As ações executivas com eficácia mediata são as que decorrem de sentença (que por ter carga eficacial executiva de nível 3) que habilitam a propositura de processo executivo para satisfazer o direito invocado.[507] Por outro lado, as ações executivas imediatas são aquelas cujas sentenças não são propriamente executivas (carga eficacial de nível 4), mas logo algo sobrevém a seu efeito primordial que necessita de atos executivos a serem realizados no mesmo processo.[508]

Para Araken de Assis a eficácia executiva é imediata "quando a incursão na esfera jurídica do réu mira valor identificado, que lá se encontra de maneira já reconhecida como ilegítima no pronunciamento judicial, e, portanto, dispensa novo processo";[509] e é diferida (mediata), "quando a penetração executiva atinge a esfera patrimonial e jurídica legítima do executado, o que acarreta a necessidade de controlar de maneira plena a atuação do meio executório".[510]

Grosso modo, pode se estabelecer que a distinção entre as ações executivas de eficácia imediata e mediata reside no fato de que as primeiras são postuladas no cerne de um processo cognitivo, onde são discutidas questões atinentes à relação jurídica existente entre as partes, enquanto as segundas têm como objeto a realização de um

---

[507] MIRANDA, Pontes de. *Tratado das ações*. t. VII, São Paulo: Revista dos Tribunais, 1978, p. 54.

[508] Idem, t. VII, p. 51.

[509] ASSIS, Araken, *Manual da execução*. 9. ed. rev., atual. e ampl., São Paulo: Revista dos Tribunais, 2004, p. 80.

[510] Idem, ibidem.

direito pré-estabelecido, sem margem de discussão acerca da relação jurídica em execução.

A doutrina, ao longo dos anos, tem considerado as ações de despejo e as ações possessórias, dentre outras, como demandas que possuem típica eficácia executiva imediata. Tal classificação, também costuma ser identificada pela expressão "ação executiva *lato sensu*".[511] As ações executivas com eficácia mediatas (ações executivas *stricto sensu*) são identificadas, notadamente, com o processo de execução previsto no Livro II do Código de Processo Civil.

Entretanto, as ações executivas *lato sensu* ganharam grande repercussão a partir da nova redação do artigo 461 (dada pela Lei n° 8.952, de 13 de dezembro de 1994) e do artigo 461-A (dada pela Lei n° 10.444, de 7 de maio de 2002) do Código de Processo Civil.

Tratando do artigo 461 do Código de Processo Civil, adverte Luiz Guilherme Marinoni que, na verdade, o mencionado diploma "não só prevê expressamente a sentença mandamental, como também admite a sentença executiva".[512]

Para Carlos Alberto Alvaro de Oliveira, foi somente com a introdução do artigo 461-A no Código de Processo Civil que a tutela executiva *lato sensu* foi adotada explicitamente no direito brasileiro.[513] Estabelece o mencionado artigo que "Na ação que tenha por objeto a entrega de coisa, o juiz, ao conceder a tutela específica, fixará o prazo para o cumprimento da obrigação".

Acerca do mecanismo de efetividade da tutela, dispõe o § 2° do mesmo artigo que "Não cumprida a obrigação no prazo estabelecido, expedir-se-á em favor do credor mandado de busca e apreensão ou de imissão na posse, conforme se tratar de coisa móvel ou imóvel".

A esse respeito, leciona Carlos Alberto Alvaro de Oliveira que o § 2° do artigo 461-A do Código de Processo Civil trata da "petição inicial" que inaugura a demanda executiva *lato sensu* endereçada aos próprios autos onde foi prolatada a sentença que toma por base o *caput* do artigo em tela. Conclui o processualista gaúcho, entretanto, que, em verdade, não se trata de duas petições iniciais nem de dois processos distintos, mas de uma única tutela, devendo a mesma ser caracterizada na inicial de que trata o artigo 282 do código adjetivo, de modo que se façam presentes, desde logo, "as indicações neces-

---

[511] OLIVEIRA, Carlos Alberto Alvaro de, Formas..., p. 70.

[512] MARINONI; ARENHART, op. cit., p. 76.

[513] OLIVEIRA, Carlos Alberto Alvaro de, Formas..., p. 70.

sárias para a determinação da coisa objeto da tutela executiva *lato sensu*".[514]

Outro ponto de suma importância a respeito das ações executivas *lato sensu* diz respeito a sua diferenciação das ações mandamentais.

Assevera Eduardo Talamini que, ao contrário da sentença mandamental, a sentença executiva *lato sensu* não veicula propriamente ordem para o réu, mas enseja "atuação executiva" (sub-rogatória).[515]

Acrescenta Guilherme Rizzo Amaral, à guisa de diferenciação entre as mencionadas ações, que, em se tratando de sentença mandamental, o não-cumprimento da ordem imposta judicialmente sujeita o recalcitrante às sanções cíveis, administrativas e criminais; enquanto, nas sentenças executivas, o Estado substitui a vontade do demandado, através de meios sub-rogatórios.[516]

Ensina Carlos Alberto Alvaro de Oliveira que "a tutela *executiva lato sensu* age sobre o patrimônio e não sobre a vontade do obrigado".[517]

Destaca-se que o provimento de natureza executiva postulado se apresenta desde a propositura da demanda de conhecimento e não em uma segunda fase procedimental como ocorre, por exemplo, no cumprimento da sentença estampado nos artigos 475-I a 475-R.

Por fim, antes de estabelecer os contornos da causa de pedir nas ações executivas *lato sensu* (como eficácia do processo de conhecimento), mister destacar que as ações executivas *stricto sensu* serão enfrentadas, por questões de opção metodológica, quando da análise do processo de execução em tópico próprio.

Feitas todas essas considerações, é possível, a partir das características próprias da tutela sob exame, definir os elementos que identificam a causa de pedir nas demandas dessa natureza.

Os fatos integrantes da causa de pedir na ação executiva *lato sensu* são aqueles que identificam e determinam a coisa objeto da tutela postulada, bem como demonstram a relação jurídica que une as partes em torno do objeto e a violação por parte da ré dos deveres atinentes à relação em apreço. O fundamento da causa de pedir da ação executiva *lato sensu* reside na pretensão do autor em ver o Estado, substituindo a vontade do executado por meios sub-rogatórios,

---

[514] OLIVEIRA, Carlos Alberto Alvaro de, Formas..., p. 71.

[515] TALAMINI, op. cit., p. 192.

[516] AMARAL, op. cit., p. 79.

[517] OLIVEIRA, Carlos Alberto Álvaro de, Formas..., p. 70.

realizar imediatamente a obrigação a que o réu estava vinculado pela relação jurídica descumprida.

3.2. DA CAUSA DE PEDIR NO PROCESSO EXECUTIVO

Define Giuseppe Chiovenda a ação executória como "o poder jurídico de fazer existir as condições para a atuação prática da vontade concreta da lei, que garante um bem da vida".[518]

A relação executiva é peculiar, pois, procedendo sobre a base de uma declaração (título executivo), "já se tem formado a convicção dos órgãos executivos com referência a dever-se atuar determinada vontade de lei".[519]

Segundo Antônio Carlos de Araújo Cintra, Ada Pellegrini Grinover e Cândido Rangel Dinamarco,[520] o processo executivo é aquele que tem por resultado específico o provimento satisfativo do direito do credor. De tal modo, é o processo executivo quem põe fim ao conflito interindividual, nem sempre inteiramente eliminado mediante o processo de conhecimento.

Humberto Theodoro Júnior afirma que o processo executivo é aquele no qual "o órgão judicial desenvolve a atividade material tendente a obter, coativamente, o resultado prático equivalente àquele que o devedor deveria ter realizado com o adimplemento da obrigação".[521]

No entanto, a Lei n° 11.232, de 22 de dezembro de 2005, acrescentou ao processo de conhecimento uma fase de cumprimento da sentença, permitindo, portanto, a execução da sentença condenatória nos mesmos autos em que foi formado o título, dispensando a necessidade de citação para início dos atos executivos.

A partir da vigência da aludida lei, ao processo de execução restaram os títulos extrajudiciais e os títulos judiciais que não podem prescindir da citação do devedor no juízo cível (sentença penal condenatória transitada em julgado, sentença arbitral, sentença estrangeira homologada pelo Superior Tribunal de Justiça).

---

[518] CHIOVENDA, *Instituições...*, p. 305.
[519] Idem, p. 64.
[520] CINTRA; GRINOVER; DINAMARCO, op. cit., p. 313.
[521] THEODORO JÚNIOR, *Curso...*, p. 60.

O artigo 585 do Código de Processo Civil[522] apresenta a relação de títulos executivos extrajudiciais. A norma disciplina que são títulos executivos extrajudiciais: a letra de câmbio, a nota promissória, a duplicata, a debênture e o cheque; a escritura pública ou outro documento assinado pelo devedor, o documento particular assinado pelo devedor e por duas testemunhas, o instrumento de transação referendado pelo Ministério Público, pela Defensoria Pública ou pelos advogados dos transatores; os contratos garantidos por hipoteca, penhor, anticrese e caução, bem como os de seguro de vida; o crédito decorrente de foro e laudêmio; o crédito documentalmente comprovado, decorrente de aluguel de imóvel, bem como de encargos acessórios, tais como taxas e despesas de condomínio; o crédito do serventuário de justiça, de perito, de intérprete, ou de tradutor, quando as custas, emolumentos ou honorários forem aprovados por decisão judicial; a certidão da dívida ativa da Fazenda Pública da União, dos Estado, do Distrito Federal, dos Territórios e dos Municípios, correspondente aos créditos inscritos na forma da lei; todos os demais títulos, a que, por disposição expressa, a lei atribuir força executiva (tal como, exemplificativamente, o contrato de honorários advocatícios por força do artigo 24 da Lei 8.906, de 4 de julho de 1994).

Ressalta-se que a possibilidade de lei atribuir, por disposição expressa, força executiva a um título representa a abertura do catálogo de títulos extrajudiciais.

Ensina Teori Albino Zavascki que os títulos executivos extrajudiciais, a exemplo do que ocorre com o título executivo judicial, representam documentalmente uma norma jurídica individualizada que contém obrigação líquida, certa e exigível. Entretanto, ao contrário dos judiciais, nos títulos executivos extrajudiciais a norma jurídica individualizada é formada sem a participação do Estado-juiz (exceto na hipótese do crédito de serventuário da justiça, prevista no inciso V do artigo 585 do Código de Processo Civil).[523]

De qualquer sorte, inicia-se o processo executivo por meio da petição inicial. Esta petição deve estar em consonância com os requisitos genéricos estabelecidos no artigo 282 do Código de Processo Civil e com os requisitos específicos previstos nos artigos 614 e 615 do mesmo diploma processual, independentemente da natureza do título que a aparelha.[524]

---

[522] Artigo com redação dada pela Lei 11.382 de 06 de dezembro de 2006.

[523] ZAVASCKI, Teori Albino. *Título executivo e liquidação*. 2. ed. rev., São Paulo: Revista dos Tribunais, 2001, p. 111.

[524] ASSIS, *Manual...*, p. 396.

Mister destacar que a aplicabilidade do mencionado artigo 282 do Código de Processo Civil no processo executivo, além, de implicação lógico-sistêmica, decorre de previsão expressa do artigo 598 do mesmo Código no sentido de que são aplicadas subsidiariamente à execução as disposições que regem o processo de conhecimento.

Deste modo, todo o processo executivo deverá conter em sua petição inicial, além dos requisitos genéricos (tais como, a identificação das partes, do pedido e dos seus fatos e fundamentos), o título em que é fundado, o demonstrativo atualizado do débito nas execuções por quantia certa, a prova do implemento da condição ou termo, a indicação da espécie de execução proposta.

Tendo em vista que persiste no processo executivo a necessidade de serem descritos os fatos e fundamentos que amparam o pedido expropriatório, é evidente a existência da causa de pedir nesta modalidade processual.

Sob um outro enfoque, afirma-se que, sendo a execução uma das espécies de ações, juntamente com a de conhecimento e da cautelar, também é identificada pelos mesmos elementos: partes, pedido e causa de pedir.[525]

As partes no processo executivo são denominadas exeqüente, para a que figura no pólo ativo, e executada, para a que figura no pólo passivo. Em outras palavras, o exeqüente é quem pede o provimento satisfatório e o executado é quem suportará as medidas executivas.

O pedido no processo executivo, a exemplo do processo de conhecimento, também se divide em pedido mediato e pedido imediato. O pedido mediato é o pleito que diz com o objeto assegurado no título executivo (*corpus*, *genus* e *fecere*), enquanto o pedido imediato decorre da postulação a respeito do meio executório a ser empregado no processo.[526]

Inequívoca a sua existência, cumpre definir como se concretiza a causa de pedir em tal processo.

Antigamente, em sede doutrinária, afirmava-se que a causa de pedir do processo executivo seria a simples invocação do título aparelhador da execução. De tal sorte, para os partidários dessa teoria, a simples indicação do título na inicial (ou seja, o atendimento puro e simples do artigo 614, I, do Código de Processo Civil) seria suficiente para a completude da causa de pedir executiva.

---

[525] VIANA, op. cit., p. 101.
[526] ASSIS, *Manual...*, p. 398.

Partindo para uma análise crítica dessa teoria, Juvêncio Vasconcelos Viana aduz que "o título executivo e a causa de pedir da execução não são coisas exatamente coincidentes ou, melhor dizendo não se pode reduzir a realidade da *causa petendi* ao fenômeno do título executivo".[527]

Conforme dito anteriormente, é requisito do processo executivo a narração dos fatos e dos fundamentos jurídicos que amparam o pedido.

A esse respeito, ensina Araken de Assis que o pedido deve ser fundamentado através da exibição do título executivo, da invocação de seus elementos e da alegação de ocorrência positiva de inadimplemento imputável.[528]

Juvêncio Vasconcelos Viana assenta que a causa de pedir exposta na inicial executiva deverá conter os fatos constitutivos do direito invocado (representados por um título judicial) e os fatos veladores desse direito (aqueles que configurem o inadimplemento).[529]

Destarte, de uma maneira abrangente, pode-se dizer que a causa de pedir no processo executivo é baseada na alegação de existência de crédito inadimplido, de modo que, não basta a simples alusão ao título, mas deve haver a indicação dos seus elementos (natureza, valor do crédito, atualidade).[530]

Outra distinção pertinente, diz respeito à execução dos títulos executivos judiciais (não sujeitos ao cumprimento de sentença) e dos títulos executivos extrajudiciais.

Esta distinção se deve em face da relativa incerteza que paira sobre os títulos executivos extrajudiciais, se comparados com os títulos executivos judiciais. A inicial que os introduz ao processo executivo, deverá estar mais próxima dos requisitos estabelecidos ao processo de conhecimento. Isso significa dizer que "haverá uma certa semelhança entre o conteúdo da causa de pedir (remota) da ação de execução fundada em título extrajudicial e a causa de pedir (também remota) da ação cognitiva condenatória".[531]

Assim, quanto à mutação da causa de pedir remota, o processo de execução fundado em título extrajudicial não possui a mesma sorte do processo de execução de título judicial. Isso porque, enquanto na execução de título judicial há o desaparecimento da concausa cor-

---

[527] VIANA, op. cit., p. 103

[528] ASSIS, *Manual...*, p. 399.

[529] VIANA, op. cit., p. 104.

[530] ASSIS, *Manual...*, p. 397.

[531] VIANA, op. cit., p. 110.

respondente à incerteza jurídica, na execução aparelhada por título extrajudicial a incerteza jurídica permanece em face de não ter sido extirpada por processo de conhecimento anterior.

Entretanto, é necessário reprisar que, embora ainda exista a incerteza a respeito do direito, esta é apenas relativa, dada a presunção de certeza, liquidez e exigibilidade conferida por lei aos títulos extrajudiciais.

A esse respeito, afirma Carlos Silveira Noronha que esta incerteza relativa existente nos títulos extrajudiciais, para fins de avaliação da causa de pedir, persistirá até o julgamento definitivo dos embargos à execução.[532]

Ainda em sede de execução de título extrajudicial, merece destaque a particularidade acerca da causa de pedir nos títulos de crédito.

Os títulos de crédito possuem características que repercutem na identificação do processo executivo a que dão azo. Dentre estas peculiaridades que os cercam, destacam-se os princípios da literalidade, da autonomia e da abstração dos títulos de crédito.

A literalidade é a característica do título de crédito correspondente ao fato de que somente tem validade o que está expressamente escrito no título e, em contrapartida, o que não está escrito nele não pode ser suscitado.[533] Dentre as conseqüências no processo civil do princípio da literalidade está a de que o credor não pode exigir do obrigado, pela via executiva, mais do que a quantia pela qual se obrigou pela cártula, ainda que o negócio jurídico subjacente discipline diversamente.[534] Disso decorre uma limitação quanto ao objeto do processo como um todo, na medida que, embora a relação jurídica originária seja diferente, o autor estará habilitado apenas a postular o que está estampado no título.

Outro princípio de suma relevância no exame dos títulos de crédito, à luz da causa de pedir do processo executivo, é o princípio da autonomia.

Segundo o princípio da autonomia, as obrigações assumidas pela subscrição do título são autônomas com relação ao negócio que originou a emissão da cártula. O princípio da autonomia significa "o fato de não estar o cumprimento das obrigações assumidas por

---

[532] NORONHA, A causa de pedir..., p. 36.

[533] MARTINS, Fran. *Títulos de crédito*. v. 1, 13. ed., Rio de Janeiro: Forense, 2000, p. 7.

[534] ZAVASCKI, op. cit., p. 111.

alguém no título vinculado a outra obrigação qualquer, mesmo ao negócio que deu lugar ao nascimento do título".[535]

Aduz Juvêncio Vasconcelos Viana que estas características imanentes aos títulos de crédito fazem com que se desapeguem da situação que lhes é subjacente, valendo, portanto, autonomamente ao direito que representam. A partir daí, afirma que a causa de pedir em tais casos será a própria existência do crédito cambiário constante da cártula, sendo desnecessária a invocação de fatos antecedentes. Acrescenta, ainda, que caso o autor narre o negócio jurídico subjacente ao título, este será considerado para fins de identificação da demanda como fato simples, estando, portanto, excluído da causa de pedir.

É oportuno observar, contudo, que existem hipóteses em que a autonomia do título cambial não se opera plenamente, podendo vir a ser o negócio jurídico subjacente suscitado como defesa pelo executado. Isso ocorrerá, por exemplo, quando houver coincidência entre o executado e o sujeito passivo da relação originária do crédito representado na cártula. Ou seja, quando o título emitido não tiver circulado.

Esta é, exatamente, a hipótese que excepciona o princípio da inoponibilidade das exceções de ordem pessoal, estampada no artigo 17 do anexo I do Decreto nº 57.663, de 24 de janeiro de 1966 (Lei Uniforme de Genebra). Dispõe o aludido artigo que as pessoas acionadas em virtude de uma letra não podem opor ao portador as exceções fundadas sobre as relações pessoais delas com o sacador ou com os portadores anteriores.

Segundo se extrai do preceito normativo, portanto, circulado o título, não pode o devedor (sacado) apresentar defesa pessoal contra o portador que não participou do negócio jurídico subjacente para não cumprir a obrigação estabelecida na cártula.

Entretanto, adverte Fran Martins que "Naturalmente, se há relações pessoais entre o portador e o devedor, este pode alegá-las, opondo-se ao pagamento".[536]

Diante disso, não havendo a circulação do título de crédito, não se operará o princípio da autonomia, podendo o executado (sacado) opor objeções com relação ao negócio jurídico subjacente em face do exequente (sacador), como causa de pedir em sede embargos à execução.

---

[535] MARTINS, op. cit., p. 8.

[536] Idem, p. 13

3.2.1. Do cumprimento da sentença

Antes da entrada em vigor da Lei n° 11.232, de 22 de dezembro de 2005, o Código de Processo Civil previa, em seu artigo 584, como títulos executivos judiciais a sentença condenatória proferida no processo civil; a sentença penal condenatória transitada em julgado; a sentença homologatória de conciliação ou de transação, ainda que versasse sobre matéria não posta em juízo; a sentença estrangeira, homologada pelo Supremo Tribunal Federal; o formal e a certidão de partilha; a sentença arbitral. A aludida lei revogou o artigo 584 e inseriu no ordenamento jurídico uma nova sistemática de cumprimento da sentença.

O legislador ordinário inseriu os capítulos IX (Da liquidação da sentença) e X (Do cumprimento da sentença) no Título VII (Do processo e do procedimento) do Livro I (Do processo de conhecimento) do Código de Processo Civil. Nesses novos capítulos constam os artigos 475-A a 475-R.

O rol dos títulos executivos judiciais, segundo a nova sistemática, passou a ser previsto no artigo 475-N do Código de Processo Civil. Em geral, não houve modificações significativas com relação ao catálogo do artigo em vigor anteriormente. A nova disciplina dos títulos executivos judiciais preservou a essência da antiga, procurando clarificar questões e conceitos a ela referentes.

Segundo o artigo 475-N do Código de Processo Civil, são títulos executivos judiciais: a sentença proferida no processo civil que reconheça a existência de obrigação de fazer, de não fazer, de entregar coisa ou de pagar quantia; a sentença penal condenatória transitada em julgado; a sentença homologatória de conciliação ou de transação, ainda que inclua matéria não posta em juízo; a sentença arbitral; o acordo extrajudicial, de qualquer natureza, homologado judicialmente; a sentença estrangeira, homologada pelo Superior Tribunal de Justiça; o formal e a certidão de partilha, exclusivamente em relação ao inventariante, aos herdeiros e aos sucessores a título singular ou universal.

Como se pode observar, a nova disciplina dos títulos executivos judiciais deslocou o foco da execução das sentenças condenatórias, para as sentenças que estabeleçam direitos obrigacionais de diversas naturezas entre as partes; inseriu, de modo expresso, o acordo extrajudicial homologado judicialmente; transferiu a competência para a homologação de sentença estrangeira do Supremo Tribunal Federal para o Superior Tribunal de Justiça e agregou o texto do parágrafo único do artigo 584 ao correspondente inciso que trata do formal e da certidão de partilha.

Os títulos executivos judiciais passaram a ser cumpridos (salvo os títulos judiciais que não podem prescindir da citação do devedor no juízo cível) nos termos dos artigos 475-I e seguintes do Código de Processo Civil. Inicialmente, cumpre destacar que o artigo 475-I apresenta duas possibilidades distintas de cumprimento da sentença. Estabelece que a sentença será cumprida, de regra, segundo os ditames dos artigos 461 e 461-A, enquanto, para o caso específico das obrigações por quantias certas, o cumprimento se dará com observância dos artigos 475-J e seguintes.

A primeira hipótese de cumprimento de sentença atende às demandas que tenham por objeto obrigação de fazer, de não fazer e de entregar coisa. Dispõe o artigo 461 do Código de Processo Civil que, na ação que tenha por objeto o cumprimento de obrigação de fazer ou de não fazer, o juiz concederá a tutela específica da obrigação ou determinará providências que assegurem o resultado prático equivalente. Acrescenta o § 5º do mesmo artigo que, para a efetivação da tutela específica ou para a obtenção do resultado prático equivalente, poderá o juiz, de ofício ou a requerimento, determinar as medidas necessárias, tais como a imposição de multa por tempo de atraso, a busca e apreensão e remoção de pessoas e de coisas, o desfazimento de obras e impedimento de atividade nociva, inclusive, se necessário, com requisição de força policial. Nas ações que tenham por objeto a entrega de coisa (disciplinadas pelo artigo 461-A, do Código de Processo Civil) o juiz, ao conceder a tutela específica, fixará o prazo para o cumprimento da obrigação. Salienta-se que, sendo impossível a efetivação da tutela específica ou a obtenção de resultado prático equivalente da obrigação, poderá haver a sua conversão em perdas e danos. A conversão em perdas e danos também poderá ser realizada a requerimento do autor.

A segunda hipótese de cumprimento da sentença vai ao encontro da realização das obrigações por quantia certa. Nas sentenças que condenem uma das partes ao pagamento de quantia certa ou cujo montante tenha sido definido em sede liquidatória, o credor da obrigação poderá requerer a execução da quantia se o devedor não a cumprir no prazo de quinze dias. Estabelece o artigo 475-J que o requerimento de execução deverá atender ao que dispõe o inciso II do artigo 614 do Código de Processo Civil, ou seja, fazer-se acompanhar do pedido de execução com o demonstrativo do débito atualizado até a data da propositura da ação.

Estabelecidas as duas mecânicas de cumprimento da sentença, passa a ser viável a verificação acerca da existência e da identificação da causa de pedir no procedimento do cumprimento da sentença.

Embora inexista na nova sistemática a instauração de um novo processo, parece inegável que o pleito condenatório atendido na sentença prescinde da eficácia executiva preponderante necessária para os atos de sub-rogação atinentes ao cumprimento da sentença.

Essa aparente incongruência decorre da natureza distinta das relações jurídicas existentes entre as partes. De um lado, existe uma relação procedimental, que, a partir da nova sistemática, passou a ser una. De outro lado, existem as diversas formas de tutela necessárias para a efetividade do direito postulado na exordial, que tanto antes, quanto depois da Lei nº 11.232/2005, se apresentam múltiplas na atividade condenatória e executória da tutela jurisdicional prestada.

Muito antes da mencionada reforma legislativa, em 1978, Pontes de Miranda afirmava que seja como for a eficácia executiva (em um mesmo processo em conjunto com eficácia condenatória, ou em processos separados), "a unicidade de processo, dependente de simpatias do legislador processual, não pode elidir a dualidade das pretensões e ações, condenatórias e executivas".[537]

Carlos Alberto Alvaro de Oliveira, ainda enquanto tramitava o projeto de lei que tratava do cumprimento da sentença, não mostrava dúvidas acerca da permanência da tutela condenatória, nada obstante as simplificações formais introduzidas pela nova sistemática.[538]

Aliás, este também é o posicionamento de Athos Gusmão Carneiro, mentor da reforma em apreço. Discorrendo acerca as características da "nova execução", Athos Gusmão Carneiro afirma que "assim, na sentença condenatória por quantia líquida (ou após a liquidação da sentença), o devedor terá o prazo de quinze dias para cumprir voluntariamente sua obrigação de pagar".[539]

De outro lado, Leonardo Greco reconhece, mesmo antes da Lei nº 11.232/2005, a possibilidade de existir tutela jurisdicional executiva sem que seja reclamada em processo autônomo, "desde que a atividade executória seja complementar da atividade cognitiva ou

---

[537] MIRANDA, *Tratado das ações*. t. VII, p. 10.

[538] OLIVEIRA, Carlos Alberto Alvaro de. Formas..., p. 69.

[539] CARNEIRO, Athos Gusmão. Nova execução. Ande vamos? Vamos melhorar. *In Revista de Processo*, a. 30, n. 123, maio de 2005, p. 118.

tão singela que não justifique a instauração de uma relação processual autônoma".[540]

Destarte, embora exista um único processo unindo as partes, vislumbra-se que a sentença condenatória proferida permanece prescindindo de atos sub-rogatórios para modificar os fatos da vida.

Da necessidade desses atos sub-rogatórios é que parte da doutrina afirma que a sentença condenatória, pela sistemática do cumprimento, também é dotada de eficácia executiva preponderante, o que dispensa o ajuizamento de um novo processo autônomo.[541]

Data venia, parece inadequada o mencionado entendimento, na medida que não se pode conceber duas eficácias preponderantes em um mesmo processo ao mesmo tempo. Tal assertiva fere de morte não só a teoria das cargas eficaciais como também as próprias regras lingüísticas (ou uma coisa é preponderante sobre outra, ou não pode existir relação de preponderância entre elas).

Ademais, considerando o processo como um concatenado de atos realizados ao longo do tempo, a nova sistemática executiva não agrega carga nenhuma ao pleito condenatório postulado na exordial, mas simplesmente possibilita que a aludida tutela receba efetividade sem que se instaure relação processual autônoma. Tanto é assim que, iniciado o cumprimento da sentença, a demanda anteriormente condenatória, perde por completo qualquer traço da carga eficacial preponderante inicial, assumindo preponderantemente a forma adequada à tutela executiva.

O que se vê, grosso modo, é a substituição de uma tutela com eficácia preponderante por outra diversa no curso de um mesmo processo.

Esta idéia é antevista nos ensinamentos de Luiz Guilherme Mariononi quando afirma que "a ação é o agir para a obtenção da tutela do direito, ela não se exaure com o julgamento do mérito e, assim, não pode ser indiferente aos meios de execução de sentença, pois esses são imprescindíveis para a efetiva tutela do direito material".[542]

A opção do legislador, em concentrar duas formas de tutelas com eficácias preponderantes em momentos distintos em uma mesma relação processual, antes de representar uma preocupação com o apuro técnico, decorreu, a toda evidência, de medida de ordem

---

[540] GRECO, Leonardo. A execução e a efetividade do processo. *In Revista de Processo*, n. 94, abr./jun. de 1999, p. 46.

[541] CARNEIRO, Nova execução..., p. 120.

[542] MARINONI, Luiz Guilherme. Da ação abstrata e uniforme à ação adequada à tutela dos direitos. *In Revista da AJURIS*, a. XXXII, n. 100, dezembro de 2005, p. 301.

prática. O objetivo perseguido diz com a necessidade de assegurar maior efetividade aos provimentos condenatórios a partir da supressão de entraves processuais que, por vezes, obstaculizavam o acesso ao direito assegurado na sentença. Deste modo, a opção pela unicidade de relação processual abreviou o acesso aos mecanismos da tutela executiva, suprimindo a necessidade de ato citatório (instaurador de uma nova relação processual).

Entretanto, embora inexista a propositura formal de uma nova demanda para fins de promover a execução, o requerimento de cumprimento da sentença de que trata o artigo 475-J do Código de Processo Civil deverá expor as circunstâncias que caracterizem o direito estampado na sentença e que demonstrem o seu descumprimento por prazo superior a 15 dias, além de requerer a expedição de mandado de penhora e de avaliação.

Aponta José Henrique Mouta Araújo como requisitos para o cumprimento da sentença: existência de quantia líquida ou precedida de liquidação; ocorrência de trânsito em julgado da decisão ou pendência de julgamento de recurso sem efeito suspensivo, ensejando a execução provisória e ausência de cumprimento da obrigação no prazo fixado pela sentença.[543]

Salienta-se que, embora este requerimento não se trate de petição inicial nos termos integrais dos artigos 282 e 614 do Código de Processo Civil, o pedido de cumprimento de sentença revela, necessariamente, tanto o pedido, quanto a causa de pedir, da eficácia executiva que passará a se desenvolver no processo.

Outro ponto que chama a atenção é o de que, caracterizando a tutela como executiva, o credor possui a disponibilidade de requer ou não o cumprimento da sentença.

Deste modo, pode se concluir que, mesmo se desenvolvendo em uma única relação processual, a alteração da eficácia material ocorrida no curso do processo depende de novo pedido e de nova exposição de causa de pedir, sem que isso represente modificação dos elementos objetivos da demanda condenatória, pois se revelam relações jurídicas distintas.

Estabelecida a existência de causa de pedir especificamente quanto ao requerimento de cumprimento de sentença, passa-se a analisar o seu conteúdo.

Doutrina Carlos Silveira Noronha, ainda na antiga sistemática da execução de título judicial, que, no processo executório fundado

---

[543] ARAÚJO, José Henrique Mouta. O cumprimento da sentença e a 3ª etapa da reforma processual : primeiras impressões. *In Revista de Processo*, a. 30, n. 123, maio de 2005, p. 149.

em título judicial, ocorre uma transformação da causa de pedir com relação ao processo de conhecimento. Isso se deve ao fato de que a causa de pedir do processo originário deixa de ser complexa – dado o desaparecimento da concausa (constituída pela incerteza jurídica acerca do direito postulado), que, juntamente com a causa originária (fatos constitutivos do direito do autor), forma a causa de pedir remota – passando a ser uma causa de pedir remota simples, em face da persistência apenas do descumprimento dos fatos constitutivos da causa de pedir remota.

Sob outro ponto de vista, afirma Juvêncio Vasconcelos Viana que, na causa de pedir executiva amparada por título judicial, é desnecessária a indicação da *causa petendi* ativa (fatos geradores do crédito), bastando ao credor narrar o inadimplemento (*causa petendi* passiva) e fazer referência ao título. Distingue, no entanto, quanto à imperiosidade da narração da causa de pedir ativa, os títulos judiciais executados perante o órgão jurisdicional que os prolatou dos demais títulos judiciais. Entende que somente será dispensada a narração da causa de pedir ativa quando a execução for promovida perante o mesmo órgão judicante criador do título em execução. Desta forma, por exemplo, as execuções judiciais fundadas em sentença arbitral ou em sentença estrangeira homologada devem conter a narração dos fatos geradores do crédito para que se complete adequadamente a causa de pedir.

Tratando da execução de títulos judiciais (revigorada pela redação da Lei nº 11.232, de 22 de dezembro de 2005), Araken de Assis afirma que "a causa de pedir na execução consiste na afirmação realizada pelo credor de que o obrigado não satisfez, espontaneamente, o direito reconhecido no título"[544] e enquadra tal assertiva na combinação do *caput* do artigo 580 com o artigo 475 – N, ambos do Código de Processo Civil. Partindo dos preceitos normativos, acrescenta que o título e o inadimplemento representam requisitos para a execução e não constituem, propriamente, condição da ação executiva. Deste modo, conclui que "o pronunciamento judicial acerca da existência, ou não, de inadimplemento respeita ao mérito, tanto que cabe ao executado alegar pagamento mediante impugnação (art. 475-L, VI)".[545]

Ademais, enquadrado o título nas hipóteses do inciso III, do artigo 614, do Código de Processo Civil, ainda que seja ele título judicial, deverá o exeqüente demonstrar o implemento da condição ou termo a que se submete o crédito. Deste modo, far-se-á necessá-

---

[544] ASSIS, *Cumprimento...*, p. 253.
[545] Idem, p. 254.

ria a descrição do fato gerador do crédito e de sua perfectibilização posterior à constituição do título.

Situação similar ocorre nos títulos judiciais que impõem ao exeqüente o cumprimento de obrigação (contraprestação) para ser legitimado a exigir a prestação estampada no título, tal como estatuído no artigo 615, inciso IV, do Código de Processo Civil. Também nessa hipótese, o exeqüente deverá demonstrar as circunstâncias que geraram o direito ao seu crédito.

Por fim, a nova sistemática do cumprimento da sentença, nos termos do artigo 475-L do Código de Processo Civil, trouxe para dentro do procedimento a possibilidade de o executado apresentar sua *causa excipiendi*. Estabelece o mencionado artigo que a impugnação do executado somente poderá versar sobre: falta ou nulidade da citação se o processo correu à revelia; inexigibilidade do título; penhora incorreta ou avaliação errônea; ilegitimidade de partes; excesso de execução; qualquer causa impeditiva, modificativa ou extintiva da obrigação, como pagamento, novação, compensação, transação ou prescrição, desde que superveniente à sentença. Deste modo, além de possibilitar que o executado deduza suas razões na própria execução, a lei determinou quais as matérias possíveis de serem alegadas com *causa excipiendi*.

3.3. DA CAUSA DE PEDIR NO PROCESSO CAUTELAR

À guisa de introdução a respeito do processo cautelar, é valioso o ensinamento de Francesco Carnelutti de que o processo cautelar se insere como um *tertium genus* de processo contencioso, juntamente com os processos de conhecimento e de execução.[546] O processo cautelar é contencioso porque tem como pressuposto a existência de uma lide e é um gênero autônomo porque o seu escopo não é a composição da lide, nem o seu efeito pretendido é a declaração de certeza de uma relação jurídica. O processo cautelar tem por finalidade a declaração de certeza de meros fatos, em razão dos quais é necessário, ou ao menos oportuno que se iniba, se elimine ou se antecipe uma modificação da situação entre as partes e, portanto, se possibilite que sejam cumpridos outros fatos idôneos para garantir o desenvolvimento do processo de cognição ou de execução para a composição da lide.[547]

---

[546] CARNELUTTI, *Derecho...*, p. 413-414.

[547] Idem, p. 418-419.

Acrescenta Ovídio Baptista da Silva que a diferença entre um processo de conhecimento e outro que seja cautelar se limita à intensidade da cognição que o magistrado deve desenvolver para produzir o julgamento, de modo que, sob o ponto de vista estrutural, ambos os procedimentos são idênticos.[548]

Em consonância com Francesco Carnelutti, Humberto Theodoro Júnior assenta que com a ação cautelar não se atinge a composição da lide, mas somente se afasta o perigo de dano ao eventual direito subjetivo a ser tutelado jurisdicionalmente no processo principal.[549]

Deste modo, a atividade cautelar foi concebida a partir da necessidade de evitar que o dano advindo da inobservância do direito fosse agravado pelo "inevitável retardamento do remédio jurisdicional".[550]

A dicção normativa (artigo 801 do Código de Processo Civil) aponta que o requerente da medida cautelar deverá, mediante petição escrita, indicar a autoridade judiciária a que foi dirigida; o nome, o estado civil, a profissão e a residência do requerente e do requerido; a lide e o seu fundamento; a exposição sumária do direito ameaçado e o receio de lesão. Entretanto, ressalva o parágrafo único do artigo 801 do Código de Processo Civil que não será necessária a exposição da lide e seu fundamento quando a cautelar for proposta no curso da demanda principal.

A classificação da medida cautelar entre preparatória e incidental, cuja previsão legal está expressa no artigo 796 do Código de Processo Civil, leva em conta o momento em que o procedimento foi instaurado com relação à demanda a que a cautelar é assessória. Será, portanto, preparatório o processo cautelar ajuizado antes da propositura da demanda principal, enquanto será incidental o processo cautelar ajuizado no curso da demanda principal.

Destarte, é premissa da aludida classificação a natureza acessória e dependente da demanda cautelar. Reconhecendo a autonomia sob o ponto de vista procedimental das cautelares, Ovídio Baptista da Silva destaca que o Código de Processo Civil estabeleceu, modo absoluto, a determinação de que todo o procedimento cautelar não poderá sobreviver sem que haja um "processo principal" de que ele necessariamente seja acessório e dependente.[551]

---

[548] SILVA, Ovídio A. Baptista da. *Curso de processo civil.* v. 3, 3. ed. rev., atual. e ampl., São Paulo: Revista dos Tribunais, 2000, p. 118.

[549] THEODORO JÚNIOR, *Curso...*, p. 60.

[550] CINTRA; GRINOVER; DINAMARCO, op. cit., p. 317.

[551] SILVA, Ovídio A. Baptista da. *Curso...*, v. 3, p. 121.

De outra banda, conforme dito anteriormente, verifica-se que o processo cautelar, a exemplo dos processos de conhecimento e de execução, também é identificado pelos mesmos elementos: partes, pedido e causa de pedir.[552]

No entanto, a diferenciação no tratamento entre as cautelares preparatórias e as cautelares incidentais terá repercussão na apreciação da inicial, mas não afetará, propriamente, a causa de pedir da demanda cautelar.

Assenta José Maria Rosa Tesheiner que, em se tratando de ação preparatória, é necessário, ainda, que se indique a lide e seu fundamento (art. 801, parágrafo único), isto é, o objeto da pretensão a ser deduzida na ação principal e o seu fundamento jurídico; em suma, a indicação do pedido e da *causa petendi* da ação preparada.[553]

Apresentando crítica à exigência de que na inicial das cautelares preparatórias deva ser apresentada a "lide e seu fundamento", Ovídio Baptista da Silva[554] assevera que a leitura literal do texto da lei leva a crer que exista uma única lide que abranja, tanto o processo cautelar, quanto à demanda principal. Esse equívoco, conclui, parte da ausência de percepção acerca da "existência de uma lide cautelar, inconfundível – pela *causa petendi* e pelo pedido – com a lide principal".

A exigência legal da descrição dos elementos caracterizadores da demanda principal encontra fundamentação lógica na necessidade de o magistrado conhecer o objeto sobre o qual irá pronunciar decisão assecuratória. Salienta-se que, antes da propositura da demanda principal, o juiz da causa não tem como conhecer os elementos identificadores da controvérsia. Assim, considerando-se que a finalidade do processo cautelar preparatório é evitar que ocorra dano a direito a ser tutelado em demanda judicial (processo principal), é mais do que lógica a necessidade de exposição do direito que se pretende assegurar sob pena de a cautela não o abranger. Na prática, a imperiosidade da indicação dos elementos da ação principal no processo cautelar preparatório decorre da necessidade de o magistrado da causa conhecer do direito ameaçado e ter condições de adotar medida que atenda a sua adequada proteção.

Deste modo, não deve ser confundida a exposição da lide e dos fundamentos da ação principal, em sede de processo cautelar preparatório, com a própria causa de pedir da cautelar. Isso porque, a

---

[552] VIANA, op. cit., p. 101.

[553] TESHEINER, José Maria Rosa. *Medidas cautelares*. São Paulo: Saraiva, 1974, p. 22.

[554] SILVA, Ovídio A. Baptista da. *Curso...*, v. 3, p. 130.

causa de pedir da demanda cautelar não está fundada nos fatos e nos fundamentos que conduzem a um direito, mas decorre dos fatos e dos fundamentos que apontam uma ameaça àquele direito.

A doutrina tem identificado os requisitos do *fumus* e do *periculum damnum* como os elementos que integram a causa de pedir da lide cautelar.[555]

Afirma Victor Bomfim Marins que a causa de pedir no processo cautelar é "a situação de perigo que o autor pretenda afastar por afirmar danosa à realização da sentença no processo principal, ao lado da verossimilhança do direito neste processo sustentado".[556]

José Maria Rosa Tesheiner, tratando da petição inicial do processo cautelar, aponta que o requisito correspondente à exposição sumária do direito ameaçado e dos fatos dos quais resulta o receio da lesão (artigo 801, inciso IV, do Código de Processo Civil) corresponde à sua *causa petendi*,[557] "motivo por que a inicial deve conter a exposição sumária do direito ameaçado e indicar os fatos que tornam objetivo o receio de lesão".[558]

Pretendendo a realização de estudo mais detido da causa de pedir no processo cautelar, serão identificadas as causas de pedir de cada uma das modalidades de processos cautelares específicos (nominados).

Quanto aos processos cautelares inominados, aqueles que não têm previsão expressa no código, dada a impossibilidade de se realizar de antemão avaliação a respeito do seu conteúdo, bem como da infindável possibilidade de causas que podem dar ensejo a medida dessa natureza, não será possível a sua analise pontual. De qualquer forma, a causa de pedir nas cautelares atípicas advirá das circunstâncias que envolvem o perigo de dano e da aparência do bom direito que se pretende tutelar.

Ademais, oportuno mencionar que os procedimentos cautelares a seguir examinados não receberão tratamento exauriente, de modo que apenas as circunstâncias que dizem respeito à identificação das suas causas de pedir serão analisadas. Tal circunstância decorre da necessidade de ser mantido o foco do estudo exclusivamente sobre a causa de pedir, evitando a dispersão inevitavelmente ocasionada se fosse levado a efeito um exame minudente das particularidades de cada uma das cautelares específicas. Ademais não serão todos os

---

[555] CUNHA, Alcides Munhoz da. *Comentários ao código de processo civil*. v. 11, São Paulo: Revista dos Tribunais, 2001, p. 257.

[556] MARINS, Victor A. A. Bomfim, op. cit., p. 132-133.

[557] TESHEINER, *Medidas...*, p. 22.

[558] Idem, p. 31.

procedimentos previstos no capítulo II do título único (Das medidas cautelares) do livro III (Do processo cautelar) do Código de Processo Civil que receberão tratamento quanto à causa de pedir, mas somente aqueles que se revestem de verdadeira eficácia cautelar.

Feita esta advertência, cumpre prosseguir com a análise da causa de pedir dos procedimentos cautelares específicos.

3.3.1. Da causa de pedir no arresto

O primeiro dos procedimentos cautelares previstos no Código de Processo Civil é o do arresto. Previsto nos artigos 813 a 821 do Código de Processo Civil, o arresto é a medida cautelar que tem por escopo garantir futura execução por quantia certa, por meio de apreensão judicial de bens indeterminados do patrimônio do devedor.[559]

A relação havida entre a cautelar de arresto e a futura execução por quantia certa é tamanha que, julgada procedente a ação principal, o arresto se resolve em penhora (artigo 818 do Código de Processo Civil).

O risco de inefetividade prática da futura execução fica configurado, como causa de cabimento do arresto (artigo 813 do Código de Processo Civil), quando: o devedor sem domicílio certo intenta ausentar-se ou alienar os bens que possui, ou deixa de pagar a obrigação no prazo estipulado; o devedor com domicílio certo se ausenta ou tenta ausentar-se furtivamente; o devedor com domicílio certo, caindo em insolvência, aliena ou tenta alienar bens que possui; contrai ou tenta contrair dívidas extraordinárias; põe ou tenta pôr os seus bens em nome de terceiro; ou comete outro qualquer artifício fraudulento, a fim de frustrar a execução ou lesar credores; o devedor, que possui bens de raiz, intenta aliená-los, hipotecá-los ou dá-los em anticrese, sem ficar com algum ou alguns, livres e desembargados, equivalentes às dívidas. Salienta-se que o arresto terá lugar, também, em outros casos em que a lei preveja expressamente sua possibilidade, tal como ocorre nos artigos 653 e 654 do Código de Processo Civil.

De tal forma, o manejo da cautelar de arresto de bens decorre da necessidade de o credor garantir a existência de bens do devedor sobre os quais possam incidir penhora em provável execução por quantia certa.

---

[559] THEODORO JÚNIOR, Humberto. *Processo cautelar*. 21. ed. rev. e atual., São Paulo: Leud, 2004, p. 213.

Entretanto, para a concessão da medida de arresto não basta se estar diante apenas de uma das hipóteses de seu cabimento. É necessário, também, que sejam atendidos os requisitos específicos da medida. Estabelece o artigo 814 do Código de Processo Civil que para a concessão do arresto é essencial a prova literal da dívida líquida e certa e a prova documental ou justificação de alguma das hipóteses de cabimento da medida. Acerca da mencionada "prova literal da dívida liquida e certa", o parágrafo único do mencionado artigo a equipara, para fins de arresto, com a sentença, líquida ou ilíquida, pendente de recurso, condenando o devedor ao pagamento de dinheiro ou de prestação que em dinheiro possa converter.

Humberto Theodoro Júnior vê nos requisitos para a concessão do arresto (prova literal da dívida líquida e certa e prova documental ou justificação dos casos de cabimento da medida) correspondência com a especificação dos pressupostos genéricos da tutela cautelar: *fumus boni iuris* e *periculum in mora*.[560] Deste modo, para o processualista mineiro, a prova de dívida líquida e certa corresponde ao *fumus boni iuris*, enquanto e demonstração de uma das hipóteses de cabimento do arresto prevista no artigo 813 do Código de Processo Civil corresponde ao fundado receio de dano (*periculum in mora*).

Quanto ao seu alcance, a medida que determina o arresto abrange todos os bens que seriam passíveis de penhora de quem sofre seus efeitos. Ressalva, no entanto, Ovídio Baptista da Silva que, em determinadas hipóteses, mesmo bens impenhoráveis podem ser arrestados. Apresenta com exemplo dessa possibilidade o arresto sobre "uma *universitas facti*, como um estabelecimento agrícola que, sendo impenhorável, enquanto tal, por não ser passível de alienação em praça, pode ser arrestado para que, depois, sobre os bens que o formam incida a penhora".[561]

Das peculiaridades do arresto, pode-se definir a sua causa de pedir a partir da identificação dos fatos essenciais e dos fundamentos que a compõem.

Os fatos jurídicos do pedido de arresto dizem respeito ao evento histórico que incida em uma das hipóteses de cabimento do arresto, previstas no artigo 813 do Código de Processo Civil, bem como a demonstração que o requerente é titular de direito líquido e certo que se encontra ameaçado pelos fatos que dão azo à medida. Deste modo, a causa de pedir remota da cautelar de arresto se apresenta composta, tendo em vista que são necessários dois fatos jurídicos simultaneamente para a sua constituição.

---

[560] THEODORO JÚNIOR, *Processo...*, p. 220.
[561] SILVA, Ovídio A. Baptista da. *Curso...*, v. 3, p. 227.

O fundamento jurídico do pedido de arresto está consubstanciado na existência de uma situação de fato que gera risco de dano a um direito de crédito (líquido e certo), que o requerente detém em face do requerido, em razão da demora na prestação jurisdicional definitiva.

3.3.2. Da causa de pedir na cautelar de seqüestro

O seqüestro é a modalidade de processo cautelar prevista nos artigos 822 a 825 do Código de Processo Civil.

O seqüestro é a medida cautelar apta a assegurar uma futura execução para entrega de coisa certa.[562] Deste modo, o seqüestro recai sobre um bem determinado que represente a *coisa litigiosa* controvertida, ou a ser controvertida, no processo principal.

A intenção que reveste a cautela diz com o temor de que, no lapso de tempo em que se desenvolve o processo principal, a coisa certa que se pretende com a procedência do pedido se perca ou se deteriore na posse de quem a detém.

Ovídio Baptista da Silva define o seqüestro como a medida cautelar que se opera a partir da apreensão judicial de coisa determinada e sua entrega a depositário, tendo como escopo impedir que a mesma seja subtraída, ou alienada fraudulentamente, destruída ou danificada por quem a detenha em prejuízo do direito de propriedade ou posse do requerente.[563]

Quanto ao procedimento, e demais circunstâncias gerais do seqüestro, o artigo 823 do Código de Processo Civil estatui que se lhe aplicam as regras atinentes ao arresto no que couber.

A respeito estritamente ao seqüestro, estabelece o Código de Processo Civil, em seu artigo 822, que existem três causas, além das expressamente previstas em legislação extravagante, para a sua decretação.

A primeira das causas é o seqüestro sobre bens móveis, semoventes ou imóveis quando lhes for disputada a propriedade ou a posse e houver fundado receio de rixas ou danificações do mesmo.

A segunda causa de decretação da medida cautelar em apreço se dá quando o réu, depois de condenado por sentença, ainda que sujeita a recurso, dissipar os frutos e rendimentos do imóvel reivindicado, recaindo a medida, exatamente, sobre esses frutos e rendimentos.

---

[562] SILVA, Ovídio A. Baptista da. *Curso...*, v. 3, p. 232.
[563] Idem, p. 234.

Por fim, a terceira causa corresponde ao seqüestro dos bens do casal, nas ações de divórcio, separação e anulação de casamento, se um dos cônjuges os tiver dilapidando.

Embora a lei processual apresente três situações distintas de cabimento da cautelar de seqüestro, em todas elas a causa de pedir é composta de maneira similar.

Os fatos jurídicos do pedido devem corresponder à caracterização: do bem a ser seqüestrado; do exercício da posse do requerido sobre o bem e da dissipação, dilapidação, danificação promovida sobre o bem pelo requerido.

O fundamento jurídico do pedido decorre da titularidade sobre o bem a ser seqüestrado, ainda que não reconhecida de forma definitiva no processo principal ou exercida em co-propriedade, e de que o atual possuidor toma medidas que desatendem a integridade da coisa.

3.3.3. Da causa de pedir na cautelar de busca e apreensão

A cautelar de busca e apreensão é a medida prevista nos artigos 839 a 843 do Código de Processo Civil, que se aplica a pessoas e a coisas.

Disciplina o artigo 840 do Código de Processo Civil que o requerente deverá expor na petição inicial de busca e apreensão, além da razão justificativa da medida postulada, a ciência de estar a pessoa ou coisa no lugar designado.

Destaca-se que a exigência de que o requerente defina o local onde se efetivará a medida postulada não repercute na formação da causa de pedir do processo de busca e apreensão. O fato de a coisa estar em um lugar determinado e este evento ser narrado pelo requerente, não configura, de *per si*, um fato constitutivo de um direito, mas apenas um fato secundário que se mostra indispensável para a obtenção do efeito prático pretendido com o processo.

Como decorrência da secundariedade do fato atinente ao local da pessoa ou coisa, se houver modificação pelo autor da indicação do local, não se estará diante de uma nova demanda. Aliás, a modificação do local, da pessoa, ou da coisa, na prática, é evento costumeiro, ainda mais se levado em conta que somente sobre bens móveis e pessoas pode recair a medida.

Destarte, na cautelar de busca e apreensão o requerente exporá, a título de causa de pedir, apenas as razões justificativas da medida, consistente na aparência do direito e no perigo de dano, elementos inerentes a todo processo cautelar, bem como caracterizará a pessoa ou coisa sobre a qual recairá a medida.

3.3.4. Da causa de pedir na cautelar de exibição

A cautelar de exibição de documento é medida que atende às necessidades não abrangidas pela ação incidental prevista nos artigos 355 a 363 do Código de Processo Civil.

Dispõe o artigo 844 do Código de Processo Civil que tem lugar, como procedimento preparatório, a exibição judicial: de coisa móvel em poder de outrem e que o requerente repute sua ou tenha interesse em conhecer; de documento próprio ou comum, em poder de co-interessado, sócio, condômino, credor ou devedor; ou em poder de terceiro que o tenha em sua guarda, como inventariante, testamenteiro, depositário ou administrador de bens alheios; da escrituração comercial por inteiro, balanços e documentos de arquivo, nos casos expressos em lei.

Ensina Ovídio Baptista da Silva que a distinção entre a exibição incidental de documentos e a exibição cautelar de documentos é a de que, enquanto na primeira demanda há a produção de uma prova, na segunda se está assegurando os elementos de uma prova.[564] Conclui, assim, que, dada essa particularidade, a cautelar de exibição de documento jamais será incidental, mas, pelo contrário, sempre antecedente à demanda principal.[565]

Humberto Theodoro Júnior afirma que o que caracteriza a exibição como medida cautelar é a sua utilidade em evitar o risco de uma ação mal proposta ou deficientemente instruída, de modo a evitar uma situação de prova impossível ou inexistente no curso do futuro processo.[566]

A causa de pedir do processo cautelar de exibição se materializa nos fatos que correspondam à relação entre o direito pretendido na demanda principal a ser proposta (tendo em vista que sempre será cautelar antecedente) e o documento ou coisa que se pretende exibir. O fundamento do direito de exibição, modo cautelar, está na asseguração do direito do autor de conhecer os dados que amparam uma pretensão a ser veiculada em processo judicial. Salienta-se que o fundamento do direito de ver exibido documento ou coisa está relacionado ao dever do demandante em indicar na petição inicial

---

[564] SILVA, Ovídio A. Baptista da. *Curso...*, v. 3, p. 273.

[565] Idem, p. 273-274.

[566] THEODORO JÚNIOR, *Processo...*, p. 324.

todos os fatos e fundamentos jurídicos do pedido, bem como instruí-la com todos os documentos indispensáveis à propositura da ação.

3.3.5. Da causa de pedir na cautelar de produção antecipada de prova

A cautelar de produção antecipada de prova está disciplinada nos artigos 846 a 851 do Código de Processo Civil.

Victor Bomfim Marins, versando sobre a cautelar em apreço, define que "assegurar prova para sua futura produção significa praticar e documentar, havendo necessidade, antes da propositura da ação principal ou antes do momento processual adequado, os atos que servirão de prova".[567]

A cautelaridade em tal processo somente se fará presente quando a medida for postulada antes do ajuizamento da demanda principal.[568] Do contrário, não se estaria assegurando a prova a ser produzida, mas produzindo-a antecipadamente.[569] Em sentido contrário, parte da doutrina afirma que a cautelar de produção antecipada de prova também poderá ser proposta incidentalmente à demanda principal, nas hipóteses em que, atendendo aos requisitos da cautelaridade, a prova deva ser produzida antes do momento processual oportuno, ou seja, quando for imperioso que se produza a prova antes da audiência de instrução sob pena de perecimento do direito.[570]

No que diz respeito aos meios em que será produzida a prova, estabelece o artigo 846 do Código de Processo Civil que pode consistir em interrogatório da parte, inquirição de testemunhas e exame pericial.

As hipóteses em que é admitida a produção antecipada de prova ocorrem quando a parte ou a testemunha a ser interrogada-inquirida tiver de ausentar-se ou houver justo receio de que ao tempo da instrução do processo principal a prova já não exista ou esteja impossibilitada de depor, por motivo de idade ou moléstia grave (artigo 847 do Código de Processo Civil).

Quanto ao "interrogatório da parte" de que trata a cautelar em tela, ensina Ovídio Baptista da Silva que, em verdade, o que ocorre é o depoimento pessoal do réu, embora, não se reconheça a possibili-

---

[567] MARINS, Victor A. A. Bomfim. op. cit., p. 276-277.
[568] THEODORO JÚNIOR, *Processo...*, p. 340.
[569] SILVA, Ovídio A. Baptista da. *Curso...*, v. 3, p. 291.
[570] MARINS, Victor A. A. Bomfim. op. cit., p. 285.

dade de aplicar-se-lhe a pena de confesso quando da sua recusa em prestar depoimento.[571] Salienta-se que esta afirmação é concebida a partir da idéia de que para ser cautelar a produção de prova deverá anteceder a propositura da demanda principal. Deste modo, não se admite a imposição de sanção de confesso ao réu porque "as conseqüências, para a avaliação probatória, decorrentes da recusa em prestar depoimento pessoal, em ação de asseguração de prova (art. 846), haverão de ser tiradas pelo juiz da causa onde essa prova venha a ser produzida".[572]

Além do depoimento da parte e da inquirição de testemunha é cabível a produção antecipada de prova pericial na hipótese do artigo 849 do Código de Processo Civil. Estatui o mencionado diploma que havendo fundado receio de que venha a se tornar impossível ou muito difícil a verificação de certos fatos na pendência da ação é admissível o exame pericial.

Doutrina Ovídio Baptista da Silva que são possíveis, em sede de cautelar de produção antecipada de prova, todas as modalidades de provas técnicas admitidas em nosso direito.[573] Ressalva, porém, que os arbitramentos, as avaliações, e as inspeções judiciais não serão admitidas como medidas cautelares assecuratórias de prova, por se caracterizarem, as duas primeiras, por produção e não asseguração de prova e, a terceira, por ser realizada por juiz diferente do da causa principal o que desnatura o instituto.[574]

No que diz respeito à causa de pedir da cautelar de produção antecipada de prova, é significativo o que dispõe o artigo 848 do Código de Processo Civil. Estabelece o referido artigo que o requerente da medida justificará sumariamente a necessidade da antecipação e mencionará com precisão os fatos sobre os quais há de recair a prova.

A partir das leituras conjugadas dos artigos 847, 848 e 849, todos do Código de Processo Civil, conclui-se que a causa de pedir da cautelar de produção antecipada de prova é composta, no seu aspecto fático, pelos fatos que justificam a produção da prova (a necessidade de se ausentar, motivo de idade ou de moléstia grave que ponham em risco a prova) e pelos fatos sobre os quais há de recair a prova; enquanto que o seu fundamento será a presença de perigo de perecimento da prova e de relevância da prova para a demonstração do direito a ser perseguido na demanda principal.

---

[571] SILVA, Ovídio A. Baptista da. *Curso...*, v. 3, p. 294.

[572] Idem, Ibidem.

[573] Idem, p. 295.

[574] Idem, p. 295-297.

3.3.6. Da causa de pedir nos alimentos provisionais

Os alimentos provisionais é medida cautelar prevista nos artigos 852 a 854 do Código de Processo Civil.

Disciplina o artigo 852 do Código de Processo Civil que é lícito pedir alimentos provisionais: nas ações de desquite (separação judicial) e de anulação de casamento, desde que estejam separados os cônjuges; nas ações de alimentos, desde o despacho da petição inicial e nos demais casos expressos em lei (tais como, exemplificativamente, nas investigações de paternidade).

Os alimentos provisionais têm como escopo o sustento da pessoa natural, abrangendo os seus gastos de subsistência e processuais, enquanto perdurar o processo principal.

Ensina Humberto Theodoro Junior[575] que os alimentos provisionais como medidas cautelares possuíram justificação histórica em face da inexistência de possibilidade de antecipação de tutela no processo principal até a vigência da Lei nº 8.952, de 13 de dezembro de 1994. Antes da modificação do artigo 273 do Código de Processo Civil pela antes mencionada lei, os alimentos provisionais se mostravam como única medida possível para assegurar a subsistência do alimentado no curso do processo. Conclui o jurista mineiro que, na atual visão que o Código de Processo Civil tem da tutela preventiva, os alimentos provisionais devem ser tratados como tutela antecipada e não mais como cautelar.

No que diz respeito aos elementos de fato que compõem a causa de pedir remota nos pedidos de alimentos provisionais, estabelece o artigo 854 do Código de Processo Civil que o requerente deverá expor na sua petição inicial as suas necessidades de receber os alimentos postulados e as possibilidades de o alimentante prestá-los. Deste modo, a causa de pedir remota nas ações de alimentos provisionais, será composta dos fatos que constituem um liame de dependência, ainda que apenas aparente no momento da concessão (*fumus*), entre o alimentante e o alimentado e os fatos que demonstrem a necessidade de um em recebê-los e a possibilidade de outro em prestá-los.

Os fundamentos jurídicos do pedido de alimentos provisionais estão amparados na necessidade de o postulante receber auxílio material de quem possui vínculo de assistência, para a sua subsistência enquanto durar o processo.

---

[575] THEODORO JÚNIOR, *Processo...*, p. 353.

3.3.7. Da causa de pedir na cautelar de arrolamento de bens

O arrolamento de bens é a medida cautelar prevista nos artigos 855 a 860 do Código de Processo Civil.

A doutrina define o arrolamento de bens como "a medida cautelar consistente na descrição e depósito de bens sempre que houver fundado receio de extravio ou dissipação deles, que exponha a risco a segurança do processo".[576] Esta é a mesma orientação do artigo 855 do Código de Processo Civil.

Realizando interpretação histórico-comparativa do instituto, Ovídio Baptista da Silva restringe o cabimento do arrolamento cautelar de bens à relação jurídica a ser protegida que diga respeito a um direito subjetivo, pretensão ou ação, derivado do direito de família ou sucessão. Humberto Theodoro Júnior, por outro lado, aponta como cabíveis, além das pretensões derivadas de direito de família e sucessões, tutelas desta espécie nas demandas de direito comercial-societário, tal como a que o sócio pede a dissolução da sociedade comercial.[577]

Disciplina o *caput* do artigo 856 do Código de Processo Civil que o arrolamento pode ser requerido por todo aquele que tem interesse na conservação dos bens. Discorrendo acerca do interesse de que trata o *caput*, o parágrafo primeiro do mencionado artigo assevera que o interesse do requerente pode resultar de direito já constituído ou que deva ser declarado em ação própria.

Entretanto, pondera Humberto Theodoro Júnior[578] que o interesse de que se serve o arrolamento de bens não guarda relação com o exame da viabilidade de êxito do requerente na demanda principal (o que seria um exame do mérito da ação principal), mas com o simples interesse processual na conservação dos bens, evidenciado pelo direito ao processo principal (direito de ação). Conclui que "basta, portanto, que o requerente esteja em posição tal que, se vier a ser vitorioso na ação principal, tenha interesse sobre os bens que devam ser arrolados cautelarmente".

Quanto ao exame da causa de pedir do arrolamento de bens, no plano normativo, são de grande importância os termos do artigo 857 do Código de Processo Civil. Estabelece o citado artigo que na petição inicial o requerente exporá o seu direito aos bens e os fatos em que funda o receio de extravio ou de dissipação.

---

[576] MARINS, Victor A. A. Bomfim. op. cit., p. 311.

[577] THEODORO JÚNIOR, *Processo...*, p. 368.

[578] Idem, p. 367.

Portanto, comporão a causa de pedir do processo cautelar de arrolamento de bens os fatos que guardarem relação com o direito de ação do requerente da medida cautelar postular em demanda principal a titularidade sobre os bens a serem arrolados, bem como a demonstração dos fatos que dizem respeito à possibilidade dos bens serem extraviados ou dissipados pelo possuidor, caso não haja a individualização dos mesmos e recaia sobre eles a restrição de depósito.

O fundamento jurídico do pedido é a necessidade de individualização dos bens a serem arrolados e da indisponibilidade dos mesmos em face da existência de perigo de dissipação ou extravio, o que ocasionaria prejuízo ao direito afirmado pelo requerente na ação principal.

3.3.8. Da causa de pedir na cautelar de atentado

A cautelar de atentado encontra previsão no Código de Processo Civil nos artigos 879 a 881.

Disciplina o artigo 879 do Código de Processo Civil que comete atentado a parte que no curso do processo: viola penhora, arresto, seqüestro ou imissão na posse; prossegue em obra embargada; pratica outra qualquer inovação ilegal no estado de fato.

O próprio texto normativo informa que a cautelar de atentado sempre será incidental ao processo principal e nunca antecedente, na medida que pressupõe violação a determinação judicial advinda do processo principal.

Conceitua Humberto Theodoro Júnior a cautelar de atentado como "o meio de exercitar a pretensão de restituição ao *status quo* para que a situação de fato possa aguardar a solução do processo tal como se achava ao ajuizar-se o feito".[579] Acrescenta que para a configuração do atentado é necessário que haja alteração fática ilícita, que possa ocasionar prejuízo à parte contrária no caso de êxito na ação.[580]

Deste modo, aponta-se como requisitos para a cautelar de atentado: a pendência de uma demanda (principal); a inovação do estado de fato inicial (alterar a *res deducta*); a ilegalidade da inovação; o prejuízo para o interesse da outra parte.[581]

---

[579] THEODORO JÚNIOR, *Processo...*, p. 407.

[580] Idem, Ibidem.

[581] MARINS, Victor A. A. Bomfim. op. cit., p. 373; SILVA, Ovídio A. Baptista da. *Curso...*, v. 3, p. 370; THEODORO JÚNIOR, *Processo...*, p. 410.

Outro ponto relevante na cautelar de atentado é que ele pode ser incidental tanto em processo em que haja lide satisfativa (execução, conhecimento), quanto em processos em que se deduz pretensão cautelar.[582]

Na inicial o requerente da medida deve indicar, além dos requisitos do artigo 801 do Código de Processo Civil, o estado das coisas antes e depois da inovação ilícita praticada pelo requerido.[583]

Deste modo, a causa de pedir remota da cautelar de atentado é composta dos fatos que configurem o estado de fato inicial da *res deducta* e a sua inovação ilegal, bem como da ocorrência de prejuízo ao requerente em face da alteração promovida.

A causa de pedir próxima, por sua vez, constitui-se dos fundamentos que caracterizem a ilicitude da alteração e a necessidade de obstar a lesão provocada em face do direito decorrente da demanda principal.

3.4. DA CAUSA DE PEDIR NAS AÇÕES REAIS E NAS AÇÕES PESSOAIS

A necessidade de discorrer a respeito da causa de pedir a partir da classificação material da demanda, distinguindo a demanda de natureza real da de natureza pessoal, decorre da divergência existente acerca da necessidade de narração dos fatos constitutivos do direito real para a perfeita identificação da demanda.

De tal sorte, verdadeiramente, a controvérsia se limita à *causa petendi* nas ações reais, tendo em vista que a doutrina não é dissonante a respeito das ações de natureza pessoal.

Porém, antes de adentrar no tema, mister realizar a perfeita identificação dos direitos em exame de modo a clarificar a exposição que se apresentará.

Classificação que apresenta interesse para o desenvolvimento do presente tópico diz com os direitos absolutos e relativos.

Considerando-se a determinabilidade do sujeito passivo, as relações jurídicas são de direito relativo ou de direito absoluto.[584]

---

[582] MARINS, Victor A. A. Bomfim. op. cit, p. 376

[583] THEODORO JÚNIOR, *Processo...*, p. 414.

[584] MELLO, Marcos Bernardes de. *Teoria do fato jurídico: plano da eficácia*. 1ª parte, São Paulo: Saraiva, 2003, p. 191.

A distinção entre direitos absolutos e direitos relativos se dá quanto a sua eficácia. Enquanto os direitos absolutos possuem eficácia universal (importando sujeição de todas as demais pessoas em relação ao respectivo titular), os direitos relativos geram uma eficácia particular apenas sobre uma ou mais pessoas determinadas que estejam envolvidas diretamente com o aludido direito.[585] Em outras palavras, "os direitos absolutos podem ser invocados e feitos valer *erga omnes*, ao passo que os relativos só admitem sua sustentação em confronto com uma ou algumas pessoas".[586]

Segundo José Ignácio Botelho de Mesquita a distinção entre direitos absolutos e relativos, assenta-se no fato de que os chamados "direitos absolutos" só podem existir uma única vez sobre certo objeto, enquanto os direitos denominados "relativos" são tantos quantos sejam os seus fatos constitutivos.[587]

Marcos Bernardes de Mello define direito relativo como a relação jurídica que tem sujeito passivo determinado ou, ao menos, determinável e que, por esse motivo, a obrigação, que corresponde à pretensão do sujeito ativo, somente pode ser exigida do devedor específico, nunca de outro sujeito qualquer, e, conseqüentemente, seu inadimplemento só pode ser perpetrado por ele.[588] Em contrapartida, o direito absoluto "é a relação jurídica com sujeitos passivos totais, de modo que se estabelece entre sujeito ativo determinado, ou determinável, e o *alter*", de modo que não há sujeito passivo determinado ou determinável, mas todos, seja quem for, são sujeitos passivos gerando pretensão correlata a uma *obrigação universal*, portanto, exigível *erga omnes*.[589] Conclui ainda que "nas relações jurídicas de direito absoluto os direitos e as pretensões são correlatos de deveres e obrigações de abstenção. Não há obrigações positivas decorrentes dessas relações jurídicas".[590]

Alexandre Alves Lazzarini, por sua vez, afirma que direito absoluto é aquele com eficácia universal e que deve ser respeitado por todos, podendo o seu titular opô-lo contra qualquer pessoa (*erga omnes*), estando incluídos nesta categoria os direitos reais, de família e da personalidade, enquanto o direito relativo tem sua eficácia limi-

---

[585] LEONEL, Ricardo de Barros. *Causa de pedir e pedido: o direito superveniente*. São Paulo: Método, 2006, p. 93.

[586] Idem, p. 94

[587] MESQUITA, Conteúdo..., p.44

[588] MELLO, op. cit., p. 191.

[589] Idem, p. 193.

[590] Idem, p. 195.

tada a determinadas pessoas, com uma pessoa ficando obrigada a outra, como o direito de crédito e o contrato de compra e venda.[591]

Aponta Ricardo de Barros Leonel que a doutrina entende serem absolutos os direitos reais de gozo, os direitos sobre bens imateriais, os direitos da personalidade e os direitos de *status civitatis* e de família.[592] Ressalta a distinção entre os direitos reais de gozo (propriedade, uso, habitação, servidão, usufruto, superfície etc.) e os direitos reais de garantia (penhor, hipoteca etc.) a partir da idéia de que os primeiros são direitos absolutos, enquanto os segundos são direitos relativos.[593]

Por outro lado, os direitos relativos se revelam nos casos em que a garantia do bem da vida perseguido consiste em uma obrigação, havida entre determinadas pessoas, que envolve um fazer ou não-fazer alguma coisa.[594]

Como se vê o direito relativo atinge somente um número determinado de pessoas de acordo com o envolvimento destas na relação jurídica (obrigação) que as une.

Os direitos pessoais estão inseridos no ordenamento jurídico na categoria de direitos relativos, por derivarem de uma relação corrente desde sua origem entre duas ou mais pessoas determinadas, das quais uma ou algumas são obrigadas a uma prestação para com a outra ou outras.[595]

Nesse sentido, ensina Marcos Bernardes de Mello que as relações jurídicas de direito relativo são sempre de direito pessoal; sejam de crédito, como as que nascem no âmbito do direito das obrigações, mesmo quando tenham uma coisa como objeto da prestação; sejam extrapatrimoniais, de que são exemplos, em geral, as relações de direito de família.[596]

Porém, a recíproca não é verdadeira, tendo em vista que nem toda a relação jurídica de direito pessoal tem caráter de direito relativo. Para Marcos Bernardes de Mello, a relação jurídica de direito pessoal tem caráter de direito relativo, naquelas espécies em que se estabelece, especificamente, entre sujeitos passivos determinados ou determináveis, como ocorre nas relações jurídicas obrigacionais *lato sensu* e nas relações jurídicas de direito de família. Contudo, as rela-

---

[591] LAZZARINI, op. cit., p. 23.

[592] LEONEL, *Causa...*, p. 94.

[593] Idem, Ibidem.

[594] CHIOVENDA, *Instituições...*, p. 11.

[595] Idem, p. 13.

[596] MELLO, op. cit., p. 193.

ções jurídicas de direito pessoal têm caráter de direito absoluto nos casos em que têm sujeitos passivos totais, de que são exemplos os direitos de personalidade.[597]

De outro lado, a relação jurídica real se caracteriza em ter por objeto um bem (corpóreo ou imaterial) sobre o qual recaem (plenamente ou dentro de certos limites, com eficácia *erga omnes*) os direitos, pretensões e ações que constituem o seu conteúdo eficacial (cujo exercício pelo titular não depende de terceiros). Analisando esse conceito tem-se, que a relação jurídica real é uma relação jurídica de direito absoluto tendo em vista a indeterminabilidade do seu sujeito passivo.

A relação jurídica real tem como elementos caracterizadores: seu objeto serem coisas ou bens imateriais; sua eficácia ser de caráter absoluto, portanto, oponível *erga omnes*; seu exercício ser levado a efeito pelo titular dos direitos, pretensões e ações que dela decorrem independente da cooperação de terceiro.[598]

Destarte, situando o tema em apreço, vislumbra-se que os direitos reais (entenda-se, direitos reais de gozo) se inserem no contexto dos direitos absolutos e os direitos pessoais se apresentam, de um modo geral, como uma das modalidades dos direitos relativos.

Feita esta exposição preliminar a respeito dos conceitos que serão desenvolvidos e correlacionados com a causa de pedir, passa a ser viável a aferição das possíveis conseqüências que um e outro direito possa ter sobre a causa de pedir.

3.4.1. Dos direitos pessoais

Assevera Arruda Alvim que, quanto aos direitos pessoais, "não há praticamente dúvida no sentido de que, para identificar-se a ação, é necessário não só a menção ao negócio como à respectiva origem; daí haver *causa petendi* próxima e *causa petendi* remota".[599]

No mesmo sentido, José Raimundo Gomes da Cruz estabelece que, quase imperceptivelmente, os técnicos em direito obedecem a esta determinação nas ações fundadas em direito pessoal.[600]

Vicente Greco Filho pondera que nas ações fundadas em direito pessoal não se discute a necessidade da apresentação e descrição da causa remota e da causa próxima, de modo que, exemplificativa-

---

[597] MELLO, op. cit., p. 203.
[598] Idem, p. 197.
[599] ALVIM, op. cit., p. 430.
[600] CRUZ, op. cit., p. 48.

mente, numa ação de cobrança de crédito, o autor deve apontar na inicial a relação jurídica crédito-débito, bem como descrever os fatos que geraram o referido vínculo.[601]

A necessidade da narração dos fatos nas ações de natureza pessoal decorre, segundo Pontes de Miranda, da circunstância de que nas ações nascidas de direitos de obrigação, nem sempre a indicação da relação jurídica identifica a ação, tendo em vista que cada relação é suscetível de obrigações de prestações distintas.[602]

Em sentido análogo, assevera Ricardo de Barros Leonel que o detalhamento do fato constitutivo na causa de pedir fundada em direitos relativos é fruto da possibilidade de existirem vários direitos similares, mas distintos, entre as mesmas partes.[603]

Como se pode observar do apanhado doutrinário realizado, não existe qualquer dissonância a respeito da necessidade de serem narrados os fatos e fundamentos jurídicos nas ações de natureza pessoal.

No entanto, paira controvérsia acerca da necessidade de, nas ações fundadas em direito real, apresentação da causa de pedir remota (fatos jurídicos), ou se é apenas crucial a exposição da causa de pedir próxima (fundamentos jurídicos) na qual se funda o pedido formulado.

3.4.2. Dos direito reais

Segundo Pontes de Miranda, nas ações reais, basta a afirmação de relação jurídica para que se identifique a ação (propriedade, usufruto, hipoteca, servidão), podendo o proprietário, por exemplo, reivindicar a coisa qualquer que tenha sido o título aquisitivo.[604]

Enrico Tullio Liebman[605] também faz parte da doutrina que entende dispensável mencionar o fato constitutivo de que se afirma a relação jurídica nas ações fundadas em direito absoluto, bastando para a identificação da causa indicar o direito alegadamente existente. Pauta seu entendimento na imutabilidade do direito absoluto frente aos possíveis fatos constitutivos invocados.

---

[601] GRECO FILHO, op. cit., p. 93.

[602] MIRANDA, *Comentários...*, t. 4, p. 17.

[603] LEONEL, Causa..., p. 96

[604] MIRANDA, *Comentários...*, t. 4, p. 17.

[605] LIEBMAN, op. cit., p. 250.

Giuseppe Chiovenda afirma, objetivamente, que na ação real, basta a afirmação da relação jurídica a fim de que a ação seja suficientemente identificada.[606]

Aliás, como bem rememora Araken de Assis, os partidários da teoria da individualização, assentam que, nas ações fundadas em domínio, o autor se cingirá à indicação do domínio, ostentando-se irrelevante a causa aquisitiva (compra e venda ou testamento).[607]

Embora as respeitáveis opiniões que entendem ser despicienda a narração dos fatos constitutivos nas ações reais, a solução que melhor se coaduna com o ordenamento jurídico pátrio se apresenta diversa.

Para Araken de Assis, em quaisquer ações, mesmo as derivadas de direitos absolutos, os fatos deverão servir de base para a identificação da causa.[608] No mesmo sentido, Carlos Silveira Noronha aponta que a nossa legislação processual adotou a teoria da substanciação tanto para as ações pessoais como para as ações reais.[609]

Afirma Arruda Alvim que "a argumentação de validade do direito real *erga omnes* não pode, absolutamente, isentar o autor de demonstrar que o direito lhe cabe. Para tanto, de molde a fazê-lo idoneamente, terá de declinar a respectiva origem".[610]

Partindo da própria leitura do inciso III do artigo 282 do Código de Processo Civil, Vicente Greco Filho aduz que o direito brasileiro não deixou margem para que, mesmo nas ações reais, o autor apenas afirme o direito, em face de que não faz nenhuma distinção quanto ao tipo de direito que fundamenta a ação ao exigir que a inicial contenha os fatos e os fundamentos do pedido. Conclui, portanto, que "para a perfeita obediência ao art. 282, III, a petição inicial somente estará completa se descrever também o modo ou título de aquisição da propriedade".[611]

Em sentido idêntico assevera Juvêncio Vasconcelos Viana que a petição inicial somente estará completa se descrever, também, o modo ou título de aquisição do direito real, tendo em vista que o Código de Processo Civil de 1973 não fez nenhuma distinção quanto a natureza do direito tutelado quando estabeleceu, no inciso III do

---

[606] CHIOVENDA, *Instituições...*, p. 360.

[607] ASSIS, *Cumulação...*, p. 136

[608] Idem, p. 139.

[609] NORONHA, A causa de pedir..., p. 33.

[610] ALVIM, op. cit., p. 430.

[611] GRECO FILHO, op. cit., p. 93-94.

artigo 282, que a petição inicial deverá conter os fatos e os fundamentos jurídicos do pedido.[612]

Analisando a natureza dos fatos a serem narrados na inicial, Ricardo de Barros Leonel alega que compreendem os fatos essenciais da causa de pedir a indicação da origem do direito de propriedade, enquanto se configuram secundários os fatos irrelevantes para a identificação da *res in iudicio deducta*, tais como as peculiaridades da escritura, data, local etc.[613] Afirma que "nas demandas relacionadas a direitos absolutos, os fatos são imprescindíveis na medida do necessário a identificar o conteúdo do direito afirmado".[614]

Conclui José Rogério Cruz e Tucci que a adoção da teoria da substanciação pelo ordenamento jurídico brasileiro (reconhecida por esmagadora maioria doutrinária) traz como conseqüência que, tanto nas ações pessoais, quanto nas ações reais, se impõe o ônus de indicar *ab origine* o fato constitutivo do direito.[615]

Em sede jurisprudencial, pela lavra do Ministro Luiz Fux, o Superior Tribunal de Justiça já se pronunciou acerca do tema no julgamento do Recurso Especial nº 746.056/RS, distribuído perante a sua Primeira Turma, cujo julgamento ocorreu em 19 de setembro de 2006, tendo sido publicado do Diário da Justiça de 02 de outubro de 2006 na página 229. Na oportunidade, o Relator, Ministro Luiz Fux, dispôs em seu voto que "a composição da causa petendi é constante, não assistindo razão aos que afirmam que o binômio causa próxima – causa remota somente se verifique nas ações pessoais"[616] tendo em vista que é necessário indicar a violação a um direito absoluto como requisito não só da motivação da demanda como também da revelação do interesse de agir.

3.5. DA CAUSA DE PEDIR NOS PROCESSOS TRIBUTÁRIOS

Como foi mencionado no início do presente capítulo, a causa de pedir merece estudo destacado nas demandas tributárias. A relevância do processo tributário em sede do estudo da causa de pedir decorre da forma como é constituída a obrigação tributária. Diante

---

[612] VIANA, op. cit., p. 99.

[613] LEONEL, *Causa...*, p. 95.

[614] Idem, p. 95.

[615] TUCCI, A regra da eventualidade..., p. 39.

[616] Trecho do voto do acórdão: REsp 746.056/RS, Rel. Ministro Luiz Fux, Primeira Turma, julgado em 19.09.2006, fonte: Diário da Justiça da União de 02.10.2006, p. 229.

disso, é imprescindível que se discorra acerca do instituto da obrigação tributária, ao menos, no que diz respeito à constituição futura da causa de pedir da demanda proposta em face dessa relação obrigacional.

3.5.1. Da obrigação tributária e a estrutura da norma jurídica

Tem-se como obrigação tributária a relação jurídica que decorre da descrição em lei dos fatos que autorizarão o sujeito ativo (União, Estados, Distrito Federal ou Município) imporem ao sujeito passivo (contribuinte ou responsável tributário) uma prestação consistente em pagamento de tributo ou penalidade pecuniária (art. 113, § 1º, do Código Tributário Nacional), ou, ainda, uma prática ou uma abstenção de ato no interesse da arrecadação ou da fiscalização tributária (art. 113, § 2º, do Código Tributário Nacional).[617]

A obrigação tributária é espécie do gênero obrigação jurídica fundada (a exemplo da obrigação civil) nos mesmos elementos: causa, sujeito, objeto. Entretanto, como assinala Kiyoshi Harada, "a obrigação tributária tem suas peculiaridades que lhe asseguram a autonomia. Tem como causa, invariavelmente, a lei e não a convergência de vontades, essencial na obrigação de natureza civil. A obrigação tributária é sempre *ex lege*".[618]

Em sentido similar, Paulo César Conrado[619] aponta os elementos fundamentais da relação jurídica, especificamente, tributária (obrigação tributária): o sujeito ativo (Estado-fisco ou pessoa que aja em seu nome); o sujeito passivo (contribuinte ou pessoa a ele equiparada); e o objeto (tributo, assim entendida a prestação pecuniária a que alude o art. 3º do Código Tributário Nacional). Prossegue Conrado aduzindo que, por conseqüência lógica, da especificação de tais elementos decorre a determinação do direito subjetivo titularizado pelo Estado-fisco e o dever jurídico, encarnado pelo contribuinte. O direito subjetivo titularizado pelo estado tem por objeto o recebimento da prestação pecuniária (tributo). O dever jurídico que recai sobre o contribuinte, por sua vez, tem como objeto a entrega do tributo.

Kiyoshi Harada acrescenta, dentre os elementos constituidores da obrigação tributária, a lei (tendo em vista que é ela que elege

---

[617] HARADA, Kiyoshi. *Direito Financeiro e Tributário*. 14. ed. rev. e ampl., São Paulo: Atlas, 2005, p. 479.

[618] HARADA, op.cit., p. 479.

[619] CONRADO, Paulo Cesar. *Processo tributário*. São Paulo: Editora Quartier Latin do Brasil, 2004, p. 24-25

certos fatos econômicos, aptos a suportar a imposição fiscal, como veículo de incidência tributária). Portanto, para Harada, os elementos constituidores da obrigação tributária são: a lei, o fato, os sujeitos e a prestação ou objeto. A prestação, por sua vez, desdobra-se em prestações de dar (obrigação principal) e em prestações de fazer ou não fazer alguma coisa (obrigação acessória).[620]

Partindo dos elementos indicados por Kiyoshi Harada (lei, fato, sujeitos e objeto), pretende-se aprofundar o estudo da obrigação tributária realizando as devidas distinções e aproximações conceituais.

Para uma plena compreensão do tema, mister a análise da estrutura da norma jurídica em razão de ser o instrumento de concretização da lei.

Discorrendo sobre a norma jurídica, aponta Miguel Reale[621] que "O que efetivamente caracteriza uma norma jurídica, de qualquer espécie, é o fato de ser uma estrutura proposicional enunciativa de uma forma de organização ou de conduta, que deve ser seguida de maneira objetiva e obrigatória".[622] Acerca da objetividade e obrigatoriedade da norma, aduz o jus-filósofo que "é próprio do Direito valer de maneira heterônoma, isto é, com ou contra a vontade dos obrigados, nos casos das regras de conduta, ou sem comportar alternativa de aplicação, quando se tratar de regras de organização".[623]

Quanto à classificação das normas como de *organização* e de *conduta*, o jurista aponta as primeiras (normas de organização) como àquelas que, detentoras de caráter instrumental, visam à estrutura e ao funcionamento de órgãos, ou à disciplina de processos técnicos de identificação e aplicação de normas, a fim de assegurar uma convivência juridicamente ordenada; enquanto, as segundas (normas de conduta) como as regras de direito cujo objetivo imediato é disciplinar o comportamento dos indivíduos, ou as atividades dos grupos e entidades sociais em geral.[624]

Sob a perspectiva do presente tópico, tem maior importância as normas de condutas na medida em que as normas tributárias instituidoras de tributo correspondem a tal classificação. A partir desse

---

[620] HARADA, op. cit., p. 479.

[621] Reale distingue as normas que regem comportamento social (onde se aplica a estrutura lógica da norma de Kelsen) e normas que fixam atribuições, na ordem pública ou privada – regras de organização.

[622] REALE, op. cit, p. 95.

[623] Idem, p. 96.

[624] Idem, p. 97.

ponto, sempre que se referir a normas, estar-se-á em mente as normas de condutas tal como acima compreendidas.

Avançando na disciplina das normas, tem-se que, do ponto de vista lógico, elas se estruturam como juízos hipotéticos, segundo o esquema: Se F é, C deve ser.[625] Ainda segundo a doutrina de Miguel Reale, a regra jurídica tem estrutura tridimensional, em face de se configurar em elemento nuclear do Direito. De tal sorte, "há no modelo normativo[626] a previsão de um fato ou de um *complexo fático* (F), que é a base necessária à formulação da hipótese, da qual resultará uma conseqüência (C)".[627] Conclui que o momento lógico expresso pela proposição hipotética, ou a *forma da regra jurídica*, é inseparável de sua *base fática* e de seus *objetivos axiológicos: fato, valor e forma lógica* compõem-se, em suma, de maneira complementar, dando-nos, em sua plenitude, a estrutura lógico-fático-axiológica da norma de direito.[628]

Conforme já esboçado em item anterior (2.4.2), distingue Miguel Reale, quanto ao complexo fático (F), dois momentos distintos de atuação no plano normativo. Num primeiro momento, o fato atua como *espécie de fato prevista na norma* (*Fattispecie, Tatbestand*)[629] e, somente num segundo momento, o fato agregará efeito juridicamente qualificado, em virtude da correspondência do fato concreto ao fato-tipo genericamente modelado na regra de direito.[630] Assevera, à guisa de conclusão que "o *fato* está no início e no fim do processo normativo, como fato-tipo, previsto na regra, e como fato concreto, no momento de sua aplicação".[631]

Dá-se ao fato com efeito juridicamente qualificado a condição de fato jurídico, cuja definição, para Reale, é a de um "evento ao qual as normas jurídicas já atribuíram determinadas conseqüências, configurando-o e tipificando-o objetivamente",[632] sendo, quanto a sua extensão "todo e qualquer fato que, na vida social, venha a corresponder ao modelo de comportamento ou de organização configurado por uma ou mais normas de direito".[633]

---

[625] REALE, op. cit., p.100.

[626] Se F é, C deve ser.

[627] REALE, op. cit., p.103.

[628] Idem, Ibidem.

[629] Idem, p. 198.

[630] Idem, p.199.

[631] Idem, Ibidem.

[632] Idem, p. 198.

[633] Idem, p. 199.

Em linguagem próxima da poética, Pontes de Miranda afirma que "uma vez que se compõe todo o suporte fático, a regra jurídica como que colore o que se compôs".[634]

Afastando-se, um pouco, da teria "pura" da norma jurídica e situando-se no plano normativo tributário, buscar-se-á os elementos peculiares da norma jurídica desenvolvidos em doutrina tributária. Tal mudança de foco é imprescindível dada a diferenciação dos conceitos utilizados por uma e outra seara do conhecimento, embora, em última análise, tratem-se de matéria de grande similitude.

Como já dito, as normas de direito tributário são por excelência, regras de comportamento, preordenadas a disciplinar a conduta do sujeito devedor da prestação fiscal, perante o sujeito pretensor, titular do direito de crédito.[635]

Ensina Paulo de Barros Carvalho que a norma tributária em sentido estrito é a que define a incidência fiscal descrevendo uma hipótese (que corresponde a uma previsão de fato), suposto ou antecedente, a que se conjuga um mandamento, uma conseqüência ou estatuição (que prescreverá a relação jurídica – obrigação tributária – que se vai instaurar, onde e quando acontecer o fato cogitado na hipótese).[636] Afirma, em outras palavras, que "a hipótese alude a um fato e a conseqüência prescreve os efeitos jurídicos que o acontecimento irá propagar".[637] Daí, justifica-se a utilização das expressões descritor, para designar o antecedente normativo, e prescritor, para indicar seu conseqüente.

A indicação da lei como elemento constituidor da obrigação tributária, por certo, decorre de que a relação jurídica tributária nasce do fenômeno da subsunção,[638] ou seja, quando o fato (fato jurídico tributário) guardar absoluta identidade com o desenho normativo da hipótese (hipótese tributária). Ao ganhar concretude o fato, instala-se, automática e infalivelmente o laço abstrato pelo qual o sujeito ativo se torna titular do direito subjetivo público de exigir a

---

[634] MIRANDA, Pontes de. *Sistema de ciência positiva do direito*. Tomo 2, 2. ed., Rio de Janeiro: Borsoi, 1972, p. 87.

[635] CARVALHO, Paulo de Barros. *Curso de direito tributário*. 13. ed. rev. e atual., São Paulo: Saraiva, 2000, p. 244-245.

[636] Idem, p. 236.

[637] Idem, p. 237.

[638] "... o certo é falarmos em subsunção do fato à norma, pois ambos configuram linguagens. E, toda vez que isso ocorre, com a conseqüente efusão de efeitos jurídicos típicos, estamos diante da própria essência da fenomenologia do direito". (CARVALHO, Paulo de Barros, op. cit., p. 243).

prestação, ao passo que o sujeito passivo ficará na contingência de cumpri-la.[639]

No plano principiológico, este fenômeno do direito tributário é conhecido como o princípio da tipicidade. O princípio da tipicidade, consagrado no art. 97 do Código Tributário Nacional, significa que a somente a lei pode dizer à Administração Pública se, e até aonde, pode agir em matéria tributária, ou seja, a lei deve indicar não apenas os tributos, mas as hipóteses de incidências, os sujeitos ativos, os sujeitos passivos, as bases de cálculos e as alíquotas, todos de forma pormenorizada.[640] Destaca-se que a técnica da tipicidade não atua apenas sobre a hipótese da norma tributária material, mas também sobre o seu mandamento, de modo que se configuram como objeto da tipificação os fatos e os efeitos; as situações jurídicas finais e as situações jurídicas finais.[641]

Em outras palavras, e de modo geral, as obrigações tributárias iniciam seu processo de formação numa norma geral e abstrata, normalmente denominada *regra-matriz de incidência*[642] ou *hipótese de incidência tributária*. Neste trabalho, opta-se pela expressão hipótese de incidência para representar a previsão normativa abstrata da obrigação tributária na norma e, em última análise, como representante a lei no contexto dos elementos das relações tributárias.

Define-se hipótese de incidência como a descrição legislativa (necessariamente hipotética) de um fato a cuja ocorrência *in concretu* a lei atribui a força jurídica de determinar o nascimento da obrigação tributária.[643]

Todavia, há que se advertir acerca da existência de divergência quanto aos nomes dados ao mesmo fenômeno ora apreciado, tendo em vista que parte da doutrina chama de fato gerador abstrato[644] em oposição à terminologia empregada por Geraldo Ataliba (hipótese de incidência).

Não obstante exista divergência quanto aos termos que designam o instituto jurídico, a doutrina não apresenta dissenso significativo quanto ao seu conteúdo.

---

[639] CARVALHO, Paulo de Barros, op. cit., p. 244.

[640] CAIS, Cleide Previtalli. *O processo tributário*. 3. ed. rev., atual. e ampl., São Paulo: Revista dos Tribunais, 2001, p. 100-101.

[641] XAVIER, Alberto. *Os princípios da legalidade e da tipicidade da tributação*. São Paulo: Revista dos Tribunais, 1978, p. 72.

[642] CONRADO, op. cit., p. 55.

[643] ATALIBA, Geraldo. *Hipótese de incidência tributária*. 6. ed., São Paulo: Malheiros, 2005, p. 76.

[644] HARADA, op. cit., p. 479-480 e TORRES, Ricardo Lobo. *Curso de direito financeiro e tributário*. 11. ed., Rio de Janeiro: Renovar, 2004, p. 240.

Geraldo Ataliba aponta como aspectos da hipótese de incidência "as qualidades que esta tem de determinar hipoteticamente os sujeitos da obrigação tributária, bem como seu conteúdo substancial, local e momento de nascimento".[645] Ricardo Lobo Torres afirma ser o antecedente da regra de incidência a descrição ou a definição da situação necessária e suficiente ao nascimento da obrigação tributária, que abrange o objeto, o sujeito e o tempo do fato gerador (leiase: hipótese de incidência), corresponde ao que os alemães chamam de *Tatbestand*.[646]

Indica Ataliba como aspectos essenciais da hipótese de incidência tributária: (1) o aspecto pessoal; (2) o aspecto material; (3) o aspecto temporal e (4) o aspecto espacial.[647]

O aspecto pessoal é fruto da indicação pela hipótese de incidência dos sujeitos da obrigação tributária, que o fato imponível fará nascer. Na dicção de Geraldo Ataliba, "consiste numa conexão (relação de fato) entre o núcleo da hipótese de incidência e duas pessoas, que serão erigidas, em virtude do fato imponível e por força de lei em sujeitos, que se contém na h. i".[648] Considera Harada que, assim como em toda relação jurídica, a relação tributária pressupõe a existência de dois sujeitos: o sujeito ativo e o sujeito passivo.[649]

São esses sujeitos indicados pela lei que comporão um dos elementos da obrigação tributária.

Todavia, o tema atinente ao aspecto pessoal da obrigação tributária tem implicações com o elemento subjetivo do processo sendo, portanto, estranho à dimensão objetiva do processo (onde se situa a causa de pedir) e, via de conseqüência, inexistindo interesse de seu aprofundamento neste trabalho.

O aspecto material contém a designação de todos os dados de ordem objetiva, configuradores do arquétipo em que a hipótese de incidência se materializa, seja, é a própria consistência material do fato descrito pela hipótese de incidência, ainda, e em outras palavras, é a descrição dos dados substanciais que servem de suporte à hipótese de incidência.[650]

Na dicção de Geraldo Ataliba, o aspecto material é a imagem abstrata de um fato jurídico, tais como "a propriedade imobiliária,

---

[645] ATALIBA, op. cit., p. 78.

[646] TORRES, op. cit., p. 241.

[647] ATALIBA, op. cit., p. 78.

[648] Idem, p. 80.

[649] HARADA, op. cit., p. 481.

[650] ATALIBA, op. cit., p. 106.

patrimônio, renda, produção, consumo de bens, prestação de serviços, ou uma atuação pública (como o estado realizar obra, produzir um serviço, conceder uma licença, uma autorização, uma dispensa, etc.)".[651]

Ademais, é consenso doutrinário que o aspecto material é imprescindível para determinar as modalidades dos tributos. É o aspecto decisivo que enseja fixar a espécie tributária a que o tributo (que a hipótese de incidência define) pertence. Contém, ainda, os dados para fixação da subespécie em que ele se insere.[652]

Embora tenha como tarefa principal a definição das qualidades físicas (consistência e forma), compete ao aspecto material da hipótese de incidência a apreciação quantitativa da obrigação tributária.[653]

Esta característica do aspecto material da hipótese de incidência, chama-se de *base imponível* ou de *aspecto quantitativo*. Atribui-se à base imponível a finalidade de fixar o critério para a determinação, em cada obrigação tributária concreta, do *quantum debeatur*, ou seja, servir de referência para medir um fato tributário.[654]

A base imponível é descrita na lei formal e compreende a *base de cálculo*[655] e o *gravame* ou *alíquota*,[656] podendo aparecer também sob a forma de tributo fixo.[657]

Diante de tudo o que foi exposto, pode-se afirmar que, em sede de direito processual tributário a obrigação tributária será decisiva para a identificação correta da demanda em especial no que diz respeito ao seu elemento subjetivo e à causa de pedir. Quanto ao pedido, a obrigação tributária tem a diretriz, em seu objeto, com que será dirigida a pretensão processual, nada obstante, não se correspondam, necessariamente, de modo idêntico.

O aspecto temporal é o balizamento, no tempo, feito pela lei formal, do aspecto material da hipótese de incidência. Isso porque, todo e qualquer fato imponível tem uma certa duração e ocorre necessariamente entre determinados marcos temporais.[658]

Geraldo Ataliba define o aspecto temporal da hipótese de incidência "como a propriedade que esta tem de designar (explícita

---

[651] ATALIBA, op. cit., p. 107.

[652] TORRES, op. cit., p. 246; ATALIBA, op. cit., p. 107.

[653] ATALIBA, op. cit., p. 109.

[654] TORRES, op. cit., p. 251; ATALIBA, op. cit., p. 108.

[655] TORRES, op. cit., p. 251.

[656] "Alíquota é o percentual incidente sobre a base de cálculo, ou, um valor prefixado para os chamados tributos fixos". (HARADA, op. cit., p. 483). C.f.: TORRES, op. cit., p. 252.

[657] TORRES, op. cit., p. 251-252; HARADA, op. cit., p. 483.

[658] TORRES, op. cit., p. 249.

ou implicitamente) o momento em que se deve reputar consumado (acontecido, realizado) um fato imponível".[659]

Valendo-se da interpretação do art. 116 do CTN, Harada atenta para a circunstância de que o aspecto temporal diz respeito ao momento da consumação ou da ocorrência do fato gerador, não se confundindo com o prazo de pagamento de tributos.[660] Por fim, Ricardo Lobo Torres aponta a possibilidade de o aspecto temporal poder ser instantâneo ou periódico.[661]

Define Ricardo Lobo Torres o aspecto espacial como o lugar onde ocorre o fato gerador da obrigação tributária.[662] Harada, trabalhando com o mesmo fenômeno jurídico, salienta que esse aspecto diz respeito ao lugar da concretização do fato qualificado como suficiente para desencadear o nascimento da obrigação tributária.[663] Geraldo Ataliba conceitua o aspecto espacial como a indicação de circunstância de lugar, contidas explícita ou implicitamente na hipótese de incidência, relevantes para a configuração do fato imponível.[664]

Destaca-se a decorrência do aspecto espacial do princípio da territorialidade da lei tributária.[665]

Daí, não há como negar a proximidade da obrigação tributária, quanto ao seu conteúdo, com o preceito normativo abstrato, tendo em vista que, inocorrendo a subsunção, inexistirá a obrigação tributária.

Salienta-se que, como bem afirma Ricardo Lobo Torres, a "norma tributária, em virtude do princípio da legalidade, deve, de acordo com o art. 97 do CTN, descrever a circunstância da vida apta a deflagrar a obrigação principal, indicar o sujeito passivo e fixar a alíquota e a base de cálculo".[666]

Esta adstrição à norma a que estão submetidos os sujeitos da relação jurídica tributária, é traço peculiar ao direito tributário e possui grande relevância no desfecho do presente tópico, como se verá adiante.

---

[659] ATALIBA, op. cit., p. 94.

[660] HARADA, op. cit., p. 484.

[661] TORRES, op. cit., p. 249.

[662] Idem, p. 250.

[663] HARADA, op. cit., p. 484.

[664] ATALIBA, op. cit., p. 104.

[665] ATALIBA, op. cit., p. 104 e HARADA, op. cit., p. 484.

[666] TORRES, op. cit., p. 240.

Avançando no tema da obrigação tributária, é oportuno lançar algumas considerações acerca dos fatos como um dos seus elementos constituidores. Salienta-se que os fatos já receberam tratamento em tópico próprio do presente estudo de modo que, a fim de evitar tautologia, o presente exame se circunscreverá à definição conceitual do fato que interessa à obrigação tributária: o fato imponível.

O elemento factual da obrigação tributária é a concretização da hipótese de incidência no plano dos fatos. A doutrina destoa quanto à terminologia empregada para representar o fenômeno da substanciação do fato na norma.

Alguns autores partem da noção de fato gerador (*lato sensu*) apontando duas espécies: fato gerador abstrato e fato gerador concreto.[667] O fato gerador abstrato seria o que no presente estudo foi chamado de hipótese de incidência. O fato gerador concreto é o que corresponde, na leitura de Geraldo Ataliba, a qual adotamos no presente trabalho, a de fato imponível.

Segundo Geraldo Ataliba, o fato imponível há de ser um fato concreto, ocorrido *hic et nunc*, no mundo fenomênico, como acontecimento fático, sensível, palpável, concreto, material, apreensível e que corresponde à imagem abstrata que de dele faz a lei.[668]

Em outras palavras, o fato imponível é o fato realizado no mundo concreto que, adequado ao preceito normativo abstrato, torna-se fato jurídico produzindo efeitos entre os sujeitos que lhe digam respeito.

3.5.2. Do nexo entre o objeto do processo e a obrigação tributária

O presente tópico parte da premissa de que a atividade jurisdicional pressupõe a existência e a atuação em concreto das normas materiais, e a necessidade de convivência das esferas de direito substancial e processual, sendo que a primeira, em relação à segunda, descortina-se como um *prius* lógico.[669] Nos exatos termos de José Rogério Cruz e Tucci, "o objeto litigioso do processo, portanto, identifica-se com a circunstância jurídica concreta deduzida em juízo *in statu assertionis*, que aflora individualizada pela situação de fato contrária ao modelo traçado pelo direito material".[670]

---

[667] HARADA, op. cit., p. 479/480; TORRES, op. cit., p. 240.

[668] ATALIBA, op. cit., p. 67.

[669] TUCCI, *A causa petendi...*, p. 126.

[670] Idem, p. 131.

Com o foco da aproximação do direito processual ao direito material, é que se pretende estabelecer os elos entre os elementos objetivos do processo e os elementos da obrigação tributária. Para tanto, discorreu-se acerca tanto de um quanto de outro ponto, a fim de que agora pudessem ser analisados conjuntamente.

Como ponto de partida, é valiosa a lição de Paulo César Conrado para quem a "tutela jurisdicional tributária é norma individual e concreta produzida pelo Estado-juiz à guisa de compor conflito verificado em relação jurídica daquele jaez (obrigação tributária)".[671]

James Marins ressalta a peculiaridade das ações tributárias apontando o seu escopo como sendo "a produção de uma norma individual que estabeleça no caso concreto o exato alcance das obrigações determinadas pelas normas gerais de direito tributário substantivo".[672]

Descritos estes posicionamentos, a primeira circunstância que deve ser destacada é a força no âmbito tributário que goza o princípio da legalidade (tipicidade). Tal princípio é sobremaneira relevante na medida em que somente a lei (ato normativo) poderá estabelecer tributo e que esta norma deverá prescrever de modo completo as circunstâncias em que o tributo passará a ser devido. Como se vê, o campo de discricionariedade dos sujeitos da relação jurídica tributária é quase inexistente. Como decorrência disso, a norma abstrata reflete, modo idêntico, o fato que ocasionará a obrigação tributária.

Esta particularidade, nem sempre presente no ordenamento civil, traduz-se na possibilidade de, com maior chance de êxito, correlacionar-se o direito material com o direito processual. Assim, a obrigação tributária ao apresentar como elementos os sujeitos, a lei, os fatos e o objeto, possibilita a comparação com os elementos da demanda (sujeitos, pedidos e causa de pedir).

Em sede jurisdicional, os sujeitos da obrigação tributária serão os mesmos que figurarão nos pólos ativos e passivos no processo (elemento subjetivo da demanda). Embora, o presente trabalho não diga com o elemento subjetivo do processo, a título de ilustração, deve ser dito que, ainda na hipótese de vir responder em juízo o responsável tributário pela obrigação de outrem, ainda sim ele estaria contemplado, modo reflexo (relação jurídica de responsabilidade), na relação jurídica tributária havida com o sujeito ativo da demanda.

---

[671] CONRADO, op. cit., p. 141.

[672] MARINS, James. *Direito processual tributário brasileiro*: administrativo e judicial. 3. ed., São Paulo: Dialética, 2003, p. 386.

A lei, enquanto elemento da obrigação tributária, nada mais é do que a hipótese de incidência tributária. Configurando-se a previsão abstrata do fato que desencadeia a relação jurídica tributária a hipótese de incidência corresponderá, no âmbito do processo judicial, ao fundamento jurídico do pedido. Sob o enfoque dos elementos da ação, este fundamento jurídico do pedido (hipótese de incidência tributária) se identifica com a causa de pedir próxima da relação processual.

Os fatos de que trata a obrigação tributária como elementos constituidores são os fatos imponíveis, ou seja, aqueles que, quando praticados, encontrem correspondência com uma norma jurídica de direito tributário e se tornem, portanto, fatos jurídicos. Esse fenômeno extraído da vivência social tem sua representação, no plano processual, por meio da causa de pedir próxima.

Por fim, o objeto da obrigação tributária é o ato humano que representa a finalidade da norma tributária, qual seja, pagar o tributo. De tal sorte, o objeto da obrigação tem estrito laço como o pedido formulado na demanda judicial. Todavia, reconhece-se que, dentre todos os elementos, tanto da obrigação tributária, quanto do processo, o que deve ser transportado do direito material para o processual com maior cautela é o que diz respeito ao objeto da obrigação e ao pedido da demanda. Isso se deve em face de o pedido formulado poder veicular eficácias variadas com relação a um mesmo objeto. Assim, por exemplo, poderá um sujeito processual manejar, com vista à obtenção de um mesmo fim prático, ou medidas com eficácia preponderante mandamental como com eficácia preponderante condenatória. Saliente-se que, em ambas hipóteses, tanto o elemento subjetivo da demanda, quanto a causa de pedir podem ser os mesmos.

3.5.3. Das possibilidades de demandas tributárias

3.5.3.1. Questões preliminares: classificação e eficácias dos processos tributários

Antes de tudo, e à guisa de esclarecimento e delimitação do objeto do estudo, salienta-se que o presente trabalho não cogita do processo/procedimento administrativo (seja de impugnação, seja de constituição e efetivação da obrigação tributária). Destarte, sempre que se falar em processo, ter-se-á em mente o processo judicial.

Ao processo tributário deverá anteceder um conflito entre as partes no plano material. Este conflito de interesse, em sede tributária, ocorre, de regra, por discordância do contribuinte em cumprir a exigência tributária, já que a relação jurídico-tributária, por impositiva, não admite a vontade do obrigado pela norma. Esta pretensão resistida consubstanciada será o substrato fértil para o nascimento da relação jurídico-processual tributária e do processo judicial tributário.[673]

Feitas estas ponderações, mister lançar algumas considerações acerca da classificação do processo tributário. Qualifica-se como tributário o processo que se reporta à relação jurídica (material) de tal natureza, que terá na posição de contendores Estado-fisco e contribuinte.[674]

Segundo Paulo César Conrado, haverá processo tributário quando: o contribuinte impugna o lançamento (direto ou substitutivo) do qual é notificado; o contribuinte se insurge judicialmente (via petição inicial) em face da pretensão fiscal (crédito tributário), potencial (lançamento ainda não produzido, embora já existente a respectiva regra-matriz de incidência tributária) ou efetiva (lançamento ou "autolançamento" já produzidos); o Estado-fisco se insurge judicialmente (via petição inicial), em face de omissão do contribuinte quanto à prática de qualquer ato terminativo ou suspensivo da obrigação tributária já constituída (quer por lançamento, quer por "autolançamento").[675]

A doutrina processual tributária classifica as demandas tributárias, em uma primeira análise, em dois grandes grupos levando em conta quem toma a iniciativa na demanda. Segundo este critério, classificam-se as demandas processuais tributárias em processo tributário exacional e processo tributário antiexacional.

O processo tributário exacional é aquele em que a iniciativa é tomada pelo Estado-fisco, estruturado pela idéia de inatividade do contribuinte e materializado, fundamentalmente, pela pretensão de índole executiva.[676]

De outro lado, o processo tributário será antiexacional quando o contribuinte tomar a iniciativa de sua propositura.[677]

Outro critério classificatório do processo tributário leva em conta a eficácia da tutela jurisdicional em relação à obrigação tribu-

---

[673] SANTOS, Volney Campos. Medida cautelar fiscal. In: MARINS, James (coord.). *Processo tributário*: administrativo e judicial. Curitiba: Juruá, 2005, p. 367.

[674] CONRADO, op. cit., p 176.

[675] Idem, p. 84.

[676] Idem, p. 91.

[677] Idem, p. 81.

tária. Esta eficácia pretendida guarda relação direta com o ciclo de positivação obrigação tributária.[678]

Quando a demanda for proposta antes da constituição da obrigação tributária, a tutela pretendida terá eficácia declaratória preponderante tendo em vista que implicará no estabelecimento de uma regra de proibição para ulterior atuação do Estado-fisco.[679]

De outra banda, quando a obrigação tributária já estiver constituída, a demanda poderá assumir feições declaratórias ou desconstitutivas. Na hipótese de eficácia desconstitutiva, da tutela postulada decorrerá norma individual e concreta desconstitutiva dos efeitos do lançamento.

Percorrido todo o trâmite da obrigação e satisfeito seu conteúdo pelo pagamento, persiste a possibilidade do obrigado vir a reclamar, via processo judicial, a repetição deste pagamento quando indevido. Desta banda, a tutela pretendida será a condenação do Estado-fisco em pagar quantia recebida em razão de crédito tributário indevido.

Cogita-se apenas, ao menos de regra, da possibilidade de tutelas declaratórias, desconstitutivas e condenatórias nos processos tributários antiexacionais.

Findo o ciclo da obrigação tributária, constituído o crédito tributário, e configurado o inadimplemento do contribuinte, o Estado-fisco se vê dotado da possibilidade de manejar processo de natureza executiva. Trata-se aqui dos processos tributários exacionais típicos.

Por fim, ressalta-se que as tutelas cautelares não possuem natureza tributária, por se tratarem de demandas cujo mérito se confunde com a aparência de direito (*fumus boni iuris*)[680] que deverá, este sim, ser objeto de controvérsia em ação principal. Por outro lado, a medida cautelar fiscal de que trata a Lei nº 8397/92 tem por objeto a garantia de satisfação do crédito tributário através da indisponibilidade de bens do requerido. Esta demanda, embora dita fiscal, tem por objeto, do ponto de vista processual, a asseguração do direito a um crédito da Fazenda Pública e não diz com o crédito (ou a obrigação tributária) em si.

Resumidamente, e correlacionado a classificação dos processos tributários com as eficácias das sentenças a serem produzidas, os processos exacionais comportam as tutelas executivas e os processos antiexacionais podem veicular tutelas declaratórias, desconstitutivas e condenatórias.

---

[678] CONRADO, op. cit., p. 182.

[679] Idem, p. 183.

[680] TESHEINER, *Eficácia...*, p. 18.

3.5.3.2. Dos processos tributários em espécie

Feitas estas considerações preliminares acerca da classificação e eficácia preponderante veiculada nos processos tributários, é oportuno discorrer, separadamente, sobre as técnicas processuais adequadas para a obtenção da tutela pretendida e os seus elementos objetivos. Com o fito de enfrentar tal problema, serão abordados os processos de (1) execução fiscal, (2) ação declaratória de inexistência de relação jurídico-tributária, (3) mandado de segurança em matéria tributária, (4) ação anulatória em matéria tributária, (5) repetição de indébito e (6) embargos à execução fiscal em matéria tributária.

3.5.3.2.1. Da execução fiscal

A execução fiscal é o processo que tem por finalidade a cobrança da Dívida Ativa da União, dos Estados, do Distrito Federal, dos Municípios e respectivas autarquias. Grosso modo, a execução fiscal corresponde ao processo a que a Fazenda Pública faz uso para a cobrança judicial de seus créditos (dívida ativa).

A execução fiscal é regulamentada pela Lei nº 6.830, de 22 de setembro de 1980, e, subsidiariamente, pelo Código de Processo Civil.

Ação exacional típica, a execução fiscal serve tanto para a cobrança de créditos de natureza tributária, quanto para a cobrança de créditos de natureza não-tributária. Adverte-se que este estudo somente terá em conta a execução fiscal da dívida ativa de origem tributária.

A execução fiscal é modalidade especial de execução por quantia certa e como tal depende de título que lhe aparelhe. Nela, o título executivo corresponde à Certidão de Dívida Ativa, sendo, na dicção do CPC, título executivo extrajudicial (art. 585, inciso VII).

A Certidão de Dívida Ativa é constituída de maneira *sui generis* em relação aos títulos extrajudiciais comuns. Em um primeiro momento, a autoridade fiscal identificará a existência de dívida de um contribuinte com a Fazenda Pública. Apurado o débito, a aludida dívida será inscrita, na condição de dívida ativa, sendo lavrado um termo de inscrição onde conste (I) o nome do devedor, dos co-responsáveis e, sempre que conhecido, o domicílio ou residência de um e de outros; (II) o valor originário da dívida, bem como o termo inicial e a forma de calcular os juros de mora e demais encargos previstos em lei ou contrato; (III) a origem, a natureza e o fundamento legal ou contratual da dívida; (IV) a indicação, se for o caso, de estar a dívida sujeita à atualização monetária, bem como o respectivo fundamento legal e o termo inicial para o cálculo; (V) a data e o número de inscrição, no Registro de Dívida Ativa; e (VI) o número do processo administrativo ou auto de infração, se neles estiver apurado o valor da dívida. A Certidão da Dívida Ativa é a representação do termo de inscrição da dívida (conterá os mesmos elementos do Termo de Inscrição) que tem por finalidade aparelhar futura execução fiscal.

Regularmente inscrita, a dívida ativa gozará de presunção de certeza e liquidez (art. 3º da L. 6.830/80) e a certidão dela extraída aparelhará a execução fiscal. A petição inicial desta execução deverá ser instruída com a Certidão de Dívida Ativa, ainda que inserta em seu próprio corpo (art. 6º, § 2º, da L. 6.830/80) de modo que não corresponderá, necessariamente, a um documento autônomo.

São legitimadas para a propositura da execução as pessoas jurídicas de direito público e suas respectivas autarquias, dotadas do poder de exigir determinado tributo desde que esteja devidamente inscrito.[681]

De outro lado, a execução fiscal poderá ser proposta contra o devedor, o fiador, o espólio, a massa, o responsável e os sucessores, nos termos do art. 4º da Lei nº 6.830/80.

No que tange à sua causa de pedir, a execução fiscal tributária apresenta, como causa de pedir remota o não pagamento de imposto devido em face da concretização da hipótese de incidência tributária que é representada no processo pela Certidão de Dívida Ativa, e, como causa de pedir próxima, a violação da norma instituidora do tributo devido. Acrescenta Araken de Assis que a exposição da *causa petendi* da execução fiscal, na prática, não apresenta maiores dificuldades, bastando ao credor exibir o título e invocá-lo, alegando inadimplemento.[682]

3.5.3.2.2. Da ação declaratória de inexistência de relação jurídico-tributária

Na lição de James Marins, define-se a ação declaratória em matéria tributária como a ação antiexacional imprópria,[683] de rito ordinário, aforada pelo contribuinte em face da Fazenda Pública ou

---

[681] SANTOS, Volney Campos, op. cit., p. 368-369.

[682] ASSIS, Manual..., p. 972.

[683] "São ações tributárias impróprias por estarem submetidas ao regime jurídico geral de processo civil e carecerem de disciplina legal própria de Direito Processual Tributário" (MARINS, James. Ação declaratória em matéria tributária: notas sobre suas particularidades. In ROCHA, Valdir de Oliveira [coord.]. *Problemas de processo judicial tributário*. v. 4., São Paulo: Dialética, 2000, p. 149.

em face do ente que exerça funções parafiscais, com a finalidade de ver reconhecida judicialmente (declarada) a existência, a forma (declaração positiva) ou a inexistência (declaração negativa) de determinado vínculo jurídico-obrigacional de caráter tributário com o escopo de promover o acertamento da relação fiscal manchada pela incerteza.[684] Portanto, o cabimento da aludida ação está condicionado à existência de estado de incerteza em relação ao contribuinte por força da exigência fiscal.[685]

Com enquadramento legal no art. 4º do CPC, a ação declaratória se cingirá a existência, ou não, de relação jurídica, e à falsidade ou autenticidade de documento.[686]

Todavia, parte da doutrina entende que sempre que o contribuinte entenda caracterizada a ilegalidade ou a inconstitucionalidade de determinada exigência tributária está em condições de postular ao Poder Judiciário sentença que declare aquele vício (dando-se o mesmo quando presente dúvida fundada sobre a extensão de determinada exigência tributária, podendo o contribuinte submeter a questão ao Poder Judiciário, a fim de ser declarado o direito aplicável).[687]

No entanto, é pacífico que não será admitido o manejo da demanda declaratória com o objetivo de interpretar o direito em tese, assim como meros fatos não são suscetíveis de apreciação por seu meio,[688] não podendo, portanto, o objeto da ação declaratória em matéria tributária se limitar simplesmente à declaração sobre a inexistência do fato jurídico tributário (fato imponível). Deverá tratar a demanda acerca da existência ou inexistência da relação jurídico-tributária (obrigação tributária) que resulta da ocorrência de certo fato tributariamente tipificado.[689]

No que diz respeito à sua causa de pedir, a ação declaratória em matéria tributária apresenta como causa de pedir próxima a norma tributária instituidora da relação jurídica obrigacional entre autor e réu e como causa de pedir remota as circunstâncias que levam ao estado de incerteza quanto a existência, forma ou inexistência do vínculo jurídico que une as partes.

---

[684] MARINS. *Direito...*, p. 397.

[685] CAIS, op. cit., p. 372.

[686] ASSIS. *Manual...*, p. 942.

[687] CAIS, op. cit., p. 375.

[688] Idem, p. 378.

[689] MARINS, *Direito...*, p. 403

3.5.3.2.3. Do mandado de segurança em matéria tributária

O mandado de segurança é direito fundamental do cidadão assegurado pela Constituição Federal em seu art. 5°, inciso LXIX. No plano infraconstitucional, o mandado de segurança é regulamentado pela Lei n° 1.533, de 31 de dezembro de 1951. Em sede tributária o CTN prevê a possibilidade de manejo do mandado de segurança em seu artigo 151, inciso IV.

Na Constituição, assegura-se que será concedido o mandado de segurança para proteger direito líquido e certo, não amparado por *habeas corpus* ou *habeas data*, quando o responsável pela ilegalidade ou abuso de poder for autoridade pública ou agente de pessoa jurídica no exercício de atribuições do Poder Público.

Em matéria tributária, o mandado de segurança opera como instrumento de constitucionalidade das leis e de aferição da validade da relação jurídico tributária. Possui ampla possibilidade de manejo, notadamente, nas situações nascidas da relação fisco/contribuinte envolvendo crédito tributário, como, por exemplo, questionando lançamentos indevidamente constituídos, pretendendo desconstituição de penalidades impostas, contestando a exigência contida na certidão da dívida ativa elidindo a sua presunção de liquidez e certeza etc.[690]

Salienta-se que, em todos os casos, a concessão do *mandamus* está condicionada à existência de prova documental pré-constituída e à existência de direito líquido e certo.[691]

A legitimidade ativa para a impetração do mandado de segurança em matéria tributária, de regra, será do contribuinte que pretenda proteger direito líquido e certo contra abuso de poder por parte de autoridade. No entanto, reconhece-se a possibilidade de o Estado impetrar mandado de segurança contra ato judicial ilegal causador de prejuízo irreparável, forte na combinação dos artigos 1° e 5°, inciso II, da Lei n° 1.533.[692]

O pólo passivo é a autoridade que, ilegalmente, ou com abuso de poder, pratica ou deixa de praticar determinado ato, ferindo direito líquido e certo do impetrante.

A eficácia da sentença do mandado de segurança é mandamental, caracterizada por uma ordem à autoridade coatora para que faça ou se abstenha de fazer ato que viola o direito do impetrante. Sobre a mandamentalidade da sentença em mandado de segurança, Hugo

---

[690] CAIS, op. cit., p. 246.
[691] ASSIS, *Manual...*, p. 941.
[692] CAIS, op. cit., p. 257.

de Brito Machado afirma que "outra não é a razão pela qual o mandado de segurança não substitui a ação de cobrança, nem a sentença que concede o mandado de segurança produz efeitos patrimoniais relativamente ao período pretérito".[693]

A causa de pedir próxima do mandado de segurança é a violação ou ameaça de direito líquido e certo por exercício arbitrário de poder de autoridade pública. A causa de pedir remota são os fatos que caracterizam o direito líquido e certo do impetrante e a violação ou ameaça a esse direito. Destaca-se que em mandado de segurança a causa de pedir remota deve estar amparada em prova inequívoca desde a propositura da demanda sob pena de restar denegada a ordem postulada.

3.5.3.2.4. Da ação anulatória em matéria tributária

A ação anulatória em matéria tributária é o instrumento judicial adequado para tornar sem efeito, total (conteúdo extintivo) ou parcialmente (conteúdo modificativo), um crédito tributário definitivamente constituído. Desta sorte, tem como pressuposto a preexistência de lançamento fiscal constituidor do crédito tributário.[694]

Tendo em vista que a finalidade da ação anulatória é tornar sem efeito o crédito tributário, ela é demanda de natureza antiexacional, pois caberá ao contribuinte a propor em face da Fazenda Pública ou de quem exerça atividade parafiscal.

No plano normativo, à ação anulatória em matéria tributária não se aplica a disciplina o art. 486 do CPC.

Quanto a sua natureza, a ação anulatória em apreço possui eficácia constitutivo-negativa.[695] Em outras palavras, por intermédio desta ação o contribuinte postula a modificação ou a extinção do conteúdo de relação jurídica tributária (principal ou acessória) já formalizada, já existente, já "constituída" (isto é, formalmente declarada) através do ato administrativo tributário.[696]

Deste modo, a causa de pedir da presente ação, em sua dimensão próxima, é o vício formal ou material do lançamento tributário constituidor do crédito tributário, e, em sua dimensão remota, são as

---

[693] MACHADO, Hugo de Brito. *Mandado de segurança em matéria tributária*. 3. ed., São Paulo: Dialética, 1998, p. 151.

[694] CAIS, op. cit., p. 380-282.

[695] MARINS, *Direito...*, p. 410-411 e ASSIS, *Manual...*, p. 943.

[696] MARINS, *Direito...*, p. 412.

circunstâncias de fato que caracterizam o vício presente no crédito tributário.

3.5.3.2.5. Da repetição de indébito

A ação de repetição de indébito decorre do direito de repetir – ou de pedir em restituição – valor que foi indevidamente recolhido a título de tributo[697] fazendo afastar a locupletação indevida por parte do Fisco, que deverá restituir a quantia originariamente recolhida, monetariamente atualizada e acrescida de juros moratórios.[698]

A ação de repetição pode ser proposta pelo contribuinte em face do ente tributante (antiexacional) que tenha recebido tributos tidos como indevidos, com o escopo da obtenção de sentença de conteúdo condenatório[699] que determine ao órgão exator a devolução dos ingressos indevidos.[700]

O fundamento jurídico que ampara a demanda em estudo está consagrado, modo expresso e direto, nos artigos 165 e seguintes do CTN, nada obstante, decorra do princípio constitucional da estrita legalidade tributária (CF, art. 5º, inc. II, c.c. art. 150, inc. I), do princípio do direito de propriedade (CF, art. 5º, inc. XXII), do princípio implícito que veda ao Estado o enriquecimento ilícito e sem causa jurídica, da moralidade dos atos da Administração (CF, art. 37), e da segurança jurídica e certeza do direito.[701]

Possui legitimidade para a propositura da ação aquele que recolheu tributo tido por indevido, ou seus sucessores.[702] Figura na condição de legitimado passivo a pessoa jurídica que seja titular do respectivo tributo por ordem da Constituição Federal.[703]

A causa de pedir próxima da ação de repetição de indébito decorre da reparação do prejuízo causado pelo fisco ao contribuinte

---

[697] "... na definição traçada pelo art. 3º do CTN como toda a prestação pecuniária compulsória, em moeda ou cujo valor nela se possa exprimir, que não constitua sanção de ato ilícito, instituída em lei e cobrada mediante atividade administrativa plenamente vinculada, representa direito de crédito (CC, art. 964, CTN, art. 165), de caráter disponível, sujeito à transmissão por ato inter vivos ou mortis causa". (CAIS, op. cit., p. 319).

[698] CAIS, op. cit., p. 338.

[699] Idem, ibidem.

[700] MARINS, *Direito ...*, p. 417.

[701] COSTA, Adriana de França. A repetição do indébito e a compensação tributária. In MARINS, James (coord.). *Processo tributário*: administrativo e judicial. Curitiba: Juruá, 2005, p. 389.

[702] CAIS, op. cit, p. 323.

[703] Idem, p. 326.

em razão da existência de erro material ou formal gerador do recolhimento realizado; anulabilidade do auto de infração ou do ato de lançamento; ou, ainda, a ilegalidade ou inconstitucionalidade da norma que embasou o recolhimento do tributo cuja devolução se requer. A causa de pedir remota será constituída pelos fatos que levam a caracterizar o erro, o vício, a ilegalidade, que ocasionaram o pagamento indevido.

Conclusão

1. O instituto processual que hoje é conhecido como causa de pedir se fez presente no direito desde a Roma antiga até hoje. Entretanto, é evidente, que os contornos que lhe eram dados variaram enormemente ao longo do tempo. Assim, por exemplo, nas *legis actiones* (primeiro período do direito processual romano) a exposição da causa de pedir se dava na fase de debates perante o pretor (*in iure*) que, ao enquadrar os fatos narrados na forma estrita da lei, organizava e delimitava a controvérsia para só então o *iudex* julgar a causa. Como se vê, a causa de pedir, por meio dos seus elementos, sempre fez parte da sistemática processual sendo, inclusive, uma decorrência lógica da distribuição da justiça. É fruto da circunstância inerente ao agir justo de que alguém que peça algo o faça amparado em algum fundamento (*lato sensu*), sob pena de ser arbitrário o pedido veiculado.

2. No Brasil, a causa de pedir foi conhecida, primeiramente, pelas Ordenações Afonsinas que tinha como ato inicial de procedimento a indicação pelo autor da "causa e seus fundamentos". Ao longo da história processual brasileira, a causa de pedir foi ganhando os contornos que hoje sustenta. Exemplo disso foi o reconhecimento implícito pelo Código de Processo Civil de 1939 da teoria da tríplice identidade da demanda em seu artigo 158, incisos II a IV.

3. No direito vigente, há a consagração da tríplice identidade da demanda, consubstanciada nas partes, no pedido e na causa de pedir. No plano normativo, esta conclusão está amparada nos artigos 264, 282, 295, 301 do Código de Processo Civil.

4. Os elementos identificadores da demanda se dividem em duas dimensões distintas, uma subjetiva, outra objetiva. A dimensão subjetiva é composta pelas partes. A dimensão objetiva é constituída pelo pedido e pela causa de pedir.

5. As partes são compostas pelo sujeito que pede em nome próprio, ou em cujo nome é pedida a atuação da vontade da lei (autor), e pelo sujeito em face de quem a atuação da vontade de lei é pedida (réu).

6. Para ser parte, o sujeito da relação processual deve possuir: capacidade de ser parte e capacidade de estar em juízo. A capacidade para ser parte decorre da capacidade de que o sujeito tenha de ter direitos e obrigações na ordem civil. A capacidade processual diz respeito à possibilidade do exercício de um direito em nome próprio em sede jurisdicional.

7. Pode existir multiplicidade de partes em quaisquer dos pólos da demanda (ativo ou passivo), hipótese que configura o litisconsórcio. O litisconsórcio se classifica em quatro planos distintos. Em um primeiro plano, poderá ser necessário ou facultativo; em um segundo plano, poderá ser comum ou unitário; em um terceiro plano, poderá ser ativo, passivo ou misto, e em quarto plano poderá ser inicial ou ulterior.

8. O pedido é o ato pelo qual o autor aponta o resultado pretendido na demanda em face do réu a ser consolidado pelo magistrado no caso de procedência.

9. O pedido possui como características marcantes a sua certeza e a sua determinabilidade. Admite-se, no entanto, em situações excepcionais que o pedido seja genérico.

10. O pedido carrega em si dois planos internos que diferenciam a sua compreensão em pedido imediato e pedido mediato. O pedido imediato é a tutela jurisdicional invocada pelo demandante, a providência requerida ao juiz. O pedido mediato é a utilidade que se quer alcançar pela sentença, ou providência jurisdicional.

11. O pedido é classificado quanto ao conteúdo e quanto ao número. Quanto ao conteúdo, o pedido é classificado como simples, qualificado ou implícito. Quanto ao número, o pedido é classificado como unitário ou cumulado (por cumulação própria, ou imprópria).

12. A causa de pedir sempre foi concebida de forma diferente de acordo com a teoria aplicada para a sua compreensão. Classicamente, existem duas teorias acerca da causa de pedir: a teoria da substanciação e a teoria da individualização.

13. A causa de pedir, segundo a teoria da substanciação, é composta pela descrição completa dos fatos constitutivos que servem de fundamento para o pedido, sendo eles determinantes para a iden-

tificação da demanda, independentemente da natureza do direito postulado.

14. A causa de pedir, segundo a teoria da individualização, é composta pela afirmação da relação ou estado jurídico fundamentadora do pedido do autor em face do réu, por meio da especificação do direito substancial. Para a teoria da individualização, é imprescindível a análise da natureza dos direitos para determinar o conteúdo essencial da causa de pedir; pois, nos direitos relativos, qualquer fato é apto para preencher o suporte legal, e, por isso, devem ser pormenorizadamente descritos; enquanto, nos direito absolutos, os fatos têm importância secundária e contingente.

15. Modernamente, no anseio de adequar as teorias da causa de pedir, partindo da superação da idéia de que substanciação e individualização são idéias excludentes, desenvolveu-se uma renovada perspectiva da causa de pedir de acordo com a natureza do direito postulado na demanda. Levando em consideração a natureza do direito violado, distinguiram-se direitos autodeterminados e heterodeterminados. O direito autodeterminado é aquele direito subjetivo que prescinde da indicação do título e do seu fato aquisitivo na demanda, pois estes elementos estariam contidos no próprio direito postulado. Deste modo, esses direitos têm como característica a desnecessidade de identificação do complexo fático que o constitui tendo em vista que o direito sempre será o mesmo ainda que se mudem as suas circunstâncias de fato. O direito heterodeterminados tem como característica marcante a possibilidade de haver multiplicidade de direitos entre as mesmas partes e sobre o mesmo objeto, exigindo deste modo, para que se distingam as demandas decorrentes, a descrição de determinados fatos.

16. No direito processual civil brasileiro prevaleceu a teoria da substanciação da causa de pedir.

17. No ordenamento positivo pátrio, vislumbra-se a adoção do princípio da eventualidade para o autor, nos artigos 264 e 294, para o réu, no artigo 300, e, para ambos, no artigo 474.

18. A causa de pedir, como um dos elementos identificadores da demanda, tem amparo legal nos artigos 46, inciso III; 103; 264; 282, inciso III; 295, parágrafo único, inciso I; 301, § 2º, 321, todos do Código de Processo Civil.

19. A causa de pedir é formada pelos fatos e pelos fundamentos jurídicos do pedido.

20. Por não ter o ordenamento processual discorrido diretamente acerca da causa de pedir, a definição mais corrente no Brasil

do mencionado instituto parte da análise dos seus elementos formadores. Assim, define-se a causa de pedir como o conjunto de fatos e de fundamentos jurídicos levados a juízo para justificar a pretensão esposada no pedido da demanda.

21. O fundamento jurídico é as conseqüências jurídicas que justifiquem a pretensão do autor em face dos fatos alegados.

22. Fundamentos jurídicos não se confundem com fundamento legal. Enquanto os primeiros decorrem dos elementos de fato que tornam concreta a vontade da lei, o segundo é representado pela indicação da norma abstrata supostamente aplicável na demanda.

23. Os fundamentos legais não integram a causa de pedir, nem servem para identificar a demanda.

24. Não são quaisquer tipos de fatos que compõem a causa de pedir, mas somente os fatos jurídicos. O fato jurídico se verifica quando um fato da vida encontra correspondência em um fato abstratamente previsto na lei, incidindo, portanto, no ordenamento jurídico, passando a ser relevante para o direito.

25. Intrinsecamente, os fatos jurídicos podem classificados como simples ou complexos. O fato simples compreende somente um único evento causador dos efeitos jurídicos pretendidos. O fato complexo é constituído de eventos diversos, que se somam, no que diz respeito à produção de efeitos jurídicos, formando uma unidade jurídica.

26. Com relação ao instituto da causa de pedir, os fatos se classificam em essenciais e secundários. Os fatos essenciais são aqueles que integram a causa de pedir remota e que servem para identificar a demanda proposta, tendo em vista que integram o núcleo essencial da pretensão posta em juízo; enquanto os fatos secundários integram as circunstâncias que enriquecem, especificam e esclarecem o fato essencial sem repercutir em seu núcleo essencial, pois não são suficientes ou adequados para justificar o pedido.

27. Os fatos são, ainda, classificados como constitutivos, impeditivos, modificativos e extintivos do direito. Os fatos constitutivos de direito são aqueles que dão vida a uma vontade concreta de lei e à expectativa de um bem por parte de alguém, tendo, portanto, por escopo específico dar vida a um direito. Os fatos impeditivos de direito são aqueles que concorrendo com fatos constitutivos impedem a produção dos efeitos inerentes à constituição de um direito. Os fatos modificativos de direito são aqueles que pressupõem válida a constituição do direito, mas tendem a alterá-lo. Os fatos extintivos

de direito são aqueles que fazem cessar a relação jurídica ou o direito subjetivo.

28. O fato superveniente é aquele que, ocorrendo posteriormente à propositura da demanda, cria, modifica ou extingue o fundamento jurídico do pedido. Ele constitui hipótese em que é admissível a introdução de elementos fáticos pelo autor após a propositura da demanda.

29. A causa de pedir recebe classificação segundo os elementos que a compõe e segundo o interesse processual veiculado pelo autor na demanda.

30. Segundo os elementos que a compõem, a causa de pedir se classifica em causa de pedir próxima e causa de pedir remota. A causa do pedir próxima corresponde aos fundamentos jurídicos empregados pelo autor na demanda que sirvam para justificar seu pedido. A causa de pedir remota consiste no complexo de fatos constitutivos do direito afirmado pelo autor.

31. A causa de pedir remota pode ser simples, composta ou complexa. A causa de pedir simples é integrada por um único fato simples; a causa de pedir composta é aquela em que sua dimensão remota decorre da afirmação de diversos fatos jurídicos simples e a causa de pedir complexa é fruto de um fato jurídico complexo que, por sua vez, é formado por diversos eventos (fatos) que, analisados conjuntamente levam a um efeito jurídico pretendido.

32. De acordo com o interesse processual veiculado pelo autor na demanda, a causa de pedir se classifica em causa de pedir ativa e causa de pedir passiva. A causa de pedir ativa corresponde ao fato ou complexo de fatos necessários e suficientes para dar fundamento à pretensão do autor, identificando-se, portanto, com o fato jurídico constitutivo do direito afirmado a ser apreciado pelo juiz. A causa de pedir passiva é o estado de fato contrário ao direito que se pretende fazer valer, ou seja, é o reflexo da violação ou do estado de incerteza sobre o qual versa um direito e do qual se invoca a tutela, caracterizado pelo interesse que o autor tem para pedir a intervenção do juiz.

33. A causa de pedir é um elemento indispensável para a demanda, sem a qual a petição inicial será considerada inepta para produzir os efeitos pretendidos.

34. A inépcia da inicial em face da formação deficiente da causa de pedir pode ocorrer pela ausência de indicação dos fatos jurídicos, pela ausência de fundamentos jurídicos, pela incongruência entre

os fatos e fundamentos e pela incongruência entre a causa de pedir (dos fatos e dos fundamentos) e o pedido formulado.

35. O vício decorrente da má formação da causa de pedir somente será insanável quando seja oportunizado ao demandante emendar a inicial e o mesmo não corrija a exposição da causa.

36. Se a determinação da emenda a inicial vier após a apresentação de contestação, o autor poderá adequar a sua causa de pedir desde que não altere os limites estabelecidos (fatos essenciais e fundamentos jurídicos) originariamente na causa.

37. A possibilidade de modificação da causa de pedir deve ser impedida em um dado momento no curso da demanda a fim de evitar que se eternize a controvérsia e de assegurar um procedimento mais ordenado onde seja possível uma efetiva observância da ampla defesa e do contraditório.

38. A modificabilidade da causa de pedir se manifesta de três formas distintas. A primeira forma é a livre modificabilidade pelo autor antes da citação do réu. A segunda é a modificabilidade condicionada à anuência do réu, quando este já tenha sido citado. A terceira é a imodificabilidade da causa de pedir após o saneamento do feito.

39. É possível analisar os principais contornos que assumirá a causa de pedir partindo da natureza da demanda deduzida em juízo. Assim, a natureza da pretensão determinará em quais termos a causa de pedir deverá ser exposta a fim da persecução de seu objetivo. De tal modo, as particularidades de cada demanda (sob o ponto de vista da tutela postulada) repercutirá em pontos específicos que deverão fazer parte da sua causa de pedir.

40. Nas ações com eficácia declaratória preponderante, a causa de pedir será composta, em sua dimensão remota, pela descrição dos fatos que identificam a relação jurídica ou o documento (excepcionalmente, os fatos) dos quais se pretende afastar a incerteza acerca de sua existência/inexistência, falsidade/veracidade, e, em sua dimensão próxima, pela narração da circunstância que ocasiona a incerteza sobre a relação jurídica ou documento (ou fato) que deve ser removida pela sentença.

41. Nas ações preponderantemente condenatórias, os fatos componentes da causa de pedir são os que caracterizam a obrigação que une as partes e o inadimplemento ou descumprimento da mesma. Os fundamentos residem na pretensão do autor em ver reconhecidos os direitos violados pelo inadimplemento ou descum-

primento promovidos pela parte adversa a fim de evitar o dano injusto sofrido.

42. Nas ações preponderantemente constitutivas, a causa de pedir é identificada com o fato constitutivo/modificativo/extintivo do direito que ampara a mudança pretendida pelo autor em face do réu, e com o fundamento baseado na tutela que a ordem jurídica lhe confere para fazer os direitos afirmados.

43. Nas ações com eficácia preponderantemente mandamental, os fatos componentes da causa de pedir caracterizam a relação jurídica existente entre as partes da qual deflui a necessidade de que se imponha uma ordem imediata para cumprimento, enquanto os seus fundamentos residem na pretensão do autor em ver realizada pelo próprio demandando a obrigação a que estava adstrito pela relação jurídica descumprida.

44. Nas ações com eficácia preponderantemente executiva *lato sensu*, os fatos integrantes da causa de pedir são aqueles que identificam e determinam a coisa objeto da tutela postulada, bem como, demonstram a relação jurídica que une as partes em torno do objeto e a violação por parte da ré dos deveres atinentes à relação em apreço, enquanto, os seus fundamentos residem na pretensão do autor em ver o Estado, substituindo a vontade do executado por meios sub-rogatórios, realizar a obrigação a que o réu estava vinculado pela relação jurídica descumprida.

45. Nos processos executivos, os moldes da causa de pedir variam de acordo com o título lhe servem como base, de modo que a causa de pedir em execução de título executivo judicial, possui significativas diferenças com relação à em execução de título executivo extrajudicial.

46. Nas execuções de títulos judiciais (não sujeitos ao rito do cumprimento da sentença) a causa de pedir remota consiste na descrição dos fatos que caracterizem o descumprimento espontâneo do direito integrante do título e a causa de pedir próxima configurada pelo o descumprimento por parte do sucumbente da decisão judicial e da necessidade de o sistema jurídico evitar o locupletamento injusto.

47. Nas execuções de títulos extrajudiciais, em face da relativa incerteza que paira sobre os títulos executivos extrajudiciais, se comparados com os títulos executivos judiciais, a causa de pedir deverá se aproximar do conteúdo da causa de pedir (remota) da ação cognitiva condenatória, de modo que não bastará apenas a demonstração pura e simples do inadimplemento da obrigação constante no título,

mas deve apresentada a concausa do título de modo a superar a relativa incerteza jurídica que paira sobre o conteúdo do documento. Por outro lado, a causa de pedir próxima se afigura idêntica a da execução de título judicial, tendo em vista que pautada pela necessidade de o sistema jurídico evitar o locupletamento injusto do devedor inadimplente.

48. No cumprimento da sentença, mesmo se desenvolvendo em uma única relação processual, a alteração da eficácia material ocorrida no curso do processo depende de novo pedido e de nova exposição de causa de pedir, sem que isso represente modificação dos elementos objetivos da demanda condenatória, pois se revelam relações jurídicas distintas.

50. A causa de pedir no cumprimento da sentença consiste na afirmação realizada pelo credor de que o obrigado não satisfez, espontaneamente, o direito reconhecido na sentença cujo descumprimento leva à necessidade de que se procedam atos sub-rogatórios para fazer valer o condenação imposta ao devedor.

51. A distinção entre os processos cautelares preparatórios e processos cautelares incidentais não afeta a composição de sua causa de pedir. A necessidade de exposição na exordial da *lide* principal e dos seus *fundamentos* nas cautelares preparatórias constitui requisito da inicial e não integram a causa de pedir propriamente dita do processo cautelar.

52. A causa de pedir no processo cautelar é identificada com a situação de fato que gera o perigo de dano a um direito perseguido, ou a ser perseguido em demanda principal, em face da necessidade urgente de medida que evite tal dano e com a verossimilhança do direito alegado pelo autor para ter atendida a tutela postulada.

53. A causa de pedir na cautelar de arresto é composta, em sua dimensão remota, pela exposição dos fatos que caracterizem risco de inefetividade prática da futura execução, demonstrem que o requerente é titular de direito líquido e certo ameaçado pelos fatos que dão azo à medida e, em sua dimensão próxima, pela existência de situação de fato que gera risco de dano a um direito de crédito (líquido e certo) que o requerente detém em face do requerido, dada a demora na prestação jurisdicional definitiva.

54 Na causa de pedir da cautelar de seqüestro, os fatos jurídicos do pedido devem corresponder à caracterização: do bem a ser seqüestrado; do exercício da posse do requerido sobre o bem e da dissipação, dilapidação, danificação promovida sobre o bem pelo requerido. O fundamento jurídico do pedido no seqüestro decorre

da titularidade sobre o bem a ser seqüestrado, ainda que não reconhecida de forma definitiva no processo principal ou exercida em co-propriedade, e de que o atual possuidor toma medidas que desatendem a integridade da coisa.

55. A causa de pedir na cautelar de busca e apreensão é evidenciada nas razões justificativas da medida, consistente na aparência do direito e no perigo de dano, bem como na caracterização da pessoa ou coisa sobre a qual recairá a medida.

56. A causa de pedir na cautelar de exibição apresenta os fatos que correspondam à relação entre o direito pretendido na demanda principal a ser proposta (tendo em vista que sempre será cautelar antecedente) e o documento ou coisa que se pretende exibir e o fundamento consubstanciado na asseguração do direito do autor de conhecer os dados que amparam uma pretensão a ser veiculada em processo judicial.

57. A causa de pedir na cautelar de produção antecipada de prova é composta, na sua dimensão remota, pelos fatos que justificam a produção da prova (a necessidade de ausentar-se, motivo de idade ou de moléstia grave que ponham em risco a prova) e pelos fatos sobre os quais há de recair a prova; enquanto que o seu fundamento será a presença de perigo de perecimento da prova e de relevância da prova para a demonstração do direito a ser perseguido na demanda principal.

58. A causa de pedir na cautelar de alimentos provisionais se identifica, no plano remoto, com a exposição das necessidades de o autor receber os alimentos postulados e das possibilidades de o alimentante prestá-los, bem como, dos fatos que constituem um liame de dependência, ainda que apenas aparente, no momento da concessão (*fumus*), entre o alimentante e o alimentado. No plano próximo, a cautelar de alimentos provisionais se identifica com a necessidade de o postulante receber auxílio material de quem possui vínculo de assistência, para a sua subsistência enquanto durar o processo.

59. A causa de pedir na cautelar de arrolamento de bens é composta pelos fatos que guardam relação com o direito acerca da titularidade dos bens (controvertidos em demanda principal) a serem arrolados; pelos fatos que demonstram a possibilidade de os bens serem extraviados ou dissipados pelo possuidor (caso não haja a individualização dos mesmos e recaia sobre eles a restrição de depósito) e pelo fundamento jurídico do pedido, identificado com a necessidade de individualização e indisponibilização dos bens a serem arrolados em face do perigo de sua dissipação ou extravio,

o que ocasionaria prejuízo ao direito afirmado pelo requerente na ação principal.

60. A causa de pedir remota da cautelar de atentado é constituída pelos fatos que configuram o estado inicial da *res deducta* e a sua inovação ilegal, bem como pelos fatos que demonstram prejuízo ao requerente em face da alteração promovida. A causa de pedir próxima da cautelar de atentado é composta pelos fundamentos que caracterizam a ilicitude da alteração e pela necessidade de obstar a lesão provocada em face do direito decorrente da demanda principal.

61. Adotada a classificação material das ações, distinguem-se as demandas em ações pessoais e ações reais. Nas ações fundadas em direitos pessoais, não existe qualquer controvérsia a respeito da composição da causa de pedir, integrando-a tantos os fatos quanto os fundamentos jurídicos do pedido, sendo ambos os elementos indispensáveis para a identificação da demanda. Nas ações fundadas em direitos reais, no entanto, paira dúvida acerca da imprescindibilidade da narração dos fatos constitutivos do direito. À luz do ordenamento processual brasileiro, contudo, não existe razão para amparar tal dissenso dada a evidente adoção da teoria da substanciação da causa de pedir.

62. Em face das peculiaridades das normas de direito tributário e da adoção do princípio da tipicidade, a causa de pedir nas demandas tributárias guarda uma maior adstrição com a constituição da obrigação tributária prevista na lei. Assim, a hipótese de incidência, abstratamente prevista na norma, serve de molde para a demanda tributária em ambas as suas dimensões.

63. A causa de pedir no direito tributário é identificada com os fatos imponíveis (ou seja, aqueles que, quando praticados, encontram correspondência com uma norma jurídica de direito tributário e tornando-se, portanto, fatos jurídicos) e com o fundamento jurídico do pedido que se materializa na previsão abstrata do fato (a hipótese de incidência) que desencadeia a relação jurídica tributária.

64. A execução fiscal tributária apresenta, como causa de pedir remota o não-pagamento de imposto devido em face da concretização da hipótese de incidência tributária (representada pela Certidão de Dívida Ativa), e, como causa de pedir próxima, a violação da norma instituidora do tributo devido.

65. A ação declaratória em matéria tributária apresenta como causa de pedir próxima a norma tributária instituidora da relação jurídica obrigacional entre autor e réu e como causa de pedir remota

204
Augusto Tanger Jardim

as circunstâncias que levam ao estado de incerteza quanto a existência, forma ou inexistência do vínculo jurídico que une as partes.

66. A causa de pedir do mandado de segurança em matéria tributária, em sua dimensão próxima, é a violação ou ameaça de direito líquido e certo por exercício arbitrário de poder de autoridade pública e, em sua dimensão remota, são os fatos que caracterizam o direito líquido e certo do impetrante e a violação ou ameaça a esse direito.

67. A causa de pedir na ação anulatória em matéria tributária, em sua dimensão próxima, é identificada com o vício formal ou material do lançamento tributário constituidor do crédito tributário e, em sua dimensão remota, materializa-se nas circunstâncias de fato que caracterizam o vício presente no crédito tributário.

68. A causa de pedir próxima da ação de repetição de indébito decorre da reparação do prejuízo causado pelo fisco ao contribuinte em razão da existência de erro, material ou formal, gerador do recolhimento procedido; anulabilidade do auto de infração ou do ato de lançamento; ou ainda a ilegalidade ou inconstitucionalidade da norma que embasou o recolhimento do tributo cuja devolução se requer. A causa de pedir remota será constituída pelos fatos que levam a caracterizar o erro, o vício, a ilegalidade, que ocasionaram o pagamento indevido.

Referências

ALVIM, Arruda. *Manual de direito processual civil*. v. 1. 10. ed. rev., atual. e ampl., São Paulo: Revista dos Tribunais, 2006.

; PINTO, Teresa Arruda Alvim. *Manual de direito processual civil*, v. 2, 4. ed., São Paulo: Revista dos Tribunais, 1991.

AMARAL, Guilherme Rizzo. *As astreintes e o processo civil brasileiro:* multa do artigo 461 do CPC e outras. Porto Alegre: Livraria do Advogado, 2004.

ARAÚJO, José Henrique Mouta. O cumprimento da sentença e a 3ª etapa da reforma processual : primeiras impressões. *In Revista de Processo*, a. 30, n. 123, maio de 2005.

ASSIS, Araken. *Cumprimento da sentença*. Rio de Janeiro: Forense, 2006.

——. *Cumulação de ações*. 4. ed. rev. e atual., São Paulo: Revista dos Tribunais, 2002.

——. *Da execução de alimentos e prisão do devedor*. 6. ed. rev., atual. e ampl., São Paulo: Revista dos Tribunais, 2004.

——. Doutrina e prática do processo civil contemporâneo. São Paulo: Revista dos Tribunais, 2001.

——. *Manual da execução*. 9. ed. rev., atual. e ampl., São Paulo: Revista dos Tribunais, 2004.

ATALIBA, Geraldo. *Hipótese de incidência tributária*. 6. ed., São Paulo: Malheiros, 2005.

BARBI, Celso Agrícola. *Comentários ao código de processo civil*. v. 1, t. 1, Rio de Janeiro: Forense, 1975.

BARONI, Rodrigo Otávio. A emenda da petição inicial após a citação do réu. *Revista de Processo*, v. 30, n. 121, São Paulo: Revista dos Tribunais, mar – 2005.

BAUR, Fritz. Da importância da dicção iura novit curia. *Revista de Processo*, a. 1, n. 3, julho-setembro de 1976, p. 169-177.

BEDAQUE, José Roberto dos Santos. Os elementos objetivos da demanda examinados à luz do contraditório. In: TUCCI, José Rogério Cruz e; BEDAQUE, José Roberto dos Santos. *Causa de pedir e pedido no processo civil:* questões polêmicas. São Paulo: Revista dos Tribunais, 2002.

BETTI, Emilio. *Teoria geral do negócio jurídico*. t. 1, Tradução de Ricardo Rodrigues Gama, Campinas: LZN, 2003.

BUENO, Cássio Scarpinella. *Partes e terceiros no processo civil brasileiro*. São Paulo: Saraiva, 2003.

BURNS, Edward McNall. *História da civilização ocidental*. v. 1, Tradução de Lourival Gomes Machado, 2. ed., Porto Alegre: Globo, 1967.

CAENEGEM, R. C. Van. *Uma introdução histórica ao direito privado*. Tradução de Carlos Eduardo Lima Machado, 2. ed., São Paulo: Martins Fontes, 1999.

CAIS, Cleide Previtalli. *O processo tributário*. 3. ed. rev., atual. e ampl., São Paulo: Revista dos Tribunais, 2001.

CALMON, Pedro. *História da Civilização Brasileira*. Brasília: Senado Federal, 2002.

CARNEIRO, Athos Gusmão. *Intervenção de terceiros*. 15. ed. rev. e atual., São Paulo: Saraiva, 2003.

——. Nova execução. Ande vamos? Vamos melhorar. *In Revista de Processo*, a. 30, n. 123, maio de 2005.

CARNELUTTI, Francesco. *Derecho y proceso*. Traducción de Santiago Sentis de Melendo, Buenos Aires: EJEA, 1971.

——. *Teoria geral do direito*. Tradução de A. Rodrigues Queiro e Artur Anselmo de Castro, São Paulo: Saraiva, 1942.

CARVALHO, Milton Paulo de. *Do pedido no processo civil*. Porto Alegre: Sergio Antonio Fabris, 1992.

CARVALHO, Paulo de Barros. *Curso de direito tributário*. 13. ed. rev. e atual., São Paulo: Saraiva, 2000.

CAZETTA JÚNIOR, José Jesus. Conteúdo da causa de pedir e proposta de aplicação dessa categoria ao recurso extraordinário: um exame crítico. In: TUCCI, José Rogério Cruz e; BEDAQUE, José Roberto dos Santos. *Causa de pedir e pedido no processo civil*: questões polêmicas. São Paulo: Revista dos Tribunais, 2002.

CINTRA, Antonio Carlos de Araújo; GRINOVER, Ada Pellegrini; DINAMARCO, Cândido Rangel. *Teoria geral do processo*. 18. ed., rev. e atual., São Paulo: Malheiros, 2002.

CHIOVENDA, Giuseppe. *Instituições de direito processual civil*. v. 1, tradução de J. Guimarães Menegale, 3. ed., São Paulo: Saraiva, 1969.

——. Saggi di dirittoprocessuale civile. v. 1, Milano: Giuffrè, 1993.

COMOGLIO, Luigi Paolo; FERRI, Corrado; TARUFFO, Michele. *Lezioni sul processo civile*. 2. ed., Bologna: Il Mulino, 1998.

CONRADO, Paulo Cesar. *Processo tributário*. São Paulo: Editora Quartier Latin do Brasil, 2004.

CONSOLO, Claudio. *Spiegazioni di diritto processuale civile*. t. 1, 4. ed., Bologna: Cisalpino, 2000.

COSTA, Adriana de França. A repetição do indébito e a compensação tributária. In MARINS, James (coord.). *Processo tributário*: administrativo e judicial. Curitiba: Juruá, 2005.

COSTA, Adroaldo Mesquita da. Leis uniformes sôbre letra de câmbio, nota promissória e cheque. *Revista dos Tribunais*, a. 57, v. 395, setembro-1968.

COSTA, Cruz. *Pequena história da república*. 3. ed., São Paulo: Brasiliense, 1989.

COSTA, Mário Júlio de Almeida. *História do direito português*. 3. ed., Coimbra: Almedina, 1999.

COUTURE, Eduardo J. *Fundamentos del derecho procesal civil*. 4. ed., Montevideo: B de F, 2004.

CRETELLA JÚNIOR, José. *Curso de direito romano*. 6. ed. rev. e aum., Rio de Janeiro: Forense, 1978.

CRUZ, José Raimundo Gomes da. Causa de pedir e intervenção de terceiros. *Revista dos Tribunais*, a. 79, dezembro de 1990, v. 662, p. 47-57.

CUNHA, Alcides Munhoz da. *Comentários ao código de processo civil*. v. 11, São Paulo: Revista dos Tribunais, 2001.

DELL'AGNELLO, Silvia; GIANTURCO, Gabriela. *Storia Del diritto romano*. 3. ed., Napoli: Edizioni Giuridiche Simone, 2001.

DINAMARCO, Cândido Rangel. *Fundamentos do processo civil moderno*. t. 1, 4. ed., São Paulo: Malheiros, 2001.

——. ——. t . 2, 4. ed., rev. e atual., São Paulo: Malheiros, 2001.

——. *Litisconsórcio*. 7. ed. rev., atual. e ampl., São Paulo: Malheiros, 2002.

FAZZALARI, Elio. *Note in tema di diritto e processo*. Milano: Giuffrè, 1957.

FERNANDES, Sérgio Ricardo de Arruda. Alguns aspectos da coisa julgada no direito processual civil brasileiro. *Revista de Processo*, n. 62, abr./jun., 1991, p. 79-90.

FIUZA, César. Algumas linhas de processo civil romano. In: FIUZA, César (coord). *Direito Processual na História*. Belo Horizonte: Mandamentos, 2002.

—— (coord). *Direito Processual na História*. Belo Horizonte: Mandamentos, 2002.

FRANCO JR., Hilário. *O feudalismo*. 6. ed., São Paulo: Brasiliense, 1987.

GAIUS, *Institutas do jurisconsulto Gaio*. Tradução de J. Cretella Jr. e Agnes Cretella, São Paulo: Revista dos Tribunais, 2004.

GASBARRINI, Elisabetta. Osservazioni in tema di modifica della domanda. *Rivista Trimestrale di Diritto e Procedura Civile*, Milano: Giufrè, a. XLIX, n. 4, dicembre 1995, p. 1253-1311.

GIANNOZZI, Giancarlo. La modificazione della domanda nel processo civile. Milani: Giufrè, 1958.

GIUDICE, Frederico del. Códice di procedura civile spiegato articolo per articolo. 8. ed., Napoli: Simone, 2004.

GRECO, Leonardo. A execução e a efetividade do processo. *In Revista de Processo*, n. 94, abr./jun. de 1999.

GRECO FILHO, Vicente. *Direito processual civil brasileiro*. v. 1, 19. ed. rev. e atual., São Paulo: Saraiva, 2006.

GROSSI, Paolo. *L'ordine giuridico medievale*. 9. ed., Roma: Laterza, 2002.

GUASTINI, Riccardo. *Distinguiendo: estúdios de teoría y metateoría del derecho*. Barcelona/Espanha: Gedisa editorial, 1999.

HARADA, Kiyoshi. *Direito Financeiro e Tributário*. 14. ed. rev. e ampl., São Paulo: Atlas, 2005.

HEINITZ, Ernesto. *I limiti oggetivi della cosa giudicata*. Padova: Cedam, 1937.

LAZZARINI, Alexandre. *A causa petendi nas ações de separação judicial e de dissolução da união estável*. São Paulo: Revista dos Tribunais, 1999.

LEAL, Aurelino. *História constitucional do Brasil*. Brasília: Senado Federal, 2002.

LEONEL, Ricardo de Barros. *Causa de pedir e pedido: o direito superveniente*. São Paulo: Método, 2006.

——. Objeto do processo e o princípio do duplo grau de jurisdição. In: TUCCI, José Rogério Cruz e; BEDAQUE, José Roberto dos Santos. *Causa de pedir e pedido no processo civil: questões polêmicas*. São Paulo: Revista dos Tribunais, 2002.

LIEBMAN, Enrico Tullio. *Manual de direito processual civil*. vol. 1, Tradução de Cândido Rangel Dinamarco, 3. ed., São Paulo: Malheiros, 2005.

LUISO, Francesco P.. *Diritto processuale civile*. v. 1, 3. ed., Milano: Giuffrè, 2000.

MACHADO, Hugo de Brito. *Mandado de segurança em matéria tributária*. 3. ed., São Paulo: Dialética, 1998.

MANDRIOLI, Crisanto. *Corso di diritto processuale civile*. v. 1, Torino: Giappichelli, 1993.

——. Riflessioni in tema di petitum e di causa petendi. *Rivista di Diritto Processuale*, n. 3, v. XXXIX, a. 1984, p. 465-480.

MARINONI, Luiz Guilherme. As novas sentenças e os novos poderes do juiz para a prestação da tutela jurisdicional efetiva. *In Gênesis*, Curitiba, n. 29, julho/setembro, 2003, p. 548-564.

——. Da ação abstrata e uniforme à ação adequada à tutela dos direitos. *In Revista da AJURIS*, a. XXXII, n. 100, dezembro de 2005.

——; ARENHART, Sérgio Cruz. *Manual do processo de conhecimento*. 5. ed. rev., atual. e ampl., São Paulo: Revista dos Tribunais, 2006.

MARINS, James. Ação declaratória em matéria tributária: notas sobre suas particularidades. In ROCHA, Valdir de Oliveira [coord.]. *Problemas de processo judicial tributário*. v. 4., São Paulo: Dialética, 2000.

——. *Direito processual tributário brasileiro*: administrativo e judicial. 3. ed., São Paulo: Dialética, 2003.

—— (coord.). *Processo tributário*: administrativo e judicial. Curitiba: Juruá, 2005.

MARINS, Victor A. A. Bomfim. *Comentários ao código de processo civil*. v. 12, São Paulo: Revista dos Tribunais, 2000.

MARTINS, Fran. *Títulos de crédito*. v. 1, 13. ed., Rio de Janeiro: Forense, 2000.

MARQUES, José Frederico. *Instituições de direito processual civil*. v. 2, 4. ed. rev., Rio de Janeiro: Forense, 1971.

——. *Manual de direito processual civil*. v. 1, 13. ed. rev. e atual., São Paulo: Saraiva, 1990.

MAXIMILIANO, Carlos. *Hermenêutica e aplicação do direito*. 13. ed., Rio de Janeiro: Forense, 1993.

MELLO, Marcos Bernardes de. *Teoria do fato jurídico: plano da eficácia*. 1.ª parte, São Paulo: Saraiva, 2003.

MENCHINI, Sergio. *I limiti oggettivi del giudicato civile*. Milano: Giuffrè, 1987.

MESQUITA, José Ignácio Botelho de. A 'causa petendi' nas ações reivindicatórias. *Revista da Ajuris*, a. VII, novembro de 1980, v.20, p. 166-180

——. Conteúdo da causa de pedir. *Revista dos Tribunais*, a. 71, outubro de 1982, v. 564, p. 41-51.

MIRANDA, Pontes de. *Comentários ao código de processo civil*. t. 2, Rio de Janeiro: Forense, 1947.

——. ——. t 4, Rio de Janeiro: Forense, 1974.

——. *Sistema de ciência positiva do direito*. t. 2, 2. ed., Rio de Janeiro: Borsoi, 1972.

——. *Tratado das ações*. t. I, 2. ed., São Paulo: Revista dos Tribunais, 1972.

——. ——. t. VI, São Paulo: Revista dos Tribunais, 1976.

——. ——. t. VII, São Paulo: Revista dos Tribunais, 1978.

——. *Tratado de direito privado*. t. 1, 3. ed., Rio de Janeiro: Borsoi, 1972

MONCADA, L. Cabral de. *Estudos de história do direito*. v. 2, Coimbra: Acta Universitatis Conimbrigensis, 1949.

MONTESANO, Luigi; ARIETA, Giovanni. *Diritto processuale civile*. v. 1, 3. ed., Torino: G. Giappichelli, 1999.

MOREIRA, José Carlos Barbosa. A influência do Direito Processual Civil Alemão em Portugal e no Brasil In: —— *Temas de direito processual*: quinta série. São Paulo: Saraiva, 1994.

——. A justiça no limiar do novo século. Rio de Janeiro: *Revista Forense*. vol. 319. p. 69-75. Jul/Set. 1992.

——. A sentença mandamental: da Alemanha ao Brasil. *In Revista Brasileira de Direito Comparado*, n. 17, 2° semestre de 1999.

——. Correlação entre o pedido e a sentença. *Revista de Processo*, v. 83, jul./set., 1996, p. 207-215

——. Julgamento colegiado e pluralidade de causas de pedir. In: ——. *Temas de direito processual*: terceira série. São Paulo: Saraiva, 1984.

—— *O novo processo civil*. 21. ed., rev. e atual., Rio de Janeiro: Forense, 2000.

MOURA, Mário Aguiar. A causa de pedir na investigação de paternidade. *Revista dos Tribunais*, a. 69, abril de 1980, v. 534.

NERY JUNIOR, Nelson; NERY, Rosa Maria de Andrade. *Código de processo civil comentado*: e legislação extravagante. 7. ed. rev. e ampl., São Paulo: Revista dos Tribunais, 2003.

NORONHA, Carlos Silveira. A causa de pedir na execução. *Revista de Processo*, a. 19, julho-setembro de 1994, n. 75, p. 26-39.

——. Evolução histórica da sentença no processo lusitano. *Revista de Processo*, a. 23, outubro-dezembro de 1988, n° 92.

OLIVEIRA, Carlos Alberto Alvaro de. *Do formalismo no processo civil*. 2. ed. rev., São Paulo: Saraiva, 2003.

——. Formas de tutela jurisdicional no chamado processo de conhecimento. *In Revista da AJU-RIS*, a. XXXII, n. 100, dezembro de 2005.

OLIVEIRA, Vallisney de Souza. *Nulidades da sentença e o princípio da congruência*. São Paulo: Saraiva, 2004.

PARÁ FILHO, Tomás. *Estudo sobre a conexão de causas no processo civil*. São Paulo: Revista dos Tribunais, 1964.

PASSOS, José Joaquim Calmon de. A causa de pedir na ação de investigação de paternidade e o art. 363 do CC. *Revista de Processo*, a. XII, janeiro-março de 1987, n. 45, p. 182-194.

——. *Comentários ao código de processo civil*. v. 3, Rio de Janeiro: Forense, 1975.

PAULA, Jônatas Luiz Moreira de. *História do direito processual brasileiro*: das origens lusas à escola crítica do processo. São Paulo: Manole, 2002.

PINTO, Junior Alexandre Moreira. Sistemas Rígidos e flexíveis: a questão da estabilização da demanda. In: TUCCI, José Rogério Cruz e; BEDAQUE, José Roberto dos Santos. *Causa de pedir e pedido no processo civil*: questões polêmicas. São Paulo: Revista dos Tribunais, 2002.

PORTANOVA, Rui. *Motivações ideológicas da sentença*. 5. ed., Porto Alegre: Livraria do Advogado, 1003.

PORTO, Sérgio Gilberto. *Coisa julgada civil*: análise crítica e atualização. 2. ed., rev. e ampl., Rio de Janeiro:Aide, 1998.

REALE, Miguel. *Lições preliminares de direito*. 16. ed., São Paulo, Saraiva, 1988.

RIBEIRO, Darci Guimarães. *La pretensión procesal y la tutela judicial efectiva:* hacia una teoría procesal del derecho. Barcelona: J. M. Bosch, 2004.

RICCI, Gian Franco. Individuazione o sostanziazione nella riforma del processo civile. *Rivista Trimestrale di Diritto e Procedura Civile*, Milano: Giuffrè, a. XLIX, dicembre 1995, n. 4.

ROCHA, Valdir de Oliveira [coord.]. *Problemas de processo judicial tributário*. v. 4., São Paulo: Dialética, 2000.

SANCHES, Sydney. Objeto do processo e objeto litigioso do processo. *Revista da Ajuris*, n. 16, a. VI, jul-1979.

SANTOS, Ernane Fidélis dos. *Manual de direito processual civil*. v. 1, 8. ed. rev., atual. e ampl., São Paulo: Saraiva, 2001.

SANTOS, Moacyr Amaral. *Primeiras linhas de direito processual civil*. v. 1, 23. ed. rev. e atual., São Paulo: Saraiva, 2004.

SANTOS, Volney Campos. Medida cautelar fiscal. In: MARINS, James (coord.). *Processo tributário*: administrativo e judicial. Curitiba: Juruá, 2005.

SCIALOJA, Vittorio. *Procedimiento civil romano*: ejercicio y defesa de los derechos. Tradução de Santiago Sentis Melendo e Marino Ayerra Redin, Buenos Aires: EJEA, 1954.

SILVA, Nuno J. Espinosa Gomes da. *História do direito português*: fontes do direito. 3. ed. rev. e actual., Lisboa: Calouste Gulbenkian, 2000

SILVA, Ovídio A. Baptista da. *Curso de processo civil*. v.1, 6. ed. rev. e atual., São Paulo: Revista dos Tribunais, 2003.

——. ——. v. 3, 3. ed. rev., atual. e ampl., São Paulo: Revista dos Tribunais, 2000.

——. *Jurisdição e execução:* na tradição romano-canônica. 2. ed. rev., São Paulo: Revista dos Tribunais, 1997.

——; GOMES, Fábio. *Teoria geral do processo civil*. 3.ª ed. rev. e atual., São Paulo: Revista dos Tribunais, 2002.

SOUSA, Everardo de. Do princípio da eventualidade no sistema do Código de Processo Civil. *Revista Forense*, v. 251, a. 71, jul.-ago.-set. de 1975, p. 101-112.

SOUZA JUNIOR, Cezar Saldanha. *Constituições do Brasil*. Porto Alegre: Sagra Luzzatto, 2002.

TALAMINI, Eduardo. *Tutela relativa aos deveres de fazer e de não fazer*: CPC, art. 461; CDC, art. 84. São Paulo: Revista dos Tribunais, 2001.

TESHEINER, José Maria Rosa. *Eficácia da sentença e coisa julgada no processo civil*. São Paulo: Revista dos Tribunais, 2001.

——. *Medidas cautelares*. São Paulo: Saraiva, 1974.

——. Os elementos da ação. *Revista da Ajuris*, n. 62, nov. 1994, p. 108-135.

——. Pressupostos processuais e nulidades no processo civil. São Paulo: Saraiva, 2000.

THEODORO JÚNIOR, Humberto. *Curso de direito processual civil*. v. 1, 41. ed., Rio de Janeiro: Forense, 2004.

——. *Processo cautelar*. 21. ed. rev. e atual., São Paulo: Leud, 2004.

TORRES, Ricardo Lobo. *Curso de direito financeiro e tributário*. 11. ed., Rio de Janeiro: Renovar, 2004.

TUCCI, José Rogério Cruz e. *A causa petendi no processo civil*. 2. ed., rev. atual. e ampl., São Paulo: Revista dos Tribunais, 2001.

——. A denominada situação substancial como objeto do processo na obra de Fazzalari. *Revista da Ajuris*, a. XXI, março de 1994, v. 60, p. 62-77.

——. A regra da eventualidade como pressuposto da denominada teoria da substanciação. *Revista do Advogado*, n. 40, julho/93.

——; AZEVEDO, Luiz Carlos de. *Lições de história de processo civil romano*. São Paulo: Editora Revista dos Tribunais, 2001.

——; BEDAQUE, José Roberto dos Santos. *Causa de pedir e pedido no processo civil*: questões polêmicas. São Paulo: Revista dos Tribunais, 2002.

VERDE, Giovanni. *Profili del processo civile: parte generale*. 4. ed., Napoli: Jovene editore, 1994.

VIANA, Juvêncio Vasconcelos. A causa de pedir nas ações de execução. In: TUCCI, José Rogério Cruz e; BEDAQUE, José Roberto dos Santos. *Causa de pedir e pedido no processo civil*: questões polêmicas. São Paulo: Revista dos Tribunais, 2002.

VIDIGAL, Luis Eulálio de Bueno. *Direito processual civil*. São Paulo: Saraiva, 1965.

WAMBIER, Luiz Rodrigues; ALMEIDA, Flávio Renato Correia de; TALAMINI, Eduardo. *Curso Avançado de processo civil*: teoria geral do processo e processo de conhecimento. v. 1, 4. ed. rev., atual. e ampl., São Paulo: Revista dos Tribunais, 2002.

XAVIER, Alberto. *Os princípios da legalidade e da tipicidade da tributação*. São Paulo: Revista dos Tribunais, 1978.

ZACLIS, Lionel. Cumulação eventual de pedidos e a jurisprudência do Superior Tribunal de Justiça. *In* TUCCI, José Rogério Cruz e; BEDAQUE, José Roberto dos Santos. *Causa de pedir e pedido no processo civil*: questões polêmicas. São Paulo: Revista dos Tribunais, 2002.

ZAVASCKI, Teori Albino. *Título executivo e liquidação*. 2. ed. rev., São Paulo: Revista dos Tribunais, 2001.

Impressão:
Evangraf
Rua Waldomiro Schapke, 77 - P. Alegre, RS
Fone: (51) 3336.2466 - Fax: (51) 3336.0422
E-mail: evangraf.adm@terra.com.br